JN440688

古代 馬具로 본 東아시아 社會

古代 馬具로 본 東아시아 社會

2012년 2월 24일 초판 1쇄 인쇄
2012년 2월 29일 초판 1쇄 발행

지은이 | 張允禎
펴낸이 | 권혁재
책임편집 | 최정애

펴낸곳 | 학연문화사
출판등록 | 1998년 2월 26일 제2-501호
주소 | 서울특별시 금천구 가산동 371-28 우림라이온스밸리 B동 712호
전화 | (02)2026-0541~4
팩스 | (02)2026-0547
이메일 | hak7891@chol.com
홈페이지 | www.hakyoun.co.kr

ISBN | 978-89-5508-258-6 93910

책 값은 뒤표지에 있습니다.
잘못된 책은 바꾸어 드립니다.

古代 馬具로 본 東아시아 社會

張允禎 지음

학연문화사

책을 내면서

대학교 3학년 때 심봉근 선생님의 역사고고학 수업시간에 발표과제로 「鐙子」라는 주제어를 받았습니다. 처음엔 「등자」라는 한자조차 몰라 사전을 뒤적거렸던 기억이 있습니다. 그 후 20여 년이라는 세월이 흘러 馬具硏究만 하고 있지는 않지만 馬具가 만들어준 인연에 감사하고자 하나의 「형태」로 정리한 것이 이 책입니다.

대학에서 馬具와 만나게 해 주시고 奈良縣立橿原考古學硏究所에서의 연수, 岡山大學으로의 유학, 그리고 고성 송학동고분군 보고서 작성에 참여, 한국문물연구원의 취직 등 하나부터 열까지 관계하시고 지금도 심려를 끼치고 있는 심봉근 선생님께 먼저 감사를 드립니다.

또한 동아대학교의 박광춘 선생님, 박은경 선생님, 김재현 선생님, 이동주 선생님 등 여러 선생님들께 많은 가르침을 받았습니다. 그리고 동아대학교 고고미술사학과 선후배님으로 부터 물심양면 많은 도움을 받고 있는 것은 말할 필요가 없습니다. 한편, 늦은 나이에 직장도 없이 방황하고 있을 때 선뜻 챙겨주신 부경대학교의 강인욱 선생님께도 감사를 드립니다.

일본에서 유학할 때 지도해주신 岡山大學의 稲田孝司 선생님, 新納泉 선생님. 松木武彦 선생님, 松本直子 선생님을 비롯하여 岡山理科大學의 龜田修一 선생님, 京都大學의 吉井秀夫 선생님, 阪口英毅 선생님 등으로부터 많은 지도와 격려를 받았습니다. 또한 岡山大學 고고학연구실, 京都大學 고고학연구실, 奈良縣立橿原考古學硏究所의 여러 선생님과 同學들로부터 생활면에서나 학문적인 면에서 많은 도움을 받았으며 지금까지도 무한한 애정을 보내주고 계시는 여러 선생님께 깊은 감사의 마음을 전하고자 합니다.

馬具로 맺어진 인연으로 여기에 열거하지 못한 선생님들을 포함해서 여러 기관으로부터 유물을 관찰할 수 있는 기회와, 지도와 격려를 받았습니다. 또한 보잘 것 없는 논문을 이렇게 책으로 만들어 주신 학연문화사의 권혁재 사장님을 비롯하여 윤석우 실장님, 선시현님, 최정애님, 그리고 일본 유적과 지명 등의 교정을 도와주신 柳本照男 선생님, 田中由理 선생님, 諫早直人 선생님께도 감사를 드립니다.

마지막으로 잘하지도 못하면서 고고학밖에 모르는 맏딸에게 무한한 자긍심을 가지고 끊임없는 사랑을 주시는 부모님과 동생들(성욱, 민정, 성호)에게 이 책을 바치고자 합니다.

2012년 1월 3일

張允禎 拜

머리말

동아시아에 있어서 가축으로서 말이 등장하는 것은 지금부터 약 4000년경 용산문화(龍山文化) 시기이고 말을 사역할 때 나무와 망 등을 이용하는 간단한 마구가 사용되었다고 생각된다. 그 이후 더욱 복잡한 마구의 발달과 마차의 출현으로 전송·전쟁·경작이라는 인간사회의 다양한 측면에서 말이 사용되었던 것을 알 수 있다. 말의 사역은 금속의 사용과 함께 인간사회의 복잡화에 깊게 관여하였을 것이다. 말 사역을 위해서는 그 전용도구인 마구가 필요하지만 그것은 말을 제어하는 기능적인 것 이외에 위신을 나타내는 장구(裝具)로서 신분의 표상(表象)에도 사용하게 된다. 마구는 이러한 기능적인 면에서도 관념적인 면에서도 사회의 복잡화 내지 발전에 있어서 매우 중대한 의미를 가진 도구일 것이다.

마구는 특히 고대 동아시아 제지역(諸地域)에서 각 사회의 변동과 상호교류 등을 나타내는 여러 가지 기물(器物) 중 커다란 역할을 한 것으로서 고고학 연구가 성행하고 있다. 그 중에서도 우리나라 출토 마구의 고고학적 연구는 삼국시대 분묘 출토품을 중심으로 그 부품마다 분류를 행하고 고구려 벽화나 문헌도 참고하면서 당시 기마풍습을 복원하는 작업부터 시작하였다. 그 후 발굴조사 예가 증가하여 마구연구 시점도 더욱 다양하게 진전되고 형식학적인 변화나 획기, 혹은 지역적 특색 등을 판명하는 데까지 이르렀다. 현재, 우리나라 마구연구의 전체적인 경향은 북방에서부터 전파되어 온 문화의 한 요소로서 마구를 취급하고 우리나라 남부지역에 유입되었을 때 계통과 확산의 문제가 주된 관심이다.

그때 가장 중요시되는 것이 지역적 특색이다. 다만 현재 연구의 지역적 특색의 설정은 신라, 가야, 백제의 국가와 정치영역을 그대로 삼한시대와 그 이전으로 거슬러 올라가서 공간적 범위를 책정하여 고고자료를 직접 해당시키는 방법이 주류를 이루고 있다. 그러나 정치영역과 국가 형성과정의 범위는 매우 유동적이고 그 안에서 일어난 다양한 변동의 과정은 복잡한 것으로 생각된다. 이렇게 유동적이고 복잡한 프로세스가 마구와 같은 고고자료의 지역적 특색과 그 변화에 반영된다고 한다면, 반대로 그것의 동태를 객관적으로 파악해서 그 분석을 통하여 정치영역과 국가 형성과정을 복원해 가는 시점은 매우 중요하다고 할 수 있을 것이다.

이 책에서는 동아시아 사회의 변화·발전과정 중에서 중요한 역할을 한 승마 풍습과 관련된 마구의 고고학적 검토를 축으로 우리나라와 일본을 포함한 동아시아 고대사회 전체의 변화과정과 지역 내의 상호작용 및 각 지역의 사회내부에서 생기는 격차와 특질을 유출하는 것을 목적으로 한다. 각 장의 요점을 아래와 같이 간단하게 정리하고자 한다.

제1장은 우리나라에서 출간된 마구의 고고학적 연구사를 정리한 뒤 제2장부터 우리나라·일본 양 지역 분묘에서 출토된 4~6세기대의 등자(鐙子)·재갈(轡)의 고고학적 검토를 행하고자 한다.

제2장 중 제1절에서는 우리나라 출토 윤등(輪鐙)을 이용해 형식분류 및 변천과정과 지역적 특색을 검토하였다. 그 결과 4세기부터 5세기 전엽에는 우리나라 전체에 거의 같은 형식의 등자가 분포하고 5세기 중엽이 되면 낙동강을 중심으로 동쪽과 서쪽으로 나뉘어 지역적 특색이 나

타나며 6세기에는 그것이 점차로 강화되는 현상이 보인다. 또한 지역적 특색은 등자의 보강부재(補強部材)인 철을 많이 사용하는 방향(낙동강 이동, 특히 경주지역)과 구조적인 형태의 개량에 의해 등자의 강도를 높이고 있는 방향(낙동강 이서지역)이라는 지향성의 차이를 반영하고 있는 것을 확인할 수 있었다.

제2절에서는 일본 출토 등자로 검토대상의 범위를 넓혔다. 철에 의한 보강과 형태의 개량보다는 목심등자(木心鐙子)의 골격을 이루는 목부(木部)의 강화라는 방향성이 보여 일본 등자의 커다란 지역적 특질로 지적하였다. 다만 일본 내부에서도 지역적 특색이 보여 상기와 같은 방향성을 가지고 있는 긴키(近畿)지역과 그 주변에서 만들어진 예가 있는 반면, 호쿠부규슈(北部九州)지역과 동일본(東日本)에서 독자적인 루트에 의해 철을 많이 사용하고 있는 우리나라 제품을 수입하는 것이 성행했던 것으로 추정된다. 이것으로 등자의 생산 및 수입 공급에 긴키(近畿)지역이 반드시 핵을 이루었다기보다 동쪽 및 서쪽 지역이 각각 독자적인 활동을 행하고 있는 도식(圖式)이 보여 지금까지 긴키지역이 중심적인 고분시대상을 그리는 데에도 재고를 요하는 재료가 되었다.

다음의 제3장에서는 재갈을 대상으로 하여 제1절에서 우리나라의 지역적 특색을 분석하였다. 그 결과 고구려, 백제, 신라 및 가야 여러 세력의 상호 긴장이 높아지는 5세기 중엽부터 6세기에 걸쳐서 각 지역의 표비(鑣轡) 생산이 사회적 격동 중에서 각각이 가진 군사적·사회적 환경에 적응하면서 변동하고 있는 것으로 추정하였다.

제2절에서는 표비의 전체적인 구조 특히 인수(引手)와 함(銜)의 조합에

착안해서 우리나라·일본 양 지역에서의 전개과정과 지역적 특색을 검토하였다. 결과적으로 그 전개과정은 한·일 양 지역에서 대체로 연동하는 것으로 생각된다. 다만 일본에는 구식(舊式)의 양상이 뒤에도 남는 등 지역적 특질이 보이는 것과 긴키지역에서는 호쿠부큐슈(北部九州)·동일본(東日本) 등의 지역과는 다른 경향이 인정되는 것도 지적할 수 있다. 또 일본에서 표비는 출토된 지역의 사회적·정치적 환경을 반영하기보다는 출토된 분묘의 피장자 성격 혹은 직업을 표현하고 있을 가능성도 배제할 수 없다.

제3절에서는 서아시아·중앙아시아로부터 동아시아에 이르는 마구의 전개과정을 표비로 총칭되는 봉상(棒状)의 재갈멈추개를 가진 재갈을 주체로 하여 거시적인 시점으로 검토하였다. 특히 재갈멈추개와 함의 조합방법에 주목하여 표비라는 특징적인 형태를 가진 마구의 전개를 중국, 우리나라, 일본이라는 공간구분보다는 좀 더 자세하게 지역을 구분함으로써 마구문화의 전파과정을 상세하게 추적할 수 있었다.

마지막으로 제4장에서는 제3장까지의 검토에 덧붙여 분묘의 부장상태(副葬狀態)와 그 외 부장품의 특징 등도 고려하여 우리나라와 일본 각 지역 마구의 기술과 기마문화의 특질에 대해 정리하였다. 서아시아에서 발생한 마구가 중국에 전해져 우리나라 각 지역을 거쳐 일본에도 유입되지만 받아들여지는 곳의 사회적 상황과 특질에 대응하여 그 사회적인 의미는 달랐다. 우리나라에서는 고구려와 이후 백제 세력에 들어가는 서부지역 일부에서는 실용적인 기마(騎馬) 전력(戰力)에 사용되었지만, 가야연맹이 성립하는 남부지역에서는 교역품으로 위신재(威信財)적인 색채가

강하고 신라라는 국가가 성립하는 동남부지역(특히 경주지역)에서는 계층적 신분의 상징으로 의미가 부여되었던 것으로 생각된다. 그리고 일본의 긴키(近畿), 호쿠부규슈(北部九州), 관동(關東) 등 여러 지역에서도 마구에 대한 의식과 취급이 달랐을 가능성이 엿보이고 우리나라 각 지역과의 교류에 대해서 반드시 긴키지역이 중심이 아닌 독자적인 교류가 성행했다고 생각된다.

이상과 같은 작업과 고찰을 통해 동아시아의 마구 기술과 기마문화가 각각의 지역사회 발전과 국가형성에 있어서 중요한 역할을 한 것을 알 수 있었다. 이러한 시도가 동아시아 고대사회의 실태(實態)를 명확하게 하는 단서가 되었으면 한다.

目次

제1장

우리나라 마구연구의 흐름

|머리말|

우리나라 출토 마구를 중심테마로 한 연구는 1958년 쓰즈키 오사무(鈴木治)의 「朝鮮半島出土の轡について」가 최초이다(鈴木治, 1958). 우리나라 마구의 고고학적 연구는 삼국시대 분묘 출토품을 중심으로 그 부위마다 분류하고 고구려 벽화와 문헌도 참조하면서 당시 기마풍습을 복원하는 작업부터 시작되었다. 그 후 발굴조사 예가 증가함에 따라 마구연구의 시점도 더욱 다양하게 발전하며 형식학적 변화와 획기, 혹은 지역적 특색 등도 판단하기에 이르렀다. 이러한 흐름 중에 현재의 우리나라 마구연구를 정리하고 그 도달점을 확인함으로써 선학들의 연구성과를 발전적으로 계승하는 동시에 앞으로의 연구과제와 방향성을 명확히 할 필요가 있다.

여기에서는 우리나라에서 발표된 논문을 중심으로 선학들의 연구성과를 요약하고 그 내용을 발표연대 순으로 나열하였다. 이것에 의해 막연하게 취급되던 정보를 재확인하고 정확한 참고문헌을 사용하였으면 한다. 특히 1990년 이후는 테마별로 개관하며 활발한 연구성과의 상호관계, 현재까지의 흐름을 파악하고자 한다.[1]

1. 1990년대 이전의 연구성과

우리나라에서는 1946년 경주 호우총이 국내학자에 의해 처음으로 발굴조사 대상이 되었으며 마구자료도 확인되었다. 그리고 박진욱이 삼국시대 분묘 출토 마구를 기능면에 주목하여 말을 타기 위한 것, 말을 조정하기 위한 것, 장식하기 위한 것 등 세 가지로 분류하였다(박진욱, 1966). 또한 김기웅은 삼국시대 마구류로부터 기마의 풍습과 기병전(騎兵戰)의 성행을 추정하였다(김기웅, 1968).

1970년대는 우리나라에서 마구의 형식학적·체계적인 연구가 시작된 단계이다. 김기웅은 삼국 각각의 마구를 검토하고 고구려는 봉상(棒狀)의 경판, 신라는 판상(板狀)의 경판, 가야는 환상(環狀)의 경판을 사용하였다고 하며 커다란 지역적 특색을 지적하였다(김기웅, 1972). 그리고 이토 아키오(伊藤秋男)가 공주 송산리 출토 마구류를 검토하는 중에 f자형경판비(f字形鏡板轡) 출현에 대해 f자상표비(f字狀鑣轡)의 백제·가야화(5세기 중엽)로 파악하였다(伊藤秋男, 1979). 또한 배기동은 신라·가야지역 출토 등자를 목심철판피윤등(木心鐵板被輪鐙)과 철제윤등(鐵製輪鐙)으로 구분하고 병부(柄部)

1 여기에서는 각 연구자의 용어를 그대로 사용한다. 같은 연구자가 다른 용어를 사용하는 것도 있어 그러한 경우도 작은 변화로 생각해 보고 싶다.

와 답수부(踏受部)의 형태에 주목하여 각각 3개의 형식으로 분류하였다(배기동, 1975). 그 가운데 병두(柄頭)의 현수공(懸垂孔) 부분이 특히 넓은 요소와 답수부가 2~3조로 나누어져 돌기를 가진 요소가 조합된 것을 가장 발달된 형태로 생각했다. 이 단계는 마구 중에서도 재갈과 등자라는 하나의 부품을 중심으로 한 연구가 주류를 이루었다.

1980년대는 우리나라 출토 마구의 기원과 계통에 대해 등자를 주로 대상으로 한 연구가 시작되었다. 먼저 최병현은 신라지역 등자를 병부가 짧고 두꺼운 단병계(短柄系)와 길고 가는 장병계(長柄系)로 분류하였다(최병현, 1983). 그 변천과정에 대해 병부의 두정부(頭頂部)가 둥근 것에서 직선적인 것으로, 그리고 병부 상단이 하단에 비해 넓은 것에서 현수공 주변이 두껍고 넓은 것으로 발달한다고 하였다. 또한 고신라(古新羅)의 단병계와 장병계의 계보를 중국에서 전파되어 온 것으로 파악하였다.

최종규는 고구려의 칠성산(七星山) 96호묘 출토 등자가 가지는 특징 중 답수부 내측의 못이 경주 황남대총 남분, 대구 비산동 37-2호분, 부산 동래 복천동 10·11호분, 21·22호분, 35·36호분 등의 출토품에서도 확인되는 것을 지적하였다(최종규, 1984). 그리고 신경철은 오노야마 세츠(小野山節)의 신(新)·고식(古式) 등자의 분류(小野山節, 1966)를 기준으로 부산 복천동고분군 출토 등자를 고식 등자 A·B 등 2형(型)으로 세분하였다. 또한 중국의 4세기대 자료와 비교하여 각각의 조형(祖形)을 검토하고 A형은 안양(安陽) 효민둔(孝民屯) 154호분 출토 등자, B형은 장사시(長沙市) 금분령(金盆嶺) 21호묘 출토 도용(陶俑)에 묘사된 삼각형 등자로 계보를 추정하였다(신경철, 1985). 그리고 고식 등자는 5세기 전반(중엽 포함)에 고구려로부터 직접 이입되었다고 하였다. 부산 복천동고분군 발굴이 계기가 되어 신라와 가야 마구 중에서도 특히 등자의 검토를 통하여 고구려와의 관련성을 강조하였다.

강유신은 삼국시대 신라·가야고분에서 출토된 마구 중 재질과 형태에 특징이 있는 하나의 군으로서 금동제 행엽(杏葉)·운주(雲珠)·등자를 선택하였다(강유신, 1987). 그 중에서도 경주 황남대총 북분과 집안(集安) 만보정(萬寶汀) 78호묘의 목심금동판피등(木心金銅板被鐙)은 제작기법과 형태면에서 유사하다고 지적하였으며 동반하는 입주부운주(立柱附雲珠) 등을 근거로 두 고분 모두 5세기 전반으로 추정하였다. 그리고 편원어미형행엽(扁圓魚尾形杏葉)의 경우, 경주지역에서는 어미부 하단의 중앙 돌출이 양측 하단의 끝과 같거나 긴 것에서 짧은 것으로 변화하는 경향이 있다고 하였다. 부품 하나하나에 대한 형식분류보다 재질 조합에 주목한 연구이다.

한편, 김기웅은 이제까지의 연구를 진전시켜 재갈의 경판(鏡板)과 표(鑣)의 형태에 주목하여 우리나라 삼국 각각의 재갈에 대해 형식분류를 시도하였다(김기웅, 1985a·b·1987). 그 가운데 초기철기시대의 봉상(棒狀)·S자형 표마함(S字形鑣馬銜), 원환표마함(圓環鑣馬銜)은 중국 한대 각제표마함(角製鑣馬銜)의 전통을 이어 받은 것으로 추정하였다. 삼국의 자료를 사용하여 넓은 시야를 가지고 있으며 금속제 표비와 유기질제 표비의 관련성에 대해서도 지적하였다.

이상률은 부산 복천동 23호분 출토 f자형 판상(板狀) 재갈멈추개가 가지는 의미와 문제점에 대해 검토하였다(이상률, 1989). 먼저 고분시대 재갈을 봉상경판부비(棒狀鏡板附轡), 판상경판부비(板狀鏡板附轡), 환상경판부비(環

狀鏡板附轡) 등으로 분류하고 23호분 출토품을 f자형의 판상경판이 부착된 판상경판부비로 하였다. 우리나라 출토 f자형 판상(板狀) 재갈멈추개의 기본요소는 2연식, 철지금동(은)장제경판(鐵地金銅(銀)張製鏡板)·일조인수(一條引手)이고 인수 연결방법으로 유환(遊環) 연결방법과 인수(引手)·함(銜) 연결방법을 지적하였다. 재갈멈추개 외형 이외에 함과 인수의 연결방법에도 착안하고 있는 점 등과 경판부비(鏡板附轡)라는 용어가 주목되는 연구이다.

이상수는 금속공에 유물을 보존처리하는 과정에서 경상남도 창녕 교동 출토 철지금동비(鐵地金銅轡)·행엽·운주 등 5점에 대해 각각 소프트 X선 조사와 실측을 통하여 제작수법을 추정하였다(이상수, 1994). 육안관찰에서는 확인할 수 없는 자료의 특징 등을 지적하여 새로운 방향성을 제시한 연구라고 할 수 있다.

2. 1990년 이후 연구성과

마구의 기원 추구와 각 부품의 자세한 분류·편년연구가 진전되었으며 고분의 편년에도 이용되고 있다. 여기서는 연구성과의 대상과 시기를 중심으로 다시 세분하여 소개하고자 한다.

1) 삼국시대 이전

삼한 혹은 원삼국시대의 마구를 중심으로 한 연구 중에서 이상률은 영남지역 삼한시대의 표비(鑣轡)를 대상으로 함(銜)과 표(鑣)의 결합구조에 주목하여 그 계통을 명확하게 하고자 철제표비의 제작기법을 고찰하였다(이상률, 1996). 그 결과 영남지역 삼한시대 표비는 한식(漢式) 표비보다 전국식(戰國式) 표비에 가까운 것으로 대략 기원전 1세기 이후 중국 동북지방에서 우리나라 북부지역을 거쳐 남부지역에 영향을 미쳤다고 추정하였다. 다만 이것은 자세한 분류를 목적으로 한 것이 아니고 커다란 계통의 흐름과 그 역사적 배경을 파악하고자 한 연구이다.

그리고 오영찬은 삼한시대의 표비와 동시기(同時期)의 낙랑고분 출토마구에 대해 함(銜)·표(鑣)·마면(馬面)을 중심으로 검토하였다(오영찬, 2001). 먼

〈축척부동〉

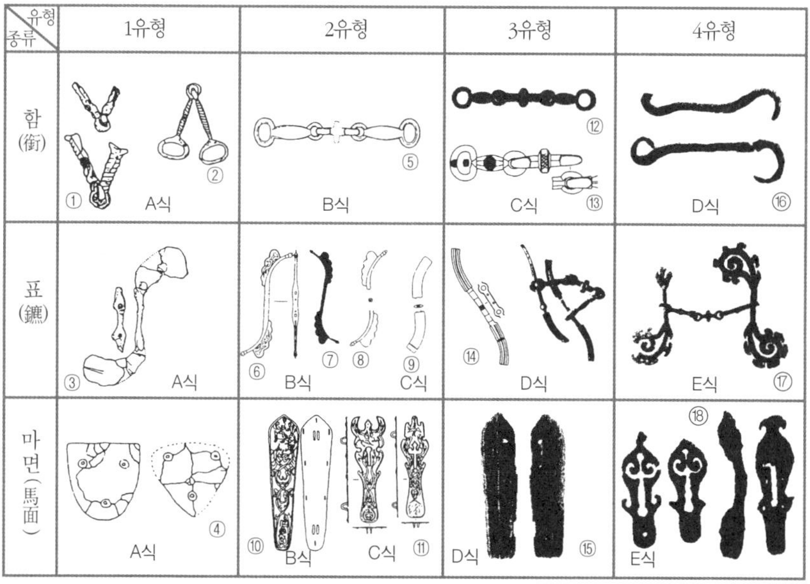

유형 / 종류	1유형	2유형	3유형	4유형
함(銜)	① ② A식	⑤ B식	⑫ ⑬ C식	D식 ⑯
표(鑣)	③ A식	⑥ ⑦ ⑧ ⑨ B식 C식	⑭ D식	E식 ⑰
마면(馬面)	④ A식	⑩ B식 C식 ⑪	D식 ⑮	⑱ E식

①·③ 大同郡 上里遺蹟 ② 貞栢洞 1號墳 ④ 石巖里 1962年 調査墳 ⑤~⑨·⑪ 石巖里 219號墳
⑩ 貞栢洞 2號墳 ⑫·⑮ 貞栢里 127號墳 ⑬·⑭ 石巖里 9號墳 ⑯~⑱將進里 45號墳

〈도 1〉 낙랑지역(오영찬, 2001) 출토 마구(馬具)

저 마구 크기에 따라 실용품(實用品)과 명기(明器)로 분류하고[2] 실용품에 대해서 표·마면의 재질과 형태, 함(銜)의 연결수(連結數)로 형식을 분류하였다(도 1). 그리고 4개의 유형으로 분류한 마구 조합 부장양상이 묘제의 변화와 같이한다는 것을 지적하였다. 또한 기원전 1세기 전후부터 1세기 전반에 걸쳐 낙랑고분에는 실용마구가 부장되는 것에 대해 중원(中原)의 한묘(漢墓)에는 명기(明器) 부장(副葬)이 주류를 이룬다고 하였다. 여기에서의 '실용마구(實用馬具)'라는 용어는 이제까지 발표된 연구성과에서 사용된 '실용마구'와는 조금 다르게[3] 실제로 사용한 마구라는 뜻이다. 그리고 명기(明器)가 소형이라는 점은 이상률(1996)이 영남지방 3세기대 표(鑣)가 거의 30㎝ 이상 대형화한 결과 함(銜)이 상대적으로 소형화하는 현상을 의기화(儀器化)로 지적하는 것에서 변화의 방향성이 다르게 생각된다.

한편, 강유신은 우리나라 남부지역 마구의 계보를 규명하기 위해 원삼국시대 전후의 목관(곽)묘에서 출토된 S자형 표비 및 동반유물을 분석하였다(강유신, 2002). 그 결과 4세기 전후에 출현한 승마용 마구를 '초기(初期)마구', 그 전의 차마구를 '조기(早期)마구'로 구분하고 두 개는 제작전통이 서로 다르다는 것을 지적하였다. 그 가운데 '조기마구'는 초기철기시대부터 원삼국시대의 소산이며 주로 목관·목곽묘에서 출토되고 북중국과 우리나라에서 출토된 S자형 표비는 제작기술·사용상의 기능·제작전통 등의 측면에서 공통점이 확인되었다. 낙동강 하류지역보다도 이른 단계에

2 실용비(實用轡)의 길이는 25㎝ 전후이지만 명기(明器)는 10㎝ 내외로 규정하였다.

3 4세기대 마구를 표현할 때의 '실용마구(實用馬具)'는 실용성이 높은 마구를 지적하고 비실용적(非實用的) 혹은 장식마구(裝飾馬具)와는 상반되는 용어이다.

낙동강 중류의 동안(東岸)지역—포항과 울산 등—에서 S자형 표비가 출토되는 대형목곽묘 축조집단이 존재하는 것에서 낙동강 하류지역의 문물 수용은 북방계 주민의 이동이 아닌 것으로 주장하였다. 중국 동북지방에서 직접적으로 낙동강 하류지역으로 문물이 파급된 것이 아니라는 발상이 신선하다.

우리나라에서 승마문화를 생각할 때 중요한 도구인 재갈이 중심을 이루고 있다. 이들 재갈을 승마용 혹은 차마구로 구분하는 기준이 필요할 것 같다. 그리고 삼국시대 차마구의 존재 유무(有無)에도 주의해야 하는 것에서 재갈의 형태 변천과 승마문화의 변화를 관련지을 수밖에 없을 것이다.

2) 가야·신라관계

(1) 등자

류창환은 가야고분의 목심철판피윤등(木心鐵板被輪鐙)을 8개의 속성으로 나누고 그것을 조합해서 형식분류하였다(류창환, 1994·1995). 먼저 답수부의 형태가 윤부(輪部)와 같은 폭을 가진 것에서 측면 폭이 넓은 것으로, 병부의 형태가 짧고 두꺼운 것에서 폭에 비해 세장화(細長化)한 것으로 변해간다고 지적하였다. 그리고 외장(外裝)철판의 형태와 구조에 주목하여 특정부위를 덮은 것과 전면(全面)을 덮은 것으로 구분하였다. 그 중 특정부위만을 덮은 것을 4가지로 세분하고 병(柄)과 윤(輪)의 접합부를 역T자형의 철판으로 보강한 간단한 형태에서 병부와 윤상반부(輪上半部)까지 금속으로 감싼 것으로 변화해 간다고 추정하였다. 철판으로 전면을 보강한 것은 가장 개량화된 것이지만 철판재단에 고도의 규격화가 필요한 것, 제작공정의 복잡화, 철판 소비가 많은 것 등에서 대량 생산에는 부적합하다고 하였다. 합천 옥전고분군을 조사한 사람으로서 당시 아직 보고서가 간행되지 않은 출토품을 이용하고 있으며 형식학적 분류의 백미라고 할 수 있을 것이다.

이희준은 경주 황남대총 남분을 집안(集安)의 고구려고분과 비교하여 절대연대를 추론하고 그것에 근거하여 피장자를 추정하였다(이희준, 1995). 그는 집안 고구려고분의 연대를 추정할 때 논쟁이 된 등자에 주목하여 단병(短柄)에서 장병(長柄)으로 변화하는 시점을 비판하였다. 다양한 형태의 윤부를 가진 고식(古式) 장병등(長柄鐙)[4]은 고구려뿐만 아니라 신라 장병등자 중에서 오래된 것—예를 들면 황남대총 남분 출토품 중 한 종류의 등자 등—과 계보상으로 직접 연결된다고 하였다. 마선구(麻線溝) 1호분, 칠성산(七星山) 96호분, 만보정(萬寶汀) 78호분 출토품과 황남대총 남분 출토마구를 비교·검토한 결과 황남대총 남분은 5세기 초, 북분은 5세기 전엽 말에 해당되며 전자(前者)의 피장자는 내물왕일 것이라고 서술하였다.[5] 등자를 고분연대 추정에 이용한 연구이다.

4 요령성(遼寧省) 북표현(北票縣) 방사촌(房身村) M8호분, 원태자묘(袁台子墓), 효민둔묘(孝民屯墓) 등의 출토 등자를 가리킨다.

5 황남대총 남분의 축조는 5세기 전엽에서 중엽경으로 추정되고 있으며 피장자는 내물(402년 沒), 실성(417년 沒), 눌지(458년 沒)마립간 등이 후보로 되어 있다. 연대적으로 크게 내물과 눌지마립간으로 나뉘어 양립하고 있다.

(2) 재갈

연구성과가 많으므로 1990년대와 2000년대로 나누어 서술하고자 한다.

① 1990년대

김기웅의 연구를 기반으로 김두철은 재갈의 구조적·기능적 측면에 중점을 둔 새로운 분류안을 제시하고 그 계통을 고찰하였다(김두철, 1991·1993). 함유(銜留)의 형태와 그 기능에 주목하여 표비(鑣轡), 판비(板轡), 환판비(環板轡), 원환비(圓環轡) 등 4형식으로 분류하고 삼국시대 재갈의 변화를 3가지로 구분하였다. 계통에 관해서는 삼국시대 이전의 재갈은 주로 한대(漢代)에서 전해져 온 표비라고 지적하였다. 입문용금구(立聞用金具)의 형태에 주목해서 삼국시대 표비는 면계가 일본조(一本條)로, 전단계의 이본조(二本條)와 차이가 있으며 판비는 5호16국시대에 중국의 북방 호족 특히 선비족에 의해 창안되었고 긴 인수를 동반하는 특징이 있다고 하였다. 환판비에 대해서는 호족계 재갈의 영향을 받아 남부지역 특히 낙동강 하류지역을 중심으로 X자형 환판비가 출현하고 그것과 동시에 T자형 환판비가 개발되었다고 추정하였다. 이 연구는 재갈의 기능에 착목하여 재갈멈추개와 인수(引手)의 형태, 함(銜)과 재갈멈추개 및 인수의 연결방법 등에 주목한 점은 높이 평가되고 있다. 그러나 연구자 자신도 인정하고 있는 것처럼 분류는 어디까지나 외형(外型)에 의한 분류에 그치고 있다. 각 형식 내에서의 시간적 변천과 지역적 특색을 명확히 하기 위해서는 기술적인 측면도 고려하여 보다 세밀한 형식분류를 시도할 필요가 있다.

이희준은 경주 월성로 가13호분 출토 재갈을 이용하여 고분의 절대연대와 그 의의에 대해 논하였다(이희준, 1996). 중국 동북지방과 우리나라 북부지역 출토 재갈을 비교하여 횡방향의 함유금구(銜留金具), 세장방형의 함구멍(銜孔), 꼬아서 만든 함, 2조선의 인수와 그 길이, 재갈멈추개 입문(立聞)의 형태 등에 주목하여 4세기 후반초경으로 추정하였다. 그리고 가13호분을 중심으로 적석목곽분의 정의, 구조 변천을 검토하여 신라 적석목곽분 발생을 4세기 전반의 이른 단계로 주장하였다. 또한 가13호분 출토유물 가운데 유리제품을 4세기 중기의 위신재로 고구려와의 교역산물로 생각하였다. 전고(前稿 : 이희준, 1995)의 등자에 이어 경주지역 적석목곽분의 상한연대를 상정함에 있어 재갈을 이용하고 있다.

김두철은 또다시 재갈을 이용하여 전기가야(前期加耶, 3세기 말~5세기 전반)의 마구가 가지는 의미와 성격에 대해 검토하였다(김두철, 1997). 우선 중장기병용(重裝騎兵用) 마구인 긴 인수를 동반하는 재갈·쌍등(雙鐙)·경식안(硬式鞍)이 거의 동 시기에 동북아시아에서 사용되고 있는 것에서 4세기대부터 긴 인수를 가진 재갈이 출토되는 가야는 마구와 함께 중장기병술도 수용했으며 인수 형태에서 다양한 계보와 수차례에 걸친 영향을 추정하였다. 또한 삼한기(三韓期)의 표비는 알타이계 전통을 잇는 것으로 표(鑣) 본체의 구멍을 기준으로 2단계로 나누었지만 면계의 연결은 모두 2본조(二本條)로 판단하였다. 그리고 모든 재갈이 꼬은 함에 함 외환(外環)이 입문과 일체화되어 있으며 가야 초기의 재갈이 일찍부터 재지화한 것은 전단계의 마구제작자가 새로운 형식의 마구제작에 참가한 결과라고 지적하였다. 중장기병용 마구를 정의하고 인수(引手) 형태에서 4세기대 가야와 동북아시아의 빈번한 교류를 추정한 연구이다.

② 2000년대 이후

류창환은 삼국시대 환판비(環板轡)[6]의 형식분류, 편년 및 분포에 대해 서술하였다(류창환, 2000b). 중국 동북지방에서 X자형 환판비와 횡방향(橫方向) 함유금구(銜留金具)판비, X자형 함유금구판비가 모두 확인되는 것에 대해 우리나라 남부지역에서도 같은 양상인 것으로 생각했다. 그리고 중국 동북지방에서 선비계(鮮卑系) 마구의 영향을 받아 우리나라 남부지방에 도입된 환판비는 늦어도 5세기 제1사분기에 출현하여 6세기 제1사분기까지 존속한다고 추정하였다. 환판비가 가지고 있는 각 요소의 속성과 변이를 유출·검토한 결과, 각 형식간의 상대편년은 제속성(諸屬性)과 변이(變異)의 시간적인 변화에, 연대는 인수의 출현과 소멸시기에 근거한다고 하였다. 환판비에 관한 용어와 출현 등은 김두철(1991)과 상통하고 있지만 김해 대성동 2호분 출토품을 X자형 함유금구판비로 분류하여 환판비로 규정한 김두철과는 선을 긋고 있다.

박미정은 재갈의 시간적·계층적 속성 분석을 기초로 출토고분의 성격을 고찰하였다(박미정, 2001). 우선 함(銜)의 형태는 꼬은 것, 철사를 감은 것, 직선의 것으로 나누고 인수 길이와 인수외환의 형태 등을 분류하여 각각의 속성을 조합하여 6단계를 설정하였다. 그리고 출토양상을 검토하여 4세기대는 주로 철제표비와 판비가 상주·청주·부산·김해·함안 등의 지역 중·대형분에서 단독으로 확인되는 한편, 5세기대에는 경주·합천·고령·고성 등의 지역 지배층 고분군에서 금동제 판비가 화려한 마구 일

6 환상경판부비(環狀鏡板附轡)를 의미한다.

식(一式)과 함께 출토되었다. 그 외 지역에서는 철제판비와 표비가 철제마구 일식(一式)과 동반하거나 단독으로 알려졌다. 출토된 유구 또한 중형분에 집중하며 소형분에 이르기까지 다양하게 보인다고 지적하였다. 이 연구는 함(銜)의 제작기법에 주목하여 꼬은 것에서 직선으로, 인수(引手) 길이가 짧은 것에서 길게 되는 속성을 시간성으로 이용하고 있다.

(3) 등자·재갈 등 마구의 조합(組合)

신경철은 김해 대성동고분군과 부산 복천동고분군에서 출토된 마구자료를 이용하여 우리나라 남부지역 승마문화의 이입시기·경로·계보 등에 대해서 고찰하였다(신경철, 1994). 우선 복천동 69호분 출토 예의 복조인수(複條引手)에 주목하여 부여(夫餘) 분묘의 가능성이 있는 유수노하심(楡樹老河深) 중층(中層) 56호묘 출토 예와 유사성을 지적하고 가야 초기마구의 계보가 부여 마구문화에 있다고 추정하였다. 그리고 대성동 3호분 출토 행엽과 중국 동북지방의 관련성을 주장하고 복조인수가 19㎝ 정도까지 길어지는 것을 고구려 마구문화의 영향이라고 하였다. 또한 낙동강하류의 김해·부산지역에 한해서 4세기대에 제1차 마구파급이 있고 그것은 부여의 영향, 제2차 파급에는 고구려의 영향을 추정하였다. 이 연구는 우리나라 남부지역 특히 낙동강하류역의 문화적 변화 원인을 외부에서 찾고 있다. 그리고 '초기마구(初期馬具)'라는 용어를 사용하고 있는데 그 용어 정의와 함께 삼한시대 마구에 대한 정의가 필요할 것 같다.

김두철은 남부지방 마구의 발전과정을 4단계[7]로 구분하여 설명하였다(김두철, 1995). Ⅰ기에 관해서 중국에서는 은·주시대 이래 알비(钀轡)가 사용되고 신시황릉 제2호 용갱(俑坑) 출토 기마용(騎馬俑)에 긴 인수를 표현하고 있는 것에서 효민둔 154호묘와 원태자(袁台子)벽화묘 출토품에 보이는 긴 인수의 판비를 중원(中原)의 영향으로 생각하였다. Ⅱ기의 환판비는 낙동강을 경계로 X자형은 경주를 포함한 동안(東岸)지역, 역T자형은 합천을 중심으로 한 서안(西岸)지역에 확산되었다고 하였다. 그리고 가야지역의 목심철판장윤등(木心鐵板張輪鐙)에서 병부 하단과 윤부 상방을 철판으로 보강한 것과 철봉(鐵棒)을 보강한 것 등 두 개의 계보로 나누고 후자는 가야에서 신라로 전래되었다고 하였다. Ⅲ기는 경판형태·입문(立聞)·구금구(鉤金具) 형태와 유환(遊環)·별조(別造)의 인수호(引手壺) 유무(有無)에 따라 재갈을 가야계와 신라계로 구분하였다. 또한 등자는 신라에서 고구려계와 전기가야계가 함께 제작·사용되는 반면 가야에서는 전면(前面) 중앙에 능을 가진 것과 답수부가 넓은 것이 제작되고 있는 것에서 지역적 차이를 생각하였다. Ⅳ기는 새롭게 원환비가 채용되고 종래의 단환판비(單環板轡)가 복환판비(複環板轡)로 변화하는 것을 지적하였다. 그리고 등자는 병부 상단부, 병(柄)과 윤(輪)의 접합부 등 중요 부분에만 철판을 보강한 것과, 신라에서는 6세기 제2사분기에 새로운 형식의 자엽형(刺葉形)행엽, 종형(鐘形)행엽 등이 사용된다고 하였다. 전고(前稿 : 김두철, 1991)

7 Ⅰ기는 실용마구의 수용기로 4세기대, Ⅱ기는 기승문화의 확산기로 5세기 전반대이다. Ⅲ기는 가야·신라마구의 지역분화기로 5세기 후반대, Ⅳ기는 마구의 전국기(戰國期)로 6세기 전반대로 상정하였다.

에서 재갈의 변화를 3기로 나눈 견해에 등자와 행엽 등을 가미하여 더욱 구체화한 연구이다. 그리고 신경철의 성과(1994)를 기반으로 심엽형(心葉形)행엽이 고구려로부터 전래되었다는 주장을 철회하였다.

이 발표에 대해 강유신은 각 시대 마구의 질과 양, 조합에 대한 특징을 서술하였다(강유신, 1997b). 삼국 중에서도 신라·가야지역에 승마용 마구가 출현하는 것은 4세기 중엽 이후이며 철제의 기본 장구(裝具)를 중심으로 한정된 수가 출토한다고 하였다. 또한 5세기 전후에는 의장용(儀裝用)마구[8]가 성행하고 전단계 상위신분집단에 한정되어 있던 철제 대신에 금공제(金工製) 의장용마구가 주류를 이룬다고 하였다. 그 중 경주지역은 5개의 계층으로 나누고 상위신분집단인 제1계층~제3계층은 마구의 유형·재질·수 등에서 상호간 일정의 격차를 가지며 제4계층은 철제마구만, 제5계층은 마구를 소유하지 않는 것으로 지적하였다. 한편 5세기 이후 경주지역 주변에서는 마구의 종류·재질·수 등이 규제되고 경주지역에서 직접 분여된 것, 기술전파 등에 의해 재지에서 제작된 것 등이 있다고 하였다. 통일신라시대에는 사상적 관습 변화 등의 원인으로 분묘 출토품은 적지만 사료에 나타나는 골품체제에서 마구 사용도 규제하는 것을 지적하였다. 그리고 고려·조선시대도 문헌기록에 의하면 마구 장식과 내용에 품계(品階), 직능(職能) 등의 차이를 반영한다고 하였다. 조선시대까지 넓은 시야를 가지고 마구의 계층성에 접근한 연구이다.

8 재질에서 보이는 특징뿐만 아니라 특히 구조적인 측면에서도 실용에 불편하거나 어려운 것이다. 5세기 전후에 의장용(儀裝用)과 실용(實用)으로 구분할 수 있다.

한편, 류창환은 고령 지산동고분군과 합천 옥전고분군을 중심으로 대가야권 마구조합의 양상과 재질 차이에 근거하여 유형을 8개로 나누고 그 변화와 획기에 대해 검토하였다(류창환, 2000c). 그 중 1유형의 기본마구는 재갈·안교·등자를 중심으로 하위지배자의 마구이고 3유형의 의장용 마구는 장식성이 강한 금동·은·청동 등 화려한 재질로 제작된 기본마구에 더해서 마갑(馬甲)·마주(馬冑) 등으로 최고지배자의 전유물로 생각했다. 그리고 가야고분 출토 등자를 기준으로 5기로 나누고 Ⅰ기는 마구의 수용, Ⅱ기는 대가야형(大加耶型) 등자(오각형단면)의 성립과 마구제작기술의 정착, Ⅲ기는 대가야형 마구(내만타원형판비·대가야형 등자·검릉형행엽 등으로 구성된 것)의 성립과 확산, Ⅳ기는 호등(壺鐙)의 출현과 신라계 마구(인동타원문(忍冬楕圓文)심엽형행엽과 패제운주(貝製雲珠) 등)의 도입, Ⅴ기는 마구부장의 쇠퇴로 규정하였다.

그리고 함안 도항리(道項里)·말산리(末山里)고분군에서 출토된 마구를 중심으로 6단계로 나누고[9] 각 단계별 마구의 변천과 아라가야를 중심으로 한 지역 간 관계에 대해서 검토하였다(류창환, 2002)(도 2). Ⅰ단계는 표형(瓢形) 2조선 인수의 표비·횡방향 함유금구판비·2조의 철봉을 꼬은 1조 인수의 X자형 환판비(環板轡) 등의 조합이 확인되고 이들은 중국 동북지

9 Ⅰ단계는 아라가야 마구의 수용기로 5세기 제1사분기, Ⅱ단계는 실용마구 제작기술의 정착기로 5세기 제2사분기, Ⅲ단계는 아라가야 마구의 발전기로 5세기 제3사분기, Ⅳ단계와 Ⅴ단계는 아라가야 마구의 전성기로 규정하였으며 Ⅳ단계는 5세기 제4사분기, Ⅴ단계는 6세기 제1사분기로 하였다. Ⅵ단계는 아라가야 마구의 쇠퇴기로 6세기 제2사분기이다.

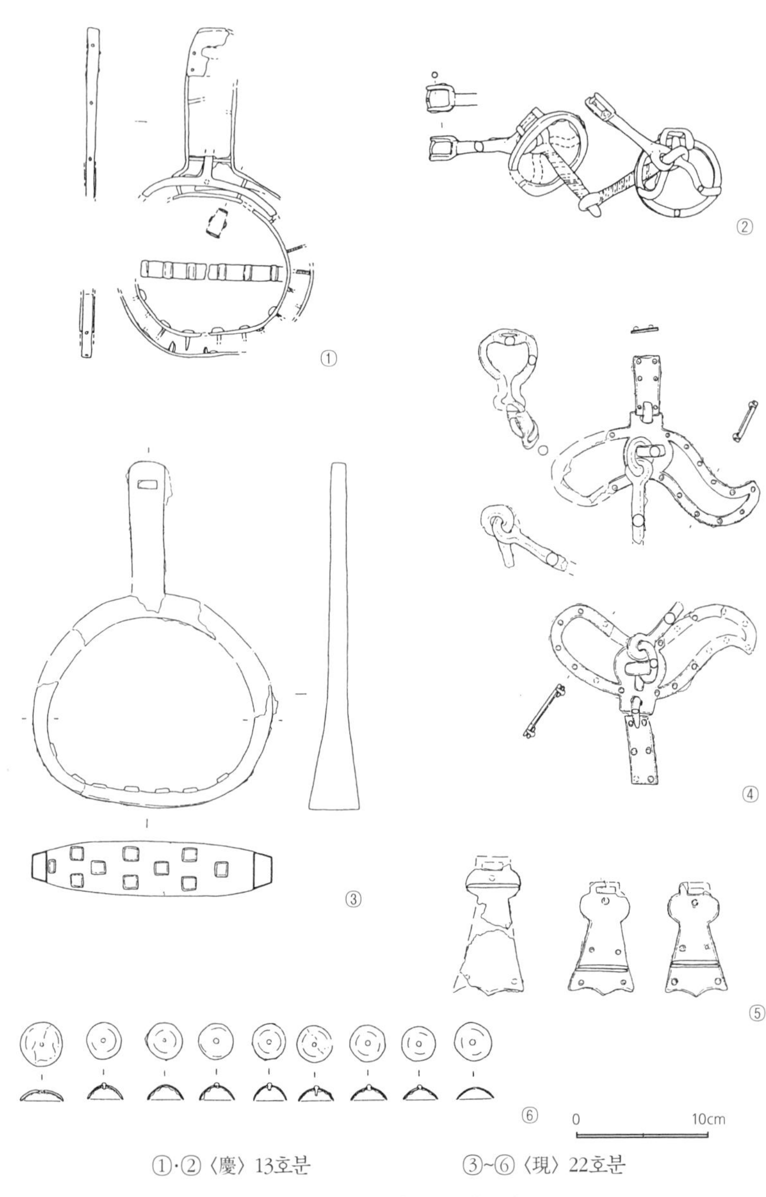

①·② 〈慶〉 13호분　　　③~⑥ 〈現〉 22호분

〈도 2〉 함안지역 출토 마구(馬具)

방 선비계 마구의 영향을 받아 금관가야에서 개발·재지화한 것으로 금관가야와의 밀접한 관계를 추정하였다. II단계는 전단계를 계승하고 있으며 창원 도계동고분군의 중개 역할도 상정하였다. III단계부터는 내가야·신라지역과의 교류에 대한 근거로 단면 오각형의 목심철판피윤등(木心鐵板被輪鐙)과 심엽형(心葉形)행엽을 지적하였다. IV단계에는 내만타원형판비와 편원어미형(扁圓魚尾形)행엽, 무각소반구형(無脚小半球形)운주의 존재에 주목하여 대가야와 신라지역의 교류가 계속되고 있음을 추정하였다. V단계에는 무각소반구형운주, 자엽형(刺葉形)행엽과 원판비(圓板轡)로 신라와 백제가 교섭의 중심이고 VI단계에는 안장의 교구·소문(素文)심엽형행엽·사각반구형(四脚半球形)운주 등에서 대가야와의 관계가 부활하였다고 하였다. 이것은 가야 중 하나인 함안지역을 단위로 검토한 연구이다. 이러한 지역단위별 연구의 축적은 앞으로의 과제일 것이다.

또한 류창환은 재갈과 등자를 중심으로 편년·계보·전개 등에 대해 검토하였다(류창환/金·張 譯, 2004). 그 결과, 동아시아 초기마구는 선비계 마구에서 시작하여 중국 동북지방(모용선비·고구려)→우리나라→일본에 확산·전파되었다고 하였다. 그 중 초기 재갈을 인수형태에 따라 표형(瓢形) 2조선과 조형(組形) 삽자루형 2조선으로 크게 나누었다. 4세기 전반대에 고구려와 모용선비(慕容鮮卑)지역에서 성행한 이 두 형식은 4세기 제2사분기에 금관가야와 백제에 도입되었다고 추정하였다. 4세기 제3사분기에 모용선비를 중심으로 쌍등(雙鐙)에 의한 기승용마구(선비계 마구)가 완성되고 고구려와 선비, 백제, 가야 등의 지역 출토품과 계보를 잇는다고 생각하였다. 또한 5세기 전반대 금관가야에서는 대부분의 마구가 재지화하는 한편, 이 시기 일본에서 다양한 형식이 급증하는 것에 대해 기본적으로 금관가야를 주요 창구로 하고 있지만 백제를 비롯한 다른 지역에서의 수입품, 혹은 수입품을 모방한 재지생산품도 있다고 규정하였다. 여기에서 사용하고 있는 우리나라의 '초기마구(初期馬具)'와 일본의 '초기마구', 동아시아의 '초기마구'가 가지는 의미에 대해서 각각 재확인할 필요가 있을 것이다.

(4) 마장(馬裝)

박보현이 적석목곽분(積石木槨墳)문화지역에서 출토된 심엽형행엽 못의 수와 내부문양을 이용하여 형식을 분류하고 그것의 분포를 중심으로 검토하였다(박보현, 1990). 못의 수는 10개 이내의 것에서 20개 이상의 것으로 변천하고 외형(外形)이 같은 것은 경주·낙동강 동안·고구려지역에 분포하고 있지만 세부 속성은 경주를 포함한 낙동강 동안지역 안에서도 규칙성이 확인되지 않아 각 지역단위로 제작지가 존재한다고 추정하였다. 또한 심엽형행엽에 대해 고구려문물이입설과 경주에서 낙동강 동안지역에로의 2차적 분여설을 부정하였다. 심엽형행엽만을 이용하고 있지만 지역단위의 산지추정은 높이 평가될 만하다.

그리고 이상률은 행엽의 지판(地板)·상판(上板)·못 등의 재질과 금속판의 조합을 중심으로 제작방법에 대해 검토하였다(이상률, 1993a·b). 그 결과, 영남지방은 소문(素文)의 심엽형행엽이 4세기 전후에 출현하지만 공인(工人)집단의 차이로 제속성(諸屬性)이 통일되지 않은 것을 지적하였다. 문양 변천은 소문(素文)을 비롯한 십자문(十字文)·삼엽문·용문·인동타원문 순으로 출현하고 상판의 장식적인 도금과 조금(彫金)의 특징에서 가야와 신라 등 지역적 차이가 확인된다고 하였다. 또한 낙동강하류역 초기단계의 행엽에는 고구려와 북방 마구의 영향이 보이지만 5세기 이후에는 역(逆)으로 고구려에 영향을 주었다고 생각하였다. 이것은 행엽의 외형뿐만 아니라 제작기술 등 세세한 부분까지 주목한 연구이다.

한편, 김두철은 삼국시대 신라와 가야의 마장(馬裝)에 대해 안장·행엽·운주 등 실물자료와 함께 마형토기(馬形土器)를 중심으로 검토하였다(김두철, 1992). 가야에서는 이각식(二脚式) 좌목선금구(座木先金具)·편평내만형(扁平內彎形) 안장좌금구(鞍裝座金具)·검릉형(劍菱形)행엽·철환(鐵環)을 사용한 구조인 것에 대해 신라에서는 일각식(一脚式) 좌목선금구(座木先金具)·입형(笠形) 안장좌금구(鞍裝座金具)·편원어미형행엽·입주부(立柱附)운주와 무각소반구형(無脚小半球形)운주에서 반구형(半球形)운주와 패제운주(貝製雲珠)로 연결되는 장식적인 구조가 특징이라고 하겠다. 또한 신라마구 연구의 문제점을 지적하는 가운데 신라고고학 연구에 있어서 절대연대의 기준이 된 황남대총 남분에 대해 내물왕설(402년)과 눌지왕설(458년)을 소개하였다(김두철, 1998). 황남대총 남분 출토 목심철판장윤등(木心鐵板張輪鐙)보다 부산 복천동 10·11호분 등자가 선행하는 것과, 복천동 10·11호분 등자가 415년이라는 절대연대를 가진 풍소불묘(馮素弗墓) 등자보다 앞서지 않는다고 규정하며 황남대총 남분을 5세기 초로 추정하기는 어렵다고 하였다.

(5) 마갑(馬甲)·마주(馬胄)(도 3)

이상률은 지금까지 출토된 마주(馬胄)를 중심으로 구조와 제작법을 검

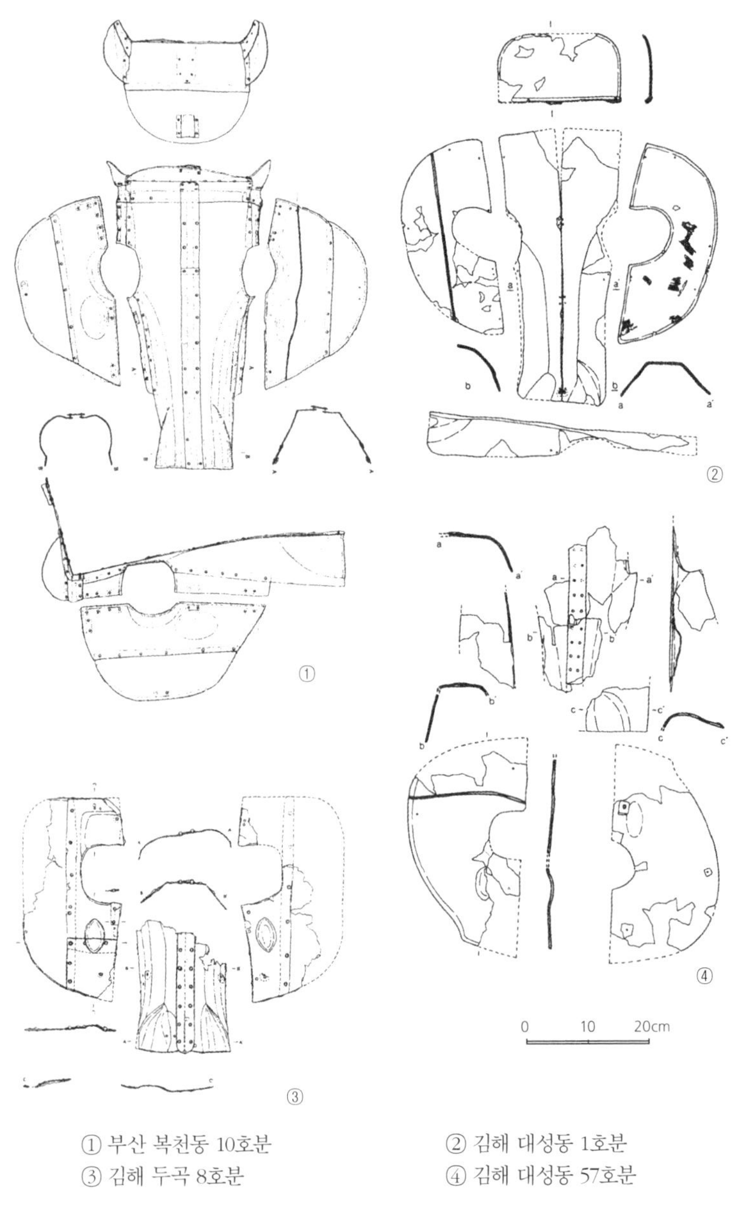

① 부산 복천동 10호분　　② 김해 대성동 1호분
③ 김해 두곡 8호분　　④ 김해 대성동 57호분

〈도 3〉 부산·김해지역 출토 마주(馬胄)

토하여 가야 마주의 계보와 발생에 대해 살펴보았다(이상률, 1999/金井塚良一 譯, 2001). 면복부(面覆部) 상판(上板), 비부(庇部), 협복부(頰覆部)의 분할(分割)유무에 근거하여 A·B류로 분류하였다. 분할이 있는 A류는 중국 동북지방의 계통으로 이미 5세기 전후에는 다양하게 재지화한 것이 출현하고 있기 때문에 4세기대 중국 동북지방의 마주가 출발점인 것에 대해 미분할의 B류는 A류보다 늦은 5세기 이후 고구려 남정을 계기로 신라로 이입·확산되었다고 추정하였다. 사람이 말을 타기 위해 필요한 마구(馬具)에서 말을 보호하는 마갑(馬甲)·마주로 시점을 바꾼 연구이다. 가야 마구와 마갑·마주의 출발점은 중국 동북지방이고 고구려 남정이 중요한 포인트라고 생각하고 있다.

그리고 일본에서 1992년 발표된 가미야 마사히로(神谷正弘)의 논문이 우리나라에서 2002년 번역되었고(神谷正弘/ 李·黃 譯, 2002) 또한 그의 발표에 대해 이상률은 우리나라 출토 마주 B류 중 오타니(大谷)고분과 가장 유사한 것은 합천 옥전M3호분 마주 「가」[10]이고 시대적으로 오타니(大谷)고분 출토 마주를 포함한 마구는 5세기 제4사분기에 후속하고 대가야지역에서 유입된 것으로 추정하였다(이상률, 2002). 그리고 오타니(大谷)고분의 마주(馬冑)가 필요 이상으로 정연하게 마두(馬頭)의 특징을 취하고 있어 실용성보다 상징적인 의미를 내포한다고 판단하였다.

한편, 김재우는 김해 대성동 1호분과 57호분 출토 마주를 중심으로

10 M3호분에서는 철제마주가 피장자의 머리와 발치쪽에 2점이 출토되었다. 그 가운데 「가」는 피장자의 발치쪽에서 확인된 것이다(경상대학교 박물관, 1990).

영남지방 출토 마주를 검토하였다(김재우, 2004). 우선 면복부(面覆部) 상판의 분할유무, 측판(側板)과 비부(庇部)의 형태, 안공(眼孔)의 연접부위, 비공(鼻孔)의 성형(成形) 위치 등을 이용하여 형식분류하였다. 각 형식의 초현(初現)시기는, 대성동 출토품이 속하는 A류는 5세기 제1사분기이고 합천 옥전 23호분 등의 B류는 5세기 제2사분기로 A류에서 B류로 변화하며 두 형식 모두 고구려 마주의 영향에서 각각 제작되었다고 추정하였다. 특히 A류는 400년 고구려 남정을 계기로 경주와 김해 등 제한된 지역에 나타나고 4세기대 재지판갑(在地板甲) 제작기술을 기반으로 한다고 하였다. 그리고 금관가야를 비롯한 가야권역에서 중장기마전술(重裝騎馬戰術)로의 변화는 마갑·마주가 등장하는 5세기 이후라고 생각하였다. 마갑·마주의 제작공인이 마구와는 달리 갑주(甲冑)와 일치하는 것과 4세기대 실용마구와는 관련이 없을 가능성을 시사하였다.

신라·가야관계를 전체적으로 살펴보면 재갈을 중심으로 한 연구가 주류를 이루고 안장·등자와 행엽을 이용해서 마장(馬裝)까지 복원할 정도로 활발하다. 김두철, 류창환, 이상률, 강유신을 중심으로 연구가 진행되고 있는 것이 특징이다.

3) 백제관계

f자형 판상(板狀) 재갈멈추개와 검릉형행엽(劍菱形杏葉)의 발생지를 둘러싼 연구와 다른 지역과의 비교·검토를 목적으로 백제 자료를 이용하는 연구가 확인된다.

김두철은 한국과 일본출토 마구를 비교하기 위해 양국의 편년조율과 일본 출토 마구계통에 대해 언급하였다(김두철, 1996). 일본 출토 마구 중 자료가 가장 많은 f자형판비(f字形板轡)와 내만타원형판비, 검릉형행엽에 대해 입문(立聞)과 구금구(鉤金具) 형태의 유사성·유환(遊環)의 사용·표형(瓢形) 인수호(引手壺)·병고쇄(兵庫鎖) 연결, 그리고 안장의 좌목선금구(座木先金具)·좌금구(座金具) 등의 요소에서 가야 마구와 밀접한 관계가 있다고 지적하였다. 일본 초기마구는 전기가야, 5세기 후반 이후는 후기가야의 영향을 받았고 오사카(大阪)부(府) 구라즈카(鞍塚)고분과 부산 복천동 10호분의 목심철판장윤등(木心鐵板張輪鐙)을 비교해서 구라즈카(鞍塚)고분을 5세기 제2사분기 후반, 시가(滋賀)현(縣)신카이(新開) 1호분, 오사카(大阪)부(府) 시치칸(七觀)고분·혼다마루야마(譽田丸山)고분을 5세기 제3사분기로 비정하였다. 그리고 TG232號窯 출토 스에키(須惠器)를 복천동 10·11호분 단계와 병행하는 5세기 중엽, 오바데라(大庭寺)I기의 초기 스에키(須惠器)도 5세기 중엽, TK73형식기는 빨라도 5세기 제3사분기에 해당된다고 하였다. 또한 사이타마(埼玉)현(縣) 이나리야마(稻荷山)고분 출토 f자형판비를 전세(傳世)로 인정하고 6세기 제2사분기로 생각하였다. 한국과 중국 이외에 일본으로 시야를 돌린 연구로 양국의 연대관에 차이가 있음을 명확하게 보여주었다.

한편, 이상률은 백제 마구를 영남지방의 연구성과와 비교·검토하였다(이상률, 1998). 청주 신봉동고분군 출토 재갈의 삽자루형 인수에 대한 해석으로 중국 동북지방-고구려를 연결하는 북방 재갈의 계통에 포함되는 백제 초기재갈의 한 면을 보여준다고 하였다. f字形 경판부비(鏡板附轡)·검릉형행엽에 대해 현재 최고(最古)로 알려진 합천 옥전 M3호분 출토품에서 세트를 이루지 않는 것은 외부로부터 마장(馬裝)의 영향을 받은 옥전 집단 초기단계의 상황을 반영하고 있다고 설명하였다. 장식마구의 고안과 세트로서 f자형 경판부비(鏡板附轡)와 검릉형행엽의 조합은 공주지역에서 최초로 행해지고 그 시기는 5세기 제3사분기보다 올라갈 수 없다고 하였다. 더욱이 6세기대 원환비(圓環轡)의 입문(立聞)·유환(遊環)의 유무, 연결방법에 주목하였고 유환이 없는 것에는 함 외환에 원환(圓環)과 인수를 각각 연결한 예가 전부인 것에 대해 유환이 있는 것은 함 외환에 유환과 원환이 연결된 것, 유환에 함 외환·인수·원환이 연결된 것 등이 있다고 하였다. 그 중 유환이 있는 것 중 전자는 백제, 후자는 가야지역의 특징으로 추정하였다.

이것에 대해 김두철은 가야와 백제 마구를 비교·검토할 때[11] f자형 판비(板轡)와 검릉형행엽의 출자(出自)에 대해 언급하였다(김두철, 2000). f자형 판비에 대해 가야지역 3예가 5세기 제4사분기이고[12] 전(傳) 송산리고분 예가 2연접외환(二連接外環)함을 가지는 것에서 전자보다 후출(後出)한다고 판단하였다. 검릉형행엽의 제작법이 신라 편원어미형행엽과 동일하고 최고식(最古式)(함안 도항리 54호분·합천 옥전 M3호분)이 가야에 존재하는 것과 입문(立聞)·구금구(鉤金具) 형태를 근거로 가야에서 출자를 찾고 있다. 따라서 f자형판비와 검릉형행엽은 가야에서 발생하여 백제로 전해졌다고 추정하였다.

11 4세기대 가야 재갈에 대한 생각을 수정해서 4세기 제2사분기에는 부여계만, 제3사분기에는 재지화(在地化)해서 제4사분기에는 선비계(鮮卑系)가 나타난다고 하였다.

12 부산 복천동 23호분, 합천 옥전 M3호분, 함안 도항리 22호분 예가 있다.

f자형 판상(板狀) 재갈멈추개에 대해 이상률과 김두철은 이토 아키오(伊藤秋男, 1979)가 언급한 f자형 표비(鑣轡)의 백제·가야화라는 시점과는 조금 다르지만 전(傳) 송산리고분 출토품에 주목하고 있는 점과 백제·가야를 각각의 발상지로 생각하고 있는 점에서 같은 맥락으로 이해할 수 있다. 그리고 두 사람의 f자형 판상(板狀) 재갈멈추개에 대한 표현이 다른 것이 눈길을 끈다.

발굴자료가 증가함에 따라 백제지역에서도 마구를 검토할 기회가 많아졌지만 역시 재갈이 중심을 이룬다. 우선 성정용은 청주 봉명동 A-31호분 출토 표비가 천안 두정동 I-5호분 예와 유사한 것을 지적하고 동반하는 토기에 근거하여 4세기 전반의 소산으로 추정하였다(성정용, 2000). 표비에 보이는 짧은 인수(引手)는 조양(朝陽) 원태자(袁台子) 1호묘와 본계진묘(本溪晉墓), 안양 효민둔 154호묘 등 선비·고구려 계통의 초기 재갈에서 확인되는 짧은 인수와 같은 흐름의 것으로 백제 초기마구의 도입은 4세기 초부터 전엽경에 모용(慕容) 씨와 백제 간 원거리교섭의 산물로서 초기 승마용마구가 전해졌을 가능성을 시사하였다. 이렇게 도입된 마구는 지역집단의 내적 지배력 강화의 필요성과 백제 지배층의 지역통합 요구에 상응해서 지역 일부 수장층을 중심으로 확산되기 시작한 것으로 생각하였다. 백제연구의 전체적인 흐름 중에서 마구를 취한 연구이다.

또한 성정용은 부여박물관에 소장된 표비를 소개하면서 부소산성 96년 사비루 출토 표비, 경주 탑리 채집 청동표비 등의 유례를 포함하여 검토하였다(성정용, 2001). 그 중 팔자형(八字形)으로 벌어진 입문(立聞)[13]과 표

13 필자는 판상형입문(板狀形立聞)이라고 부른다.

가 일체형(一體形)이고 긴 인수(引手), 2연접외환(二連接外環)함을 가진 S자형 표비의 계통과 성격을 살펴보았다. 그 결과 한대(漢代)의 S자형 표비와는 많은 차이를 보여 북방계, 구체적으로는 선비계 마구에 그 원류가 있다고 하였다. 그리고 2연접외환함은 4세기대 이후 백제에서 변화·발전된 형태로 추정하였다. 한편, 사비루 출토 표비는 부소산성의 성격에서 백제 사비기~통일신라시대로 추정하였고 경주 탑리 채집품은 재지적인 성격이 강하며 전자와 대략 동일한 시기로 판단하였다. 금속제 표비는 삼한시대에도 확인되고 있어 계통론에 자주 사용되는 자료이지만 통일신라시대에 해당되는 자료에 대해서는 그다지 연구가 없어 표비의 존속기간과 변천을 생각할 때 중요한 연구이다.

박중균은 청주 봉명동유적(3세기 후반~4세기 후반) 출토 재갈을 이용하여 백제 초기마구의 계통과 편년에 대하여 논하였다(박중균, 2002). 백제 초기마구의 특징은 2연식(二連式) 철제표비로 함(銜)은 2조(條)의 철봉을 꼬았으며 외환(外環)이 내환(內環)보다 크고 함과 인수는 직접 연결되었다. 인수는 길이가 짧은 2조의 철봉을 꼬은 1조선(條線)과 삽자루형의 2조선이 있다. 백제 초기마구의 조형(祖形)은 중국 동북지방에 있고 삽자루형 인수를 가진 봉명동 C-31호분 예는 가장 고식(古式)인 유수노하심 중층 56호묘 출토품과 유사하다고 판단하여 4세기 전반으로 설정하였다. 5세기대가 되면 청주 신봉동유적에서 출토된 인수외환(引手外環)의 형태가 U자형으로 양 끝을 철침으로 고정한 삽자루형으로 발전한다고 하였다. 이것은 하나의 유적을 중심으로 백제마구의 흐름을 파악한 연구이다.

한편, 이상률은 백제 초기마구를 정의하기 위해 천안 두정동·용원리고분군에서 출토된 유물을 재조사하고 낙동강하류지역 출토품과 비교·검토하였다(이상률, 2001). 그 결과 4세기대로 보고된 두 유적의 연대에 대해 누정동고분군은 4세기의 늦은 단계, 용원리고분군은 5세기 후엽에서 6세기대로 재평가하였다(도 4). 먼저 두정동고분군 출토 표비의 입문용금구(立聞用金具)는 김해 대성동 2호분 출토품[14]에서 변형되어 간소화·생략화한 것이고 삽자루형 2조선 인수는 조형(祖形)이 선비계 재갈이기 때문에 4세기 중엽보다 빠르지 않다고 추정하였다. 그리고 용원리고분군 출

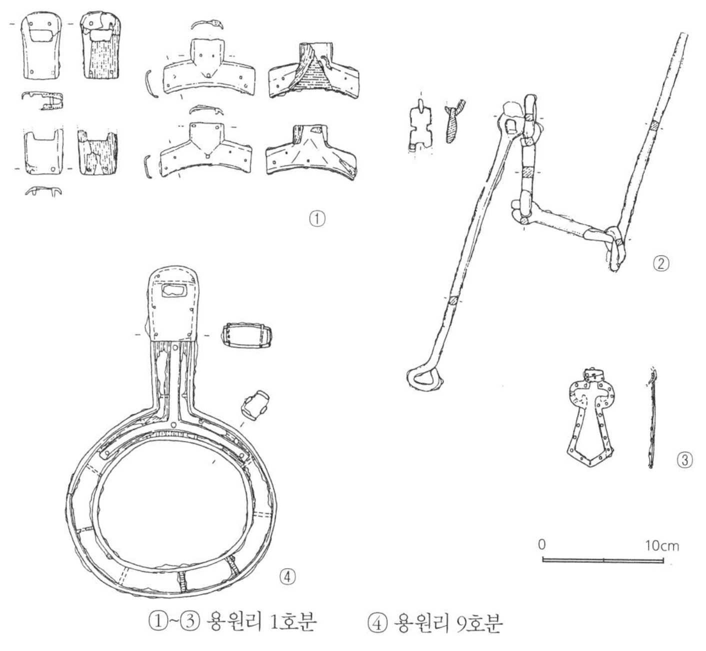

①~③ 용원리 1호분　　④ 용원리 9호분

〈도 4〉 천안지역 출토 마구

14 3종류의 재갈 중 쌍공판상괘류식(雙孔板狀掛留式) 유기질제 표비를 동반하는 것이다. 참고로 '쌍공판상괘류식(雙孔板狀掛留式)'이라는 용어는 필자가 만든 것이다.

토품도 인수가 굉장히 긴 것, 인수외환이 본체에서 구부러진 것, 방형판 아래에 2각(脚)의 교침이 부착된 입문용금구,[15] 별조(別造)의 인수호가 존재하는 것 등에서 5세기 후엽 이후라고 생각하였다. 또한 목심철판피윤등(木心鐵板被輪鐙) 병부 전체에서 윤상반부에 걸쳐진 Y자형 철판을 보강한 것에서 합천 옥전 8호분 예와 유사하다고 보아 5세기 후엽 혹은 5세기 중엽의 늦은 단계의 것으로 추정하였다. 전고(前稿 : 이상률, 1998)와 함께 가야·신라관계의 입장에서 백제 마구를 검토한 연구이다. 또한 간행된 보고서의 자료를 재관찰·검토한 것에서 이제까지의 마구연구에 새로운 바람을 일으킨 것이다.

류창환은 삼국·가야 마구가 시·공간적 혹은 형식학적으로 연동하는 경우가 많다는 관점에서 재갈과 등자를 중심으로 백제마구의 편년과 전개양상을 4단계로 나누어 검토하였다(류창환, 2004b·c). 백제의 기마문화는 4세기 전반대에 선비계 표비를 수용하면서 개시되었고 4세기 후반대에는 다양한 형식의 표비와 목심철판피윤등을 세트로 하는 등자 기승(鐙子騎乘) 기마문화가 정착하였다. 또한 5세기 전반대는 선비계 마구의 모방제작에서 탈피하여 마구 재지화 혹은 백제화가 시작되었고 5세기 중엽~후엽에는 유환이 동반된 표비와 IIB1식 등자,[16] 환형(環形)운주 등 '신봉동형(新鳳洞型) 마구'가 확립되어 백제 기본마구의 전형으로 각 지역에 확산되었다고 추정하였다. 5세기 말~6세기 전엽에는 다양한 장식마구가 채용

15 필자의 판상괘류식(板狀掛留式)에 해당된다.

16 IIB1式 등자는 목심 병상반부(柄上半部), 병(柄)과 윤(輪)의 접합부에 역Y자형 철판을 보강한 목심철판피윤등이다.

되었고 신덕고분의 연화문(蓮花文) 발형(鉢形)운주를 중국 북조의 마용(馬俑)에 표현된 운주와 연결지으며 백제가 북조에서 남조를 경유하였는지 혹은 남조에서 직접 도입되었을 가능성 모두를 추정하였다. 영남지역 마구를 중심으로 한 연구를 바탕으로 백제 마구를 해석하는 과정에서 역사적인 부분 즉, 백제와 남조의 관계 등도 중시하고 있다.

석사논문 테마로서 이강열, 권도희가 마구를 선택하였다. 먼저 이강열은 재갈과 등자의 개별적인 속성분석을 토대로 시기별 마장(馬裝) 양상을 파악하고 백제지역의 마구와 신라·가야마구를 비교·검토하였다(이강열, 2001). 그 결과 백제지역에서 출토된 마구에는 일정한 속성이 연속성 없이 혼재된 양상을 보인다고 주장하였다. 5세기 중반 이후에는 금동제 마구가 출현하여 실용적인 성격에서 의장적(儀裝的)인 성격으로 변화한다고 지적하였다. 또한 백제마구는 신라·가야와 시간폭이 크기 때문에 서로 다른 발전과정을 보인다고 하였다.

권도희는 재갈과 등자를 중심으로 형식분류를 한 후, 4기로 나누어 백제의 마장체제(馬裝體制)를 고찰하였다(권도희, 2004). 먼저 Ⅰ기는 4세기 후반경까지 백제의 기승용(騎乘用)마구의 도입기로 중국 동북지방과의 교섭에 의해 인수(引手)가 등장한다고 하였다. Ⅱ기는 4세기 말에서 5세기 초반으로 백제 고유의 마구가 확립되고 1조선으로 구부러진 인수외환과[17] 유환이 채용되었다. 철모(鐵矛) 등의 무기류를 동반한 본격적인 중장기병(重裝騎兵)으로의 전환이 보인다고 하였다. Ⅲ기는 5세기 중반에서 후반까지로

17 필자는 「ㄴ」자형 인수외환으로 표현하고자 한다.

직선적인 함(銜)·별조(別造)의 인수호(引手壺)·긴 인수·인수의 이중(二重)외환·3연식(連式) 함(銜)이라는 특징을 가진 재갈과 철제등자 등이 확인된다고 하였다. IV기는 5세기 말엽 이후로 표비의 출토 예가 적어지며 판비(板轡)는 함유(銜留)형태와 재질이 다양하게 된다. 그리고 장식적 요소가 강한 마구와 실용적 요소가 강한 마구가 공존하는 시기로서 계층적 차이가 인정된다고 지적하였다.

한편, 양시은은 몽촌토성 85-3호 저장공 출토 재갈이라고 명명된 마구를 재검토하였다(양시은, 2000). 구조적 특징에서 재갈이 아니고 형태적으로 몽골에서 사용되고 있는 토사(말의 족쇄)에 유사하다고 하였다. 이제까지 변형된 재갈로 인식되던 것에 대해 새로운 시점을 제시한 연구이다.

백제관계의 연구는 가야·신라관계의 연구 초기단계와 같이 재갈과 등자에 집중하고 있다. 가야·신라관계의 연구자가 본 백제마구의 평가와 백제관계 연구자에 의한 평가에 차이가 확연하다.

4) 고구려관계

고구려 마구에 대한 연구성과를 보면 먼저 이상률은 삼연(三燕)과 고구려 유구연대에 마구를 이용해서 검토하였다(이상률, 2003). 조양 원태자벽화묘는 효민둔 154호묘와 같이 4세기 중엽, 조양 십이태(十二台) 88M1호분은 마주(馬冑)의 예를 안악 3호분과 합서초창파묘(陝西草廠坡墓) 등 북위(北魏)의 갑기구장용(甲騎具裝俑)에서 찾고 효민둔 154호묘와 비교하여 4세기 후엽으로 추정하였다. 또한 집안 마선구 1호분과 칠성산 96호분을 무각이단식(無脚二段式) 좌목선교구(座木先鉸具) 등에 착안하여 5세기 중엽으

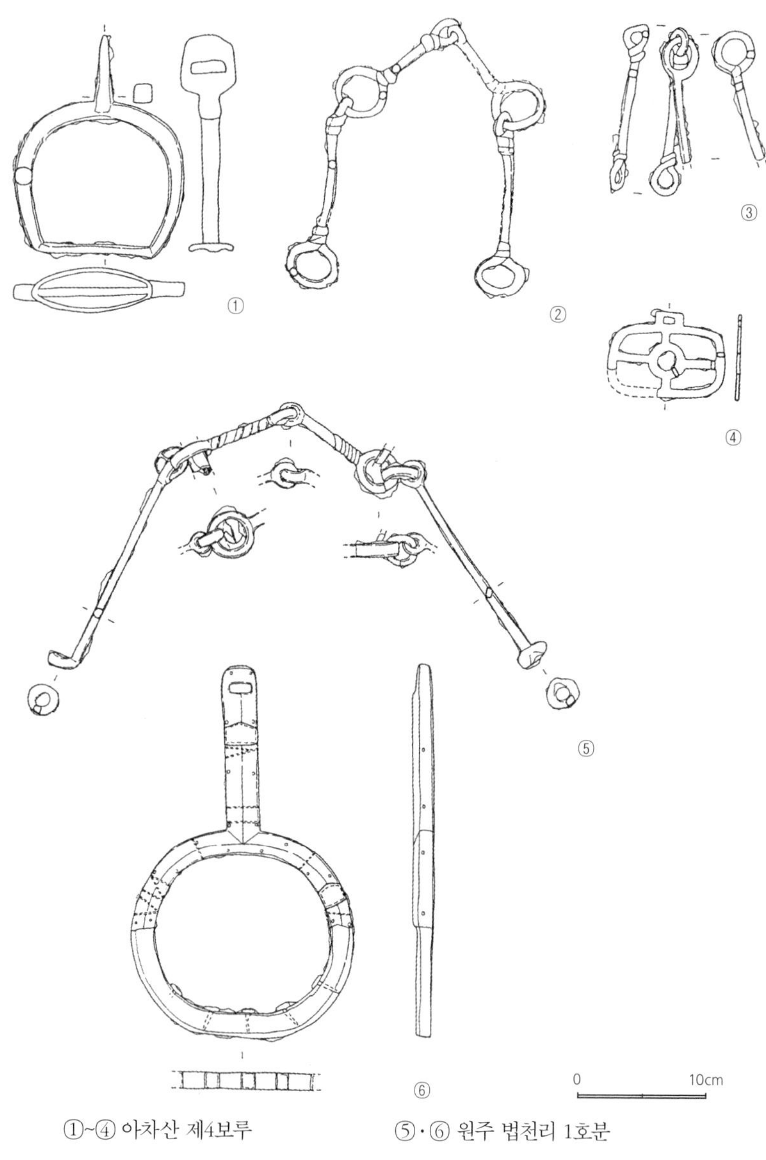

〈도 5〉 서울·강원지역 출토 마구

로 설정하였다.

최종택은 5세기 말 내지는 6세기 초엽에서 6세기 중엽에 해당되는 아차산 제4보루에서 출토된 철제갑주(甲冑)와 마구에 대해 서술하였다(최종택, 2004). 그 가운데 경판(鏡板)이 경주 천마총과 합천 옥전 M2호분 출토 판비(板轡)와 매우 유사한 것에서 신라·가야로의 고구려 영향을 주장하였다(도 5).

가야·신라관계 자료와의 관련성에서 고구려 자료가 많이 이용되고 있지만 실제 고구려 마구에 대한 연구는 적다. 그리고 우리나라 남부지역에서 출토된 유물을 어떠한 기준으로 고구려계로 규정할 수 있는지 불분명한 상태이다. 또한 고구려 연대관에 대한 신뢰성도 생각하지 않으면 안된다.

3. 과제와 전망

이상과 같이 우리나라 마구연구 중에서도 특히 최근 동향을 중심으로 정리하였다. 선학 연구자에 대한 비판이 아니고 상술한 연구 흐름에 관련해서 개인적으로 느낀 것에 대해 몇 가지 기술하고자 한다.

1) 마구연구의 현황

마구(馬具)는 기능적인 면에서 크게 3개의 부분으로 나눌 수 있으며 각각의 장구(裝具)가 면계(面繫) 등 3계(繫)로 연결되어 있다(坂本美夫, 1985). 먼저 말을 제어하기 위한 가장 중요한 장구는 재갈과 이것을 장착하기 위한 면계, 그것에 고삐가 이어진다. 두 번째 기수(騎手) 몸을 안정시키기 위한 장구는 안장과 그것을 고정하기 위한 흉계(胸繫)와 고계(尻繫)가 있다. 안장에는 하안(下鞍)·장니(障泥)·등자(鐙子)가 부착된다. 마지막은 말을 장식하기 위한 식금구(飾金具)이며 여기에 십금구(辻金具), 운주(雲珠) 등 장식적인 기능이 더해진다.

현재까지의 연구 성과는 지역마다 약간 차이가 있지만 재갈, 등자, 행엽 등에 집중하고 있으며 그것들을 개별적으로 다루고 있는 것이 일반적이다.

2) 마구의 용어

용어 자체가 어려운 것도 있고 각 부위의 명칭 등도 연구자에 따라 약간씩 차이를 보인다. 또한 한글과 한자가 혼용되어 이해하기 어려울 때도 있다. 그 가운데 어느 정도 용어가 정착된 재갈의 경우, 김두철은 함(銜)이 입 안에서 탈락되는 것을 방지하기 위해 함(銜) 양단(兩端)과 인수(引手) 연결부분에 장착하는 부품을 함유(銜留)라 하고, 그것의 형태에 따라 표비(鑣轡), 판비(板轡), 환판비(環板轡), 원환비(圓環轡)로 구분하였다. 현재 우리나라에서 이 분류는 일반적이다. 이 가운데 환판비는 함과 인수의 연결이 판비와 같이 재갈멈추개 중앙에서 이루어지고 있으나 외형과 제작방법의 차이를 중시하여 판비와 구별하여 다른 형식으로 명명되고 있다.[18]

18 판비는 함 외환을 함공(銜孔)에 넣은 후 횡방향의 함유금구를 걸쳐 고정한 것에 대해 환판비는 X자형의 함유금구를 둥근 테두리에 고정한 후 함 외환을 걸친 점이 다르다(김두철/金·張 譯, 2004).

이것에 대해 약간의 의문을 제기하면 함 외환(外環)과 함유금구(銜留金具)를 고정하는 순서는 여러 가지 방법이 가능할 것이다. 예를 들면 판비의 경우, 재갈멈추개에 함유금구를 먼저 고정한 후 함 외환과 연결하는 방법도 가능하지 않을까 생각된다. 또한 환판비도 X자형, 人자형, 역T자형 등의 함유금구에 함과 유환(遊環)을 걸친 점이 판비와 동일하다. 이때 외형이 환상(還狀)인 것은 보통의 판비가 가지는 재갈멈추개의 면적과 같은 면적을 확보하면서 동시에 재료(철이나 금·금동 혹은 은)를 절약하는 이점까지도 생각할 수 있다.

함 외환과 재갈멈추개의 연결방법은 함 외환에 재갈멈추개 본체가 관통하는 것과 함 외환에 걸쳐지는 것으로 나눌 수 있다. 전자에는 표비와 원환비, 후자에는 판비와 환판비 등이 해당된다. 다만 유환이 존재할 경우 표비는 표(鑣) 자체가 함 외환에 걸쳐지지만 원환비는 원환(圓環) 자체에 유환이 걸쳐지는 경우도 있다. 따라서 표비와 원환비를 같은 그룹으로 취급하는 것은 어려울 수 있으나 판비와 환판비는 커다란 틀 속에 같이 넣을 수 있다고 생각된다. 즉, 재갈멈추개의 형태에 따라 판상(板狀)과 환상(環狀)으로 나눌 수 있다.

한편 목심윤등(木心輪鐙)은 하나의 나무를 구부려 등자의 형태를 만든 후 나무 양쪽을 붙여 병부(柄部)로 하고 윤부(輪部)와 접합되는 곳에는 삼각형의 쐐기를 박아 철판으로 보강한 등자이다(增田精一, 1971). 목심윤등(木心輪鐙)[19]에 대한 명칭을 살펴보면 배기동, 최병현, 류창환은 목심철판피(木心鐵

19 목심윤등(木心輪鐙)은 필자가 사용하고 있는 용어이다.

板被), 김두철은 목심철판장(木心鐵板張), 강유신은 두 가지를 다 사용하고 있다. 강유신(1999)은 금속판 종류와 제작방법에 따라 '목심철판피'는 목심 외측 선제를 철판으로 덮은 것이고 '목심철판장'은 일부만을 철판 혹은 절봉을 보강한 것으로 구분하였다.

또한 '초기마구(初期馬具)'와 '실용마구(實用馬具)'라는 용어가 점차 많아지고 있어 대상 지역에 따른 적절한 사용이 필요할 것으로 생각된다. 특히 4세기대 마구를 표현할 때 사용하는 실용마구는 실용성이 높은 마구를 지칭하는 것으로 비실용적 혹은 장식마구와는 상반되는 의미이다. 이러한 정의를 바탕으로 한다면 삼한시대 출토 재갈은 어떻게 평가할 수 있을지 의문이다.

3) 지역의 편재(偏在)

최근 충청도와 전라도 지역을 대상으로 하는 연구가 급증하고 있지만 부산과 김해를 포함한 영남지역에 연구성과가 편중된 상황은 부정할 수 없다.

이러한 지역적 편중은 우리나라 마구 초현지(初現地)에 대한 논쟁과 결부되어 있다. 그 후보지는 크게 가야지역과 백제지역으로 나누어지고 우리나라 내에서의 마구 계보(系譜)와도 관련지어 초기단계 설정부터 차이를 보인다. 대부분 각 지역의 초기단계 자료로 중국 조양 원태자 1호분과 안양 효민둔 154호묘가 인용되고 있으며, 그것과의 유사성이 강조되고 있다. 그리고 백제지역 자료에 대한 가야권 연구자의 시점과 백제권 연구자의 해석이 서로 다르다. 물론 연대관도 다르기 때문에 양 지역의 상대

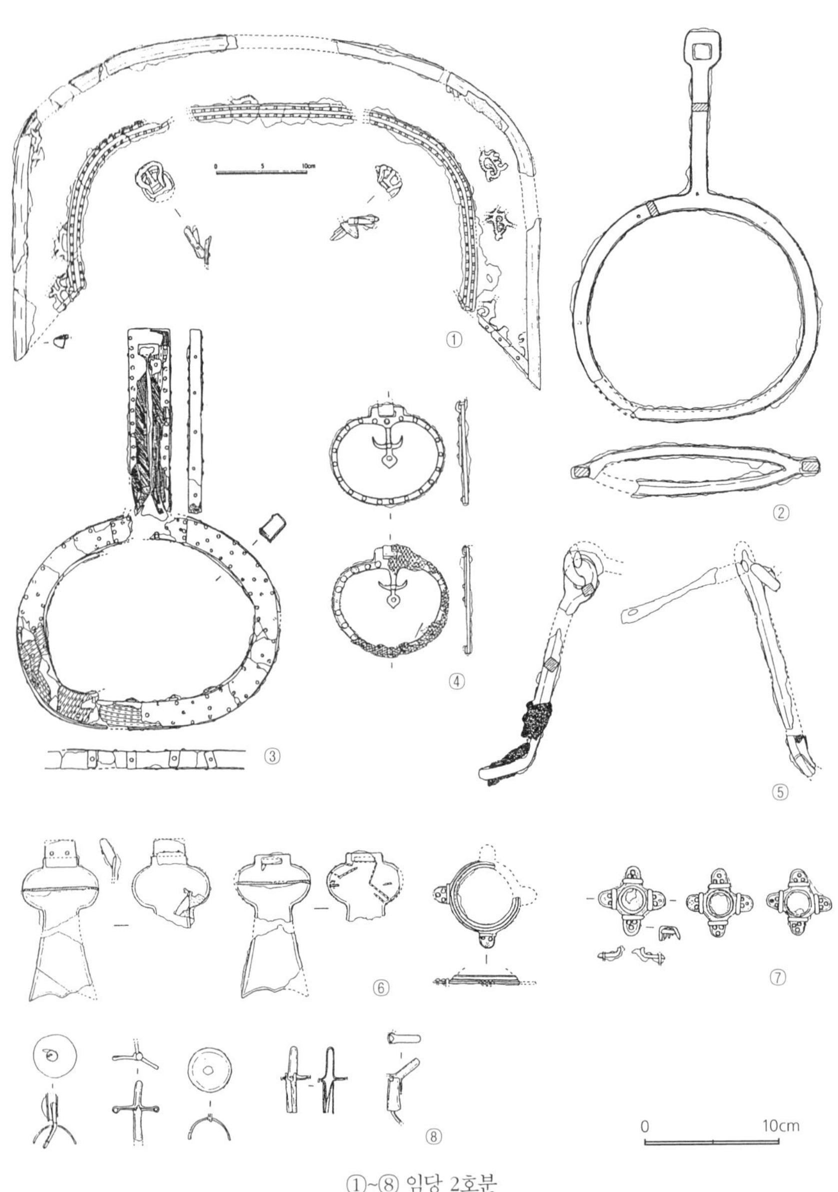

①~⑧ 임당 2호분

〈도 6〉 경산지역 출토 마구

비교가 어려운 것도 있다.

한편, 영남지역 내에서 경주지역 출토 마구에 대한 연구 성과가 의외로 적다. 연구 성과가 집중하는 재갈에서도 경주지역 출토 판비(板轡)에 관한 연구는 재갈멈추개의 외형에만 주목하고 있다. 마구의 다양한 재질을 근거로 계층차를 추정하고 있지만 재질별 제작기법, 예를 들면 재갈멈추개의 크기, 상판(上板)과 지판(地板)의 결합방법, 금동 혹은 은 등의 금속판을 사용한 것과 철판(鐵板)만을 사용한 것의 관계 등 자세한 논의까지는 도달하지 않은 상태이다.

그리고 신라권에 대한 넓은 시야가 필요한 것 같다. 가장 양상(樣相)이 확실한 경주지역 이외의 지역, 예를 들면 경산지역의 임당고분군은 이른 시기부터 형성된 유적으로(도 6), 경주지역과 주변지역과의 관계에 대한 변화를 읽을 수 있는 가능성이 매우 높다고 할 수 있다.

4) 연대관(年代觀)

연대에 관한 가장 유명한 논의는 황남대총 남분과 사이타마(埼玉)현(縣) 이나리야마(稻荷山)고분이다. 전자는 국내에서, 후자는 우리나라와 일본에서 국제적으로 이루어지고 있다. 두 개 모두 역사적 사실을 고고자료에 적용시키고 있다. 자세히 살펴보면 5세기 초두인지 5세기 중엽에 기준을 두는 것에 차이가 있지만 순서상으로 전후에 놓이는 고분은 크게 다르지 않다. 즉, 토기 등의 동반유물을 이용한 편년표는 어느 정도 상대적인 순서가 정해져 있다.

일반적으로 마구연구자는 마구로 연대를 결정하는 것은 매우 어려운 일이라고 생각하여 동반유물 특히 토기편년 등을 참고해서 검증하는 방법을 많이 사용한다. 발굴자료가 엄청 쏟아지고 있는 현재 토기는 어느 정도 넓은 범위에 적용할 수 있지만 지역단위로 분류해야 할 만큼 지역적 특색이 두드러진 것도 사실이다. 토기와 같이 세밀한 분류가 어려운 마구편년에 잘 사용되는 5세기 전엽, 중엽, 후엽이라는 기준도 연구자에 따라 그 배경을 달리 하는 경우가 있다.

따라서 마구연대를 표현할 때 어느 정도 안정된 유적 간의 상대편년을 이용하여 유적명(遺蹟名)을 기준으로 하는 것을 제안하고 싶다. 먼저 유적 하나를 위치지우고 복수의 유적들이 상호관계를 성립해 가면 점차 커다란 흐름이 형성될 것이라고 생각된다. 이것은 우리나라에만 한정되는 것이 아니고 일본 간의 관계에서도 서로의 유적명을 이용함으로써 좀 더 구체적인 논의가 될 수 있을지도 모르겠다.

5) 동반유물(同伴遺物)의 해석

1980년대에 화제가 된 유적으로 원주 법천리고분이 있다. 이 고분군은 1973년 양형청자(羊形青磁)를 비롯한 청동초두(青銅鐎斗)·등자·재갈 등의 중요유물이 매장문화재로 신고되었고 고(故) 김원룡 선생님이 발견자의 증언 내용을 기초로 『고고미술』 120에 유적을 개관하여 학계에 알려지게 되었다(송의정·윤형원, 2000). 마구(馬具)·양형청자·청동초두의 동반관계에서 모두 1호분에서 출토되었는지 또는 일부가 2호분에서 출토되었는지에 따라 출토 마구에 대한 연대관이 다르게 위치지워졌다.[20] 전자의 경우 동진(東晋) 청자양형기(靑磁羊形器)와 용수병초두(龍手柄鐎斗)가 동반하는 것에 수복하여 능자(鐙子)를 4세기 중무렵으로 규정하였다(최병현, 1983·1992). 이것에 대해 신경철은 만약 최병현의 주장대로 동진 청자양형기와 용수병초두가 동반한다면 목심윤등이 출토된 1호분이 아닌 2호분이라고 하였으며 1호분을 5세기 이후로 추정하였다(신경철, 1985).

이것의 일부만 보면 중국제 유물에 근거하여 연대가 확정되고 있음을 알 수 있다. 중국제 도자기 이외에도 외래계(外來系)라는 유물이 동반되는 경우, 그 특정 유물이 편년에 기준이 되는 경우가 많고 그것에 근거하여 마구연대가 결정되는 일도 종종 있다. 때론 '전세(傳世)'로 해석되는 외래계 유물에 대해 제작시기, 부장(副葬)되는 시점, 유물이 움직여 전해진 시점을 확정하기는 매우 중요하면서도 어려운 요소임에는 틀림없다.

6) 자료에 대한 기초작업(基礎作業)

논문을 작성할 때 대상이 되는 자료에 대해 견학·관찰을 사전작업으로 하는 것이 원칙이며 그때 보고서를 참고하면서 메모하거나 실측, 사진촬영 등의 작업을 진행한다. 이 작업과정에서 보고서만 참고해도 논문은 쓸 수 있다. 특히 자료를 직접 대할 수 없을 때 보고서에 대한 의존도는 더욱 높아진다. 이러한 상황에서 보고서의 내용이 사실과 다르다는 것을

20 현재 1호분에서 마구와 청동초두가, 2호분에서 양형청자가 출토된 것으로 보고되어 있다(송의정·윤형원, 2000).

알았을 때 충격은 매우 크다고 할 수 있다.

보고서를 작성하는 사람이 마구(馬具)연구자만큼의 세세한 관심과 의문을[21] 가지고 자료를 대하기는 어려울 것으로 추정된다. 그리고 도면을 표현하는 데에도 기술적인 차이가 있다. 가장 좋은 방법은 마구연구자가 보고서작성 작업에 직접 참여하는 것이지만 전국의 마구자료에 관계한다는 것은 무리가 있기 때문에 간접적으로라도 어떠한 관계를 가지는 것이 이상적일 것이다. 그리고 그 다음 차선의 방법은 이미 간행된 보고서의 자료를 마구연구자가 재관찰·조사하여 새로운 도면과 내용을 논문 등으로 발표하는 것이다(도 7). 이러한 경우, 새로운 정보를 얻을 수 있는 장점이 있는 반면, 기존의 보고서를 작성한 기관과 연구자에게 피해를 줄 수 있다. 특히 다른 나라의 자료를 취급할 때는 주의가 매우 필요하다.

최근 우리나라에서도 마구 도면에 대해 의문을 제시하는 경우가 있다. 모든 사람들이 정보를 공유할 수 있도록 이미 보고서는 간행되었지만 그 내용이 사실과 다르다 지적하고 보고서 작성자와는 다른 조사자에 의해 새로운 도면과 내용이 발표되는 경우도 있다. 이러한 문제제기는 이제까지 진행되어 온 연구에 대해 새로운 방향성을 제시하는 면도 있다. 또한 마구 제작기술 등 세세한 부분까지 주의를 기울이지 않으면 안되는 단계에 이르렀다고 할 수 있다. 마구에 대해 '이제 더 이상 할 것이 없다'라고 생각하고 있는 일부 의견에 대해 더욱 더 자세한 것, 예를 들면

21 보고서를 작성하는 연구자의 실력을 무시하는 것이 아니라 여기서 마구연구자가 가지는 관심과 의문이라는 것은 일반적으로 생각하는 것보다 좀 더 마니아적인 면이 강하다는 것을 강조할 뿐이다.

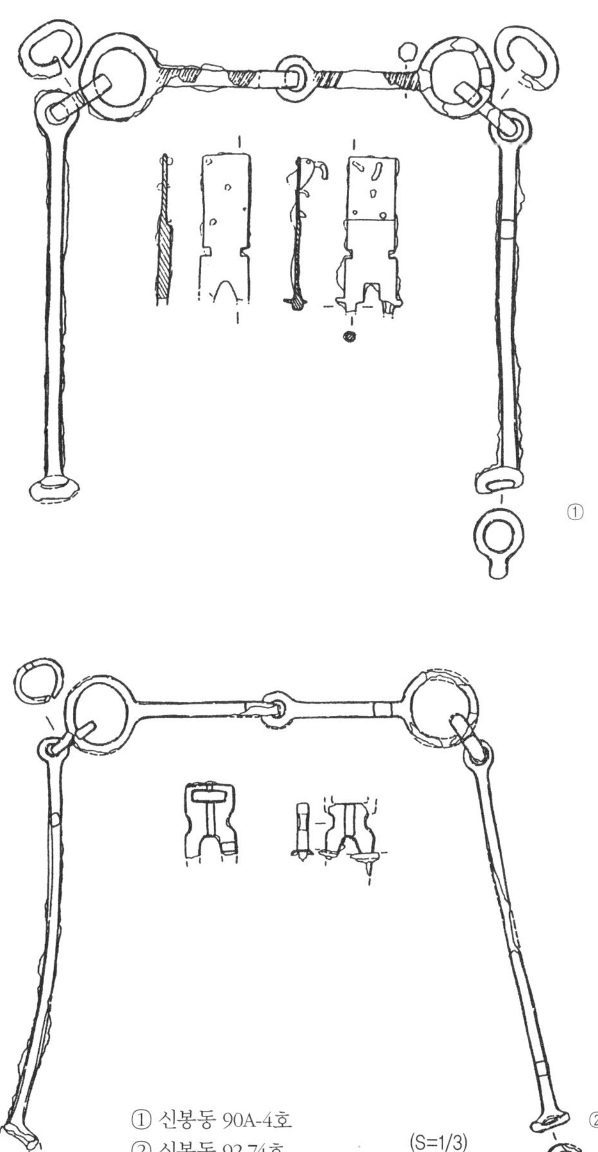

〈도 7〉 청주지역 출토 재갈

함 혹은 인수의 꼬임이 철봉(鐵棒) 몇 개로 이루어졌는지[22] 등에 관심을 가지는 것에 의해 우리나라·일본을 포함한 동아시아에서 서아시아까지 넓은 시야의 연구성과가 다수 생길 가능성을 제공할 수도 있을 것이다.

| 맺음말 |

이상과 같이 각 연구성과를 연대별로 정리해 보았다. 연구성과에 대한 평가도 연구자에 따라 다르고, 예를 들면 어느 부분에 관심을 가지는가, 시대·지역·테마에 따라 연구성과의 해석은 달라질 수도 있다. 여기서는 선학(先學)들의 족적을 그대로 확인하는 것에 중점을 두었다. 이것을 참고하는 것과 평가하는 것은 마구(馬具)에 대해 애정을 가지고 있는 분들에게 부탁하고 싶다. 그리고 이 장에서는 2005년 이후에 발표된 연구성과[23]가 반영되지 않았음을 밝혀두고 앞으로의 마구 연구에 참고하는 것으로 한다.

---

22 2005년 이후 諫早直人의 연구들이 발표되었다(2005a, 「朝鮮半島南部三國時代における轡製作技術の展開」, 『古文化談叢』 제54호, 九州古文化研究會. 2005b, 「原三國時代における鐵製轡製作技術の特質」, 『朝鮮古代研究』 제6호, 朝鮮古代研究刊行會).

23 諫早直人, 2007a, 「慶州 月城路 다-6號墳 出土 複環式環板轡의 再檢討」, 『경북대학교 박물관 연보2007』 제4호, 경북대학교 박물관.

諫早直人, 2007b, 「製作技術로 본 夫餘의 轡와 韓半島 南部의 初期 轡」, 『영남고고학』 43, 영남고고학회.

諫早直人·李炫娅, 2008, 「고령 지산동 44호분 출토 마구의 재검토」, 『경북대학교박물관 연보2007』 제5호, 경북대학교 박물관.

高田貫太, 2005, 『日本列島 5·6세기 韓半島系 遺物로 본 韓日交涉』, 경북대학교대학원 박사학위논문.

권도희, 2006a, 「百濟 鐙子의 製作方法과 展開 樣相」, 『先史와 古代』 24, 한국고대학회.

권도희, 2006b, 「百濟馬具의 硏究—轡를 중심으로—」, 『崇實史學』 제19집, 숭실대학교사학회.

김낙중, 2010, 「榮山江流域 古墳 出土 馬具 硏究」, 『한국상고사학보』 69, 한국상고사학회.

김대환 · 諫早直人 · 김은경, 2008, 「慶州 皇南洞110號墳 出土 馬具 再報告」, 『繼往開來』 7, 영남대학교박물관.

류창환, 2007a, 『加耶 馬具의 硏究』, 동의대학교대학원 박사학위논문.

류창환, 2007b, 「삼국시대 철제등자에 대한 일고찰」, 『考古廣場』창간호, 부산고고학연구회.

류창환, 2010, 「三國時代 騎兵과 騎兵戰術」, 『한국고고학보』 76, 한국고고학회.

박중균, 2005, 「百濟 初期 轡 小考—청주 봉명동유적 출토 鑣轡를 중심으로—」, 『先史와 古代』 23, 한국고대학회.

박천수, 2007, 『새로 쓰는 고대 한일교섭사』, 사회평론.

성정용, 2009, 「'삼국시대 기병과 기병전술'에 대한 토론문」, 『갈등과 전쟁의 고고학』 제33회 한국고고학전국대회, 한국고고학회.

成正鏞 · 中條英樹 · 權度希 · 諫早直人, 2006, 「百濟 馬具 再報(1)—淸州 新鳳洞古墳群 出土 馬具—」, 『先史와 古代』24, 한국고대학회.

成正鏞 · 權度希 · 諫早直人, 2007, 「鼓樂山城과 馬老山城 出土 馬具에 대하여」, 『호남고고학보』 27, 호남고고학회.

오영찬, 2006, 『낙랑군 연구』, 사계절.

이상률, 2005a, 『三國時代 馬具의 硏究』부산대학교대학원 박사학위논문.

이상률, 2005b, 「三國時代 圓環轡考」, 『古文化』 65, (사)한국대학박물관협회.

이상률, 2005c, 「新馬冑考」, 『영남고고학』 37, 영남고고학회.

이상률, 2007, 「삼국시대 호등의 출현과 전개」, 『한국고고학보』 65, 한국고고학회.

이상률, 2008, 「삼국시대 표비의 수용과 획기—영남지역을 중심으로—」, 『한국상고사학보』 62, 한국상고사학회.

이상률, 2009a, 「가야 首長墓 馬具의 의의」, 『가야의 수장들』, 김해시.

이상률, 2009b, 「新羅 · 大加耶 新式板轡의 成立」, 『古文化』 74, (사)한국대학박물관협회.

이상률, 2010, 「扁圓魚尾形杏葉의 發生」, 『釜山大學校 考古學科 創設20周年 記念論文集』, 부산대학교 고고학과.

이창엽, 2007, 「中西部地域 百濟漢城期 木棺墓 變化—烏山 水淸洞遺蹟을 中心으로」, 『先史와 古代』 27, 한국고대학회.

이창엽·오승렬, 2008, 「오산 수청동 삼국시대분묘군」, 『樣式의 考古學』 제32회 한국고고학전국대회, 한국고고학회.
이창희, 2007, 「嶺南地方으로부터의 鐵器文化 流入에 대한 再考—鑣轡를 중심으로—」, 『考古廣場』 창간호, 부산고고학연구회.
이현정, 2007, 「신라고분 출토 안교손잡이 시론」, 『영남고고학』 41, 영남고고학회.
이훈, 2005a, 「수촌리고분군 출토 백제마구에 대한 검토」, 『4~5세기 금강유역의 백제문화와 수촌리유적』, 충청남도역사문화원 제5회 정기 심포지엄.
이훈, 2005b, 「수촌리고분군 출토 백제마구에 대한 검토」, 『충청학과 충청문화』 4, 충청남도역사문화원.
田中由理, 2006, 「橢圓形板轡와 心葉形杏葉으로 본 地域間 關係」, 『釜山大學校 考古學科 創設20周年 記念論文集』, 부산대학교 고고학과.

제 2 장

등자로 본 우리나라와 일본

제1절 우리나라 삼국시대 출토 등자의 전개와 지역적 특색

| 머리말 |

등자(鐙子)는 말에 올라타거나 말을 타고 있을 때 몸의 균형을 잡아주는 등 승마에 매우 중요한 역할을 하는 도구이다. 또한 말에 올라타서 출발하거나 속력을 내고자 할 때 등자에 걸친 발뒤꿈치로 말의 복부에 충격을 가하여 기수(騎手)의 의지를 전달하기도 한다.

등자의 형태는 발을 걸치는 부분이 둥글게 되어 있는 윤등(輪鐙)과 발 앞을 덮어씌운 호등(壺鐙)으로 나누어진다. 그리고 구조는 윤등·호등 모두 발 디디는 답수부(踏受部)를 포함한 윤부(輪部)와 안장에 연결되는 병부(柄部) 등으로 이루어져 있다(坂本美夫, 1985).

이 가운데 윤등은 재질에 따라 세 종류로 나눌 수 있다. 먼저 나무를 이용하여 등자의 형태를 만든 다음 표면에 금속을 붙인 목심철판피(장)등자(木心鐵板被(張)鐙子),[24] 청동 혹은 철로 만들어진 금속제등자(金屬製

24 필자는 목심윤등(木心輪鐙)으로 표현한다. 다른 연구자들의 용어를 살펴보면 배기동

鐙子), 그리고 전체를 나무로 만들고 금속을 붙이지 않은 목제등자(木製鐙子) 등이 그것이다.

여기서는 목심윤등(木心輪鐙)의 제작방법에 주목하여 외장(外裝)으로 사용된 금속판(金屬板)의 형태와 보강수법(補强手法)을 중심으로 형식분류를 시도하고 각각의 분포상황을 명확히 하여 지역적 특색을 설정하고자 한다. 그리고 철제윤등(鐵製輪鐙)과의 관계도 시야에 넣어 우리나라 내에서 등자의 전체적인 변화를 거시적으로 다루어보고자 한다. 또한 시기적인 변천에 따른 제작집단의 동향을 그려내어 그것을 신라, 백제, 가야 각각의 문화 형성 프로세스를 복원하기 위한 기초작업으로 삼고자 한다.

1. 연구사

우리나라 등자에 대한 선행연구를 살펴보면 다음과 같다.

먼저 최병현은 신라지역의 등자를 병부의 형태로 짧고 두꺼운 단병계(短柄系)와 길고 가는 장병계(長柄系)로 분류하였다(최병현, 1983). 그 중에서 장병계는 다시 목심등자와 철제등자로 나누고 전자의 목심등자는 금속판 재질로 목심철판피윤등(木心鐵板被輪鐙)과 목심금동판피윤등(木心金

(裵基同, 1975), 최병현(崔秉鉉, 1983), 류창환(柳昌煥, 1994)은 '목심철판피윤등(木心鐵板被輪鐙)'으로, 김두철(金斗喆, 1995)은 '목심철판장윤등(木心鐵板張輪鐙)', 강유신(姜裕信, 1999)은 두 가지를 전부 사용하고 있다. 참고로 고바야시 유키오(小林行雄)는 목심철판피윤등(木心鐵板被輪鐙)(小林行雄, 1951), 오노야마 세츠(小野山節)는 목심철판장윤등(木心鐵板張輪鐙)(小野山節, 1966)이라는 용어를 사용하고 있다.

銅板被輪鐙)으로 세분하였다. 목심윤등의 변천과정에 대해서는 병부의 두정부(頭頂部)가 둥근 것에서 직선적인 것으로, 또 병부의 상단이 하단보다 넓은 것이나 현수공(懸垂孔) 주위를 두껍고 넓게 한 것 등으로 발전한다고 추정하였다.

신경철은 일본의 연구자인 오노야마 세츠(小野山節)의 분류를 참고하여 부산 복천동고분군 출토품을 고식등자(古式鐙子)로 명명하고 윤부(輪部) 형태가 하트형인 것을 A형, 삼각형인 것을 B형으로 하였다(신경철, 1985). 이들 조형(祖形)은 4세기대 중국 자료와 비교하여 A형은 안양(安陽) 효민둔(孝民屯) 154호묘 출토품, B형은 장사시(長沙市) 금분령(金盆嶺) 21호묘 출토 기마용에 묘사된 등자로 생각하였다.[25] 또한 이들 고식 등자는 5세기 전반(중엽을 포함)에 고구려로부터 직접 유입되었다고 추정하였다. 신라와 가야마구 중에서도 특히 등자의 검토를 통해서 고구려와의 관련성을 강조하고 있다. 그리고 신식등자(新式鐙子)로 분류된 것 중에서 병부와 윤부의 단면이 오각형에 가까운 등자를 '지산동형(池山洞型) 등자'로 명명하고 그것은 고령 지산동고분군이나 합천 옥전고분군과 같이 대가야지역에 편재(偏在)하고 있는 점과 원주 법천리 1호분에서도 출토되고 있는 점 등에서 백제로부터 유입되었다고 하였다(신경철, 1989).

이 외에 류창환(1994), 이희준(1995)의 논고가 있다. 이들 논고에 대해서는 앞 장의 내용을 참고하기 바란다.

25 필자는 도자기에 묘사된 것으로 실물의 형태를 추정하는 것보다 등자의 존재 확인에 더욱 의미가 있다고 생각된다.

김두철은 남부지방의 마구 발전과정을 4단계로 구분하여 설명하는 가운데 등자를 이용하고 있다(김두철, 1995). 그 중 II기의 목심철판장윤등(木心鐵板張輪鐙)을 병부 하단과 윤부의 상단을 철판으로 보강한 것과 철봉을 이용한 것으로 나누고 후자의 경우 가야에서 신라로 전래되었다고 추정하였다. 또한 신라에서는 III기에 고구려계와 전기가야계(前期加耶系)의 등자가 함께 제작·사용되는 반면, 가야에서는 전면(前面) 중앙에 능선을 가진 것과 답수부가 넓은 것이 제작되어 지역적 차이로 인정하였다. 재갈을 중심으로 한 단계설정에 등자와 행엽을 부가시키고 있다.

상기의 논문은 등자에 중점을 둔 논고들이다. 등자의 대부분은 영남지역에 편중되어 있어 연구성과 또한 신라와 가야에 집중되어 있다. 그리고 전체적으로 등자가 가지고 있는 속성보다는 외형적인 부분에 비중을 두고 있는 경향이 있다. 또한 최근 왕성한 발굴조사를 통해 전라도와 충청도지역에 등자를 비롯한 마구 자료가 증가하여 백제문화 해석에 이용되고 있다.

이러한 점들을 고려하면, 각 지역 내에서 마구의 발전과 전파에 대한 실태를 보다 상세하고 정확하게 복원할 필요성이 제기된다. 좀더 체계적인 분석과 미세한 요소까지 파악하여 지역적 특색을 검토할 수 있는 형식분류가 필요할 것이다. 이러한 점을 염두에 두면서 등자의 형식분류를 시도해 보고자 한다.

2. 등자의 분류와 변천

1) 목심윤등의 분류

목심윤등(木心輪鐙)의 경우[26] 답수부에 있는 못의 요소는 외형적 측면보다 기능과 제작수법을 생각할 때 매우 중요하다. 여기에서는 제작기법의 계보를 구하기 위해 답수부 못의 유무(有無)에 중점을 두고 형식을 분류하고자 한다. 답수부의 못과 함께 철판의 보강(補强), 외장(外裝)철판에 철봉(鐵棒) 사용의 유무에 주목한 것으로 다음과 같다. 이것은 결국 목심에 철판을 보강하는 기법에 대한 차이에 중점을 둔 분류이다.

a. 답수부에 못이 없는 것

–철판 보강이 부분적-외장철판(外裝鐵板)에 철봉을 사용한 것(a-①)

-외장철판에 철봉을 사용하지 않은 것(a-②)

–철판 보강이 전체적-외장철판에 철봉을 사용한 것(a-③)

-외장철판에 철봉을 사용하지 않은 것(a-④)

b. 답수부에 못이 있고 그 폭이 윤부(輪部) 폭과 같은 것[27]

–철판 보강이 부분적-외장철판에 철봉을 사용한 것(b-①)

---

26 목심을 금동판으로 덮은 목심금동판피윤등(木心金銅板被輪鐙)도 소수 있지만 여기에서는 목심윤등에 포함시키고자 한다.

27 답수부의 단면이 제형(梯形) 혹은 조금 넓어진 것도 포함하고 있다. 기본적으로 못이 1열로 박혀있는 것이다.

-외장철판에 철봉을 사용하지 않은 것(b-②)
–철판 보강이 전체적-외장철판에 철봉을 사용한 것(b-③)
-외장철판에 철봉을 사용하지 않은 것(b-④)

c. 답수부에 못이 있고 그 폭이 윤부보다 넓은 것

–철판 보강이 부분적-외장철판에 철봉을 사용한 것(c-①)
-외장철판에 철봉을 사용하지 않은 것(c-②)
–철판 보강이 전체적-외장철판에 철봉을 사용한 것(c-③)
-외장철판에 철봉을 사용하지 않은 것(c-④)

이상과 같이 분류한 각 형식에 대해 대표적인 유물을 예로 들어 그 특징을 설명하고자 한다. 그리고 a-③, c-①, c-③ 등 3개의 형식은 실제의 유례가 확인되지 않고 있다.

a. 답수부에 못이 없는 것

① 철판 보강이 부분적이고 외장철판에 철봉을 사용한 것

부산 복천동 35호분·22호분 출토품을 전형(典型)으로 한다(도 8-①, ②). 이들은 목심으로 등자의 형태를 만든 후 병부 측면으로부터 윤부 바깥 측면에 걸쳐서 철판을 대고 철못으로 고정하였다. 또한 병부 상반부 전후면(前後面)에 철판을 대어 고정시키고 병부 하반부와 윤부 전후면 중앙에 철봉을 대어 보강하였다. 병두부(柄頭部)는 반원형이고 윤부 단면은 거의 제형을 띠고 있다. 윤부는 전체적으로 원형을 띠고 답수부 내측은 이

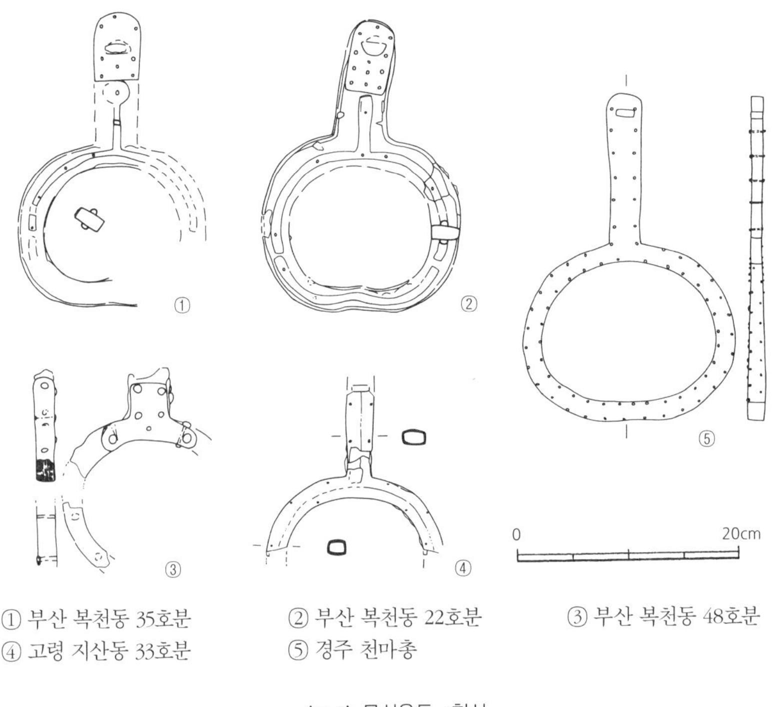

① 부산 복천동 35호분　② 부산 복천동 22호분　③ 부산 복천동 48호분
④ 고령 지산동 33호분　⑤ 경주 천마총

〈도 8〉 목심윤등 a형식

른바 하트형으로 돌출하였다.

② 철판 보강이 부분적이고 외장철판에 철봉을 사용하지 않은 것

이 유례에는 단면이 사각형인 것과 오각형인 것이 있다. 그 중 단면이 사각형인 것은 부산 복천동 48호분 출토 예가 있다(도 8-③). 병부 측면에서 윤부 바깥측면에 걸쳐 철판을 대고 철못으로 박았다. 그리고 병부와 윤부의 접합부 전후면에 역T자형의 철판을 못으로 고정하였다. 잔존하는 파편에서 윤부 하반부 전후면도 철판을 보강하였던 것으로 생각된다.

한편, 단면이 오각형인 것은 고령 지산동 33호분 출토 예를 들 수 있다(도 8-④). 결손이 심하지만 병부 측면에서 윤부 바깥측면을 제외한 병부와 윤부 상반부 전후면에 철판과 못으로 고정하였다.

③ 철판 보강이 전체에 이르고 외장철판에 철봉을 사용하지 않은 것

경주 천마총 출토품이 선형적인 예이고(도 8-⑤) 이것은 목심을 덮는 데 금동판을 사용하고 있다. 단면이 구형(矩形)인 나무를 구부려서 형태를 만든 후 얇은 금동판을 이용하여 전체적으로 둘러싸고 소형 못을 박아 고정시켰다.

b. **답수부에 못이 있고 그 폭이 윤부 폭과 같은 것**

① 철판 보강이 부분적이고 외장철판에 철봉을 사용한 것

합천 옥전 28호분 출토 예가 대표적이다[28](도 9-①). 하나의 나무를 구부려 등자의 형태를 만들어 병부 측면부터 윤부 내외측면에 철판을 대고 못으로 고정하였다. 그리고 병부 상반부 전후면에도 철판을 대고 못은 매우 조밀하게 박았다. 중앙부에는 외장철판으로 철봉을 이용하고 있으며 못으로 고정하였다. 답수부에는 대형의 못을 일렬로 배치하였다.

② 철판 보강이 부분적이고 외장철판에 철봉을 사용하지 않은 것

단면이 사각형인 것과 오각형인 것이 있다. 단면이 사각형인 것은 부산 복천동 10호분 출토품을 지표로 한다(도 9-②). 이것은 병부 측면에서 병부 외측면(外側面) 및 윤부 내측면(內側面)에 철판을 대고 못으로 고정하였다. 전후면에는 병부로부터 윤부 상반부에 걸쳐서 역Y자형의 철판을

28 최근에 알려진 자료로서 성주 성산리 59호분 예가 있다(계명대학교박물관, 2004, 『개교50주년기념 신축박물관 개관전시도록』, p.138).

덮고 못으로 박았다. 답수부에는 미끄럼방지를 위한 대형 방형 못 3개를 등간격(等間隔)으로 일렬 배치하였다.

한편, 단면이 오각형인 것은 합천 옥전 35호분 출토 예가 대표적이다(도 9-③). 병부 측면과 윤부 내외측면에 철판을 대어 못으로 고정하였고 답수부에는 일렬로 대형의 방두정(方頭釘)을 박았다.

③ 철판 보강이 전체에 이르고 외장철판에 철봉을 사용한 것

현재 합천 옥전 M1호분에서 출토된 1예만이 알려져 있다(도 9-④). 병부 및 윤부 내외측면 전체에 철판을 둘러 작은 못으로 고정하고 그 위에 전면부(前面部) 철판의 중앙선을 따라서 철봉을 대고 못으로 박았다. 답수부에는 대형의 방형 못 5개를 나열하였다.

④ 철판 보강이 전체에 이르고 외장철판에 철봉을 사용하지 않은 것

단면이 사각형인 것과 오각형인 것이 있다. 그 중 단면이 사각형인 것은 경주 황오리 14호분 제1곽의 출토품을 예로 들 수 있다. 나무로 등자의 형태를 만든 뒤 전체를 철판으로 덮어 못으로 박았다.

한편, 단면이 오각형인 것은 고령 지산동 32호분 예를 전형(典型)으로 한다(도 9-⑤). 이 자료는 윤부가 하나의 나무가 아닌 다수의 목재로 만들어진 것이 특이하다. 그리고 병부에는 2개의 목재를 합친 틈 사이로 삼각형의 쐐기를 박았다. 그리고 전면(全面)을 철판으로 덮고 작은 못으로 고정하였다. 답수부에는 5개의 방형 못을 일렬 배치하고 있다. 윤부와 병부 전후면(前後面)을 보면 한쪽면은 편평하고 다른 한쪽면은 중앙에 부드러운 능각을 세워 오각형의 단면을 만들고 있다.

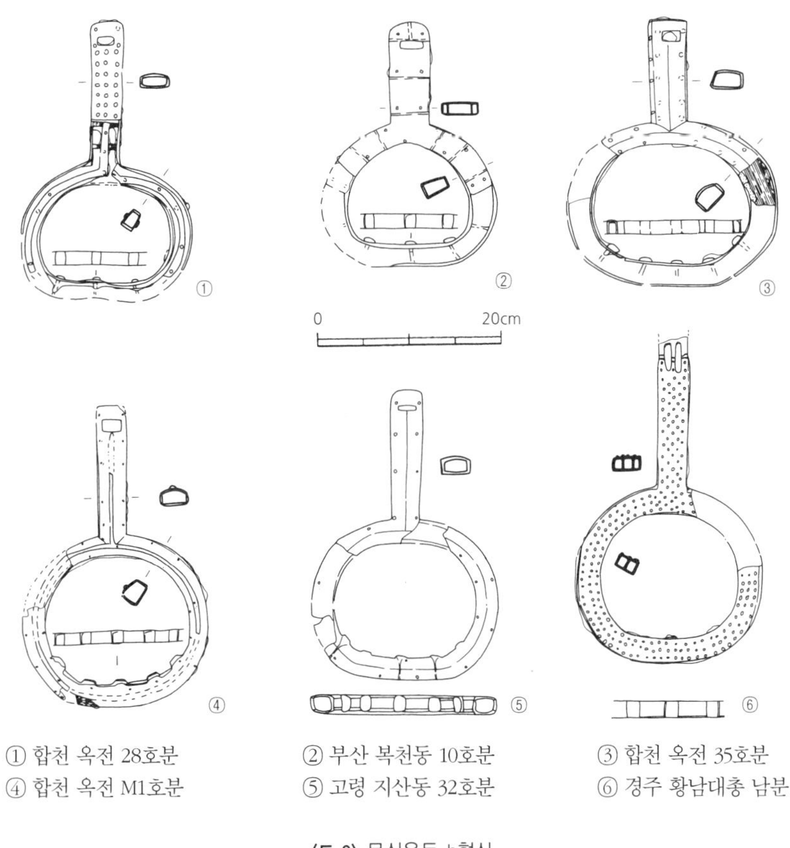

① 합천 옥전 28호분　　② 부산 복천동 10호분　　③ 합천 옥전 35호분
④ 합천 옥전 M1호분　　⑤ 고령 지산동 32호분　　⑥ 경주 황남대총 남분

〈도 9〉 목심윤등 b형식

c. 답수부에 못이 있고 그 폭이 윤부보다 넓은 것

① 철판 보강이 부분적이고 외장철판에 철봉을 사용하지 않은 것

합천 옥전 20호분 출토 예를 지표로 한다(도 10-①). 등자형태의 목심 내외측면과 전후면의 특정부위에만 철판을 대고 못으로 고정하였다. 윤부 바깥측면의 철판길이는 윤부 중간 정도까지이고 그 끝부분은 삼각형으로 잘라 마무리하였다. 답수부의 폭은 다른 부분에 비해 매우 넓게 만

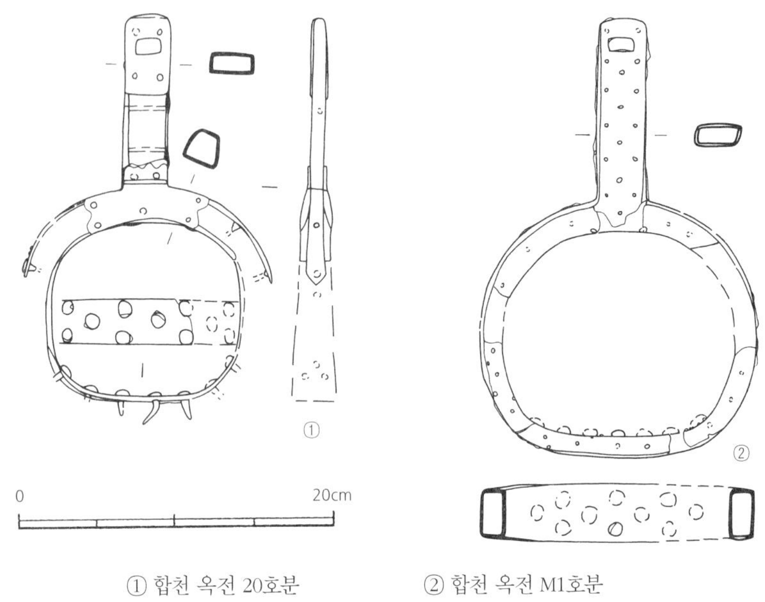

① 합천 옥전 20호분 ② 합천 옥전 M1호분

〈도 10〉 목심윤등 c형식

들어졌으며 대형의 못을 중앙과 양쪽에 총 11개를 박았다.

② 철판 보강이 전체에 이르고 외장철판에 철봉을 사용하지 않은 것

합천 옥전 M1호분 출토 예가 대표적이다(도 10-②). 윤부 상반부에 비해 답수부 측면의 폭이 점차 넓어지고 목심 전체를 철판으로 덮었다. 답수부에 대형 방형 못을 중앙과 양쪽에 총 10개를 박았다.

2) 철제윤등의 분류

다음은 전체를 철로 만든 철제윤등(鐵製輪鐙)의 분류를 행하고자 한다. 철제윤등은 목심윤등에 비해 튼튼하고 실용성이 높은 특징을 가지

고 있다. 출토수가 많은 것에 비해 잔존상태가 그다지 좋지 않고, 부식이 진행되어 원형(原形)을 잃은 예도 있다. 또한 철제등자는 목심등자에 비해 형태의 변이(變異)가 적어서 이제까지는 그다지 주목을 받지 못하였다. 형식분류를 할 때에도 목심윤등과 같이 철판, 못 등의 요소를 사용할 수 없기 때문에 병부, 윤부, 답수부 등 각 부위의 형태와 폭(幅)에 주목하여 다음과 같이 형식을 설정하고자 한다.

d. 답수부가 윤부 폭과 동일한 것
  ① 병부 폭이 상하(上下)로 동일한 것
  ② 병부 상단부가 넓어진 것
e. 답수부가 윤부 폭보다 넓은 것
  ① 병부 폭이 상하로 동일한 것
  ② 병부 상단부가 넓은 것

각 형식별로 대표적인 유물을 들어 설명하고자 한다.

d. 답수부가 윤부 폭과 동일한 것

① 병부 폭이 상하로 동일한 것

합천 옥전 M3호분 출토 예가 있다(도 11-③). 병부는 단면이 장방형으로 상부에는 횡장방형의 현수공(懸垂孔)이 있다. 윤부는 전체적으로 횡장타원형을 띠고 있으며 단면은 방형이다. 답수부에는 방형의 돌기가 일렬로 배치되어 있다.

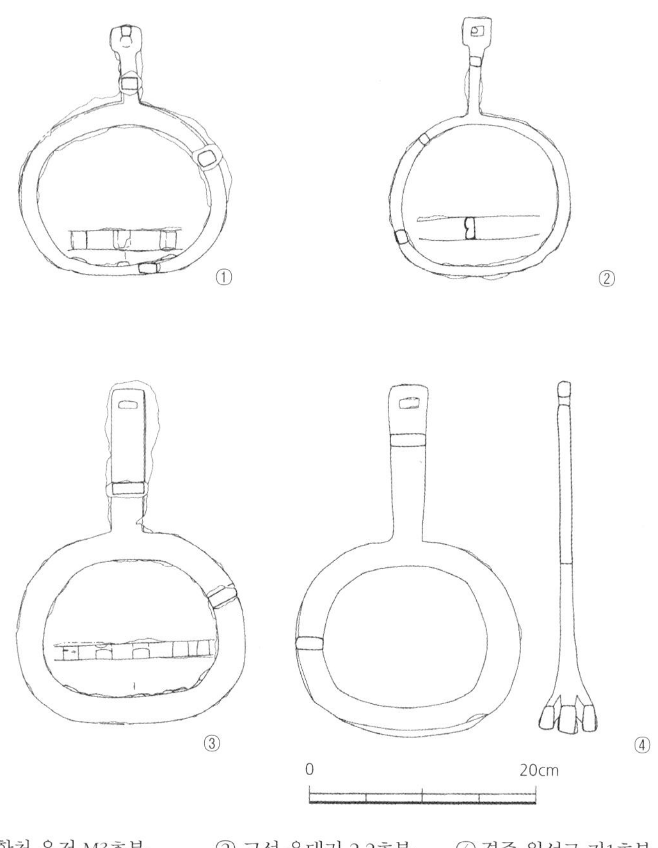

①·③ 합천 옥전 M3호분　　② 고성 율대리 2-2호분　　④ 경주 월성로 가1호분

〈도 11〉 철제윤등

② 병부 상단부가 넓어진 것

합천 옥전 M3호분에서는 2쌍의 철제윤등이 출토되었는데 그 중 1쌍이 여기에 속한다(도 11-①). 이것은 주조품으로 병부와 답수부의 단면은 장방형이다. 병부 상단부가 말각방형으로 넓게 되어있고 답수부에는 방형 못과 같은 돌기가 3개 일렬로 배치되어 있다.

e. 답수부가 윤부 폭보다 넓은 것

① 병부 폭이 상하로 동일한 것

경주 월성로 가1호분에서 출토된 예가 있다(도 11-④). 병부는 단면이 구형(矩形)이고 상단부가 하단부보다 조금 넓게 표현되어 있지만 방형 혹은 장방형을 이루고 있지는 않다. 병상부(柄上部)에는 장방형의 현수공(懸垂孔)이 있다. 윤부는 전체적으로 횡장타원형을 띠고 있으며 답수부는 세 갈래로 나뉘어져 있다.

② 병부 상단부가 넓은 것

고성 율대리 2-2호분 출토 예가 여기에 속한다(도 11-②). 병부 단면은 장방형이고 상부는 말각방형으로 넓어져 있다. 윤부 단면은 방형이고 답수부는 한 갈래이지만 중앙부에 미끄럼을 방지하기 위해 선으로 홈을 파고 있다.

3. 각 형식 간의 시간적 관계

이상과 같이 목심윤등과 철제윤등을 각각 형식 분류 하였다. 각 형식의 선후관계는 동반유물 중에서 토기를 참고하고자 한다. 먼저 최병현은 신라식 고배의 초기 형식변화과정에서 경주 황남동 109호분 3·4곽, 미추왕릉 제5구역 6호분, 황남동 110호분이라는 연대순을 추정하였다(최병현, 1993). 그 중에서 경주 황남동 109호분 3·4곽에서 출토된 고배와 같은 형식의 것이 부산 복천동 21·22호분에서도 보이지만 보다 자세하게 검토하면 부산 복천동 21·22호분의 것이 약간 시기가 떨어져 황남동 110호분

표 1 토기로 본 상대편년

古←									→新
경주	월성로 가 5·6호분	→	월성로 가13호분	→	월성로 나13호분	→	황남대총 남분	→	천마총
		→	황남동 109호분 3·4곽	→	황남동 110 호분				
부산 복천동	25·26호분	→	31·32호분	→	53, 39호분	→	5, 7호분		
	35·36호분	→	21·22호분	→	10·11호분				
합천 옥전		→	23호분	→	8호분	→	M1- M3호분		
						→			M2호분

에 가깝다고 하였다.

이희준은 부산 복천동 53호분과 39호분이 복천동 10·11호분보다 이른 시기에 해당된다는 최병현의 의견에 동조하였다(이희준, 1998). 또한 부산 복천동 10·11호분이 경주 황남대총 남분보다 시기적으로 빠르다고 하였다.

또한 김용성은 부산 복천동고분군 중에서 25·26호분과 35·36호분에서 일렬투창고배가 출토되었지만 31·32호분에서 교호투창고배가 출토된 것에 주목하였다(김용성, 1997). 그리고 복천동 25·26호분에서 출토된 일렬투창고배가 김해 예안리 117호분, 경주 월성로 가6호분 등에서 확인되는 것을 지적하여 복천동 25·26호분과 35·36호분을 하나의 단계로 설정하였다. 그 다음 단계에 31·32호분, 마지막으로 21·22호분으로 순서를 추정하였다.

한편, 합천 옥전고분군의 발굴자인 조영제의 편년을 참고로 하면 35

호분, M1호분, M2호분 등의 그룹이 M3호분, M7호분 등의 그룹보다 시기적으로 빠르다고 서술하였다(조영제, 1997).

상기의 연구 성과를 바탕으로 각 고분의 연대순을 정리해 보면 표 1과 같다. 이러한 고분의 상대서열을 바탕으로 크게 3단계로 나눌 수 있다. 먼저 제1단계는 경주 황남동 109호분 3·4곽, 부산 복천동 21·22호분, 합천 옥전 23호분 등 각 고분이전 단계로 정할 수 있다. 제2단계의 표식적(標式的)인 고분이라면 합천 옥전 8호분, 부산 복천동 10·11호분에서 합천 옥전 M1호분까지이고, 경주 황남동 110호분, 황남대총 남분 등이 여기에 해당된다. 제3단계는 합천 옥전 M3호분 이후로 경주 천마총 등이 포함된다. 앞의 각 단계를 제1기, 제2기, 제3기로 설정하고 이것을 이용해서 등자 각 형식의 존속시기를 정리한 것이 〈도 12〉이다. 이것을 바탕으로 등자의 변천과정을 살펴보고자 한다.

● 제1기

목심윤등 중, 답수부에 못이 없고 철판 보강은 부분적인 것만 존재하는 단계이다. 외장철판에 철봉을 사용한 것과 사용하지 않은 것이 공존한다. 출토된 고분으로부터 4세기대까지 거슬러 올라갈 것으로 판단되는 예도 있다.

● 제2기

제1기에 출현한 형식 이외에도 목심윤등 중 다수의 형식과 철제윤등이 더해지는 단계이다. 이 시기에 새롭게 등장하는 목심윤등의 모든 형식은 답수부에 못을 가지고 있으며 윤부 폭과 같은 것, 윤부 폭보다 넓은 것으로 나눌 수 있다. 그리고 철판 보강은 부분적인 것 외에 전체적인 것도 보이고 단면이 오각형인 것도 확인된다. 출토고분으로부터 5세기대가 중심을 이룬다.

그리고 외장철판에 철봉을 사용하는 형식은 제1기에 비해 변화가 보이기 때문에 구체적으로 살펴보고자 한다. 먼저 잔존상태가 좋지 않은 것이 많기 때문에 단정하기는 어렵지만 병부는 제1기의 것보다 길고 윤부는 타원형에 가까운 것이 많아진다. 또 병부 상단의 철판길이가 길어지는 경향이 보인다. 그리고 철판 보강은 부분적인 것이 수적으로 많아진다. 이 시기에는 철판을 전체적으로 덮은 후 그 위에 다시 병부 현수공(懸垂孔)에서부터 윤부 전체를 철봉으로 고정한 것이 있다. 이것은 답수부에 못을 가지고 있으며 특이한 예로서 주목된다(합천 옥전 M1호분).

한편, 외장철판에 철봉을 사용하지 않은 형식도 이 단계에 변화를 보인다. 먼저 철판 보강이 부분적인 것을 보면 제1기에는 병부 상단 내지는 병부와 윤부의 접합부 등 좁은 범위에 한정되어 있지만 이 시기에는 병부 상단부터 윤부 상단까지 하나의 철판으로 덮은 것이 나타난다. 즉, 외장철판의 보강범위가 넓어지는 경향이 보인다고 할 수 있다.

● 제3기

이 단계에는 목심윤등 중 답수부에 못은 없고 철판을 전체적으로 덮은 형식이 출현하고 철제윤등이 급증하는 현상이 보인다. 그리고

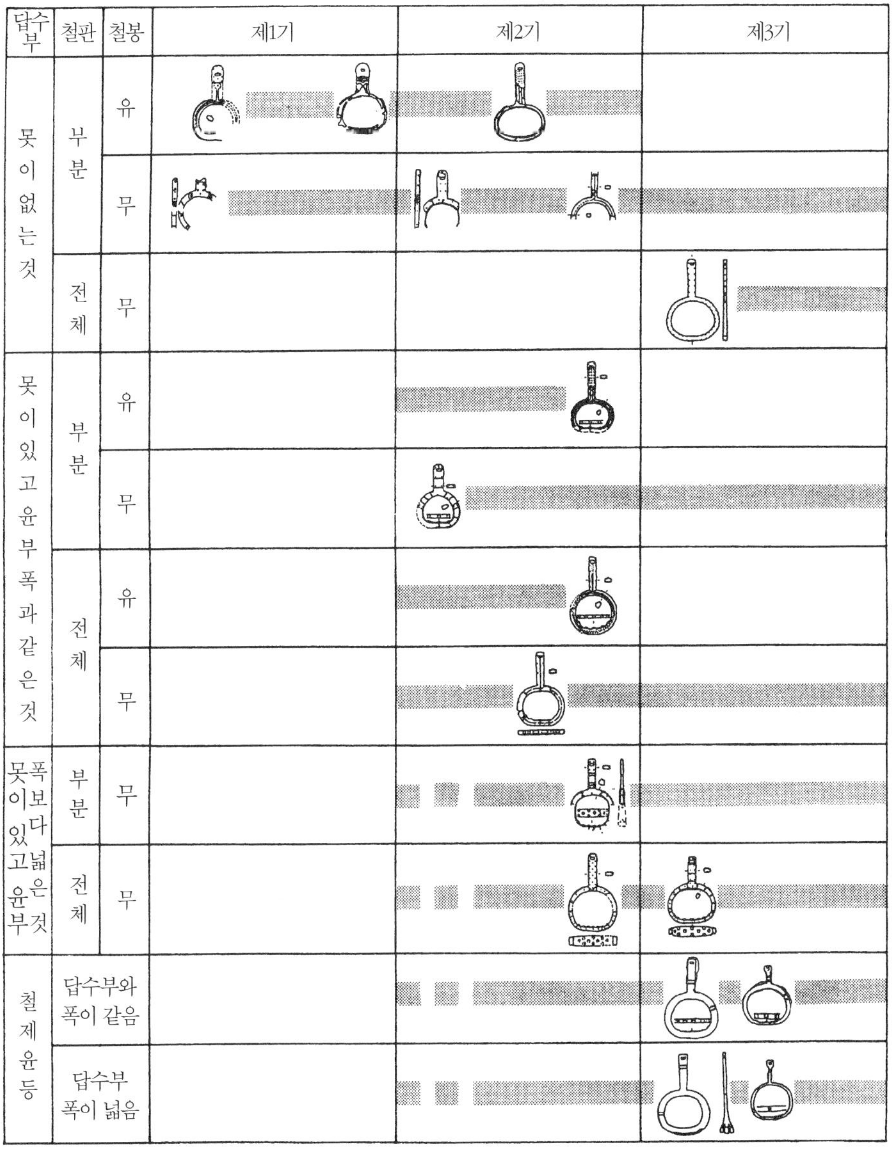

답수부	철판	철봉	제1기	제2기	제3기
못이 없는 것	부분	유			
		무			
	전체	무			
못이 있고 윤부 폭과 같은 것	부분	유			
		무			
	전체	유			
		무			
못이 있고 윤부 폭보다 넓은 것	부분	무			
	전체	무			
철제윤등	답수부와 폭이 같음				
	답수부 폭이 넓음				

〈도 12〉 각 형식의 시간적 변천

목심윤등 중 외장철판에 철봉을 사용한 모든 형식이 자취를 감추고 있다. 출토고분의 편년으로 보면 5세기 말부터 6세기대에 해당된다.

이 시기에는 부분적으로 철판을 보강한 형식이 증가한다. 이것은 현수공의 주위, 병부와 윤부 접합부에 각각 다른 철판을 보강하고 철판의 형태는 전자가 장방형, 후자는 역T자형으로 정리되고 있어 일정한 규격화가 추정된다.

이상의 형식변화를 정리하면 기술적 측면에서 다음과 같은 방향성을 읽을 수 있다. 첫째, 답수부의 기능적 개량으로 못을 박거나 답수부의 폭을 넓히고 있다. 이러한 현상은 모두 제2기부터 출현하고 있다. 둘째, 철을 점차로 많이 사용하여 전체적으로 강도를 높이는 경향을 보인다. 구체적으로 목심(木心)의 넓은 부분, 즉 철판을 보강하는 범위가 넓어지는 형식이 증가하는 것과 철제윤등의 출토빈도가 높아지는 것이다. 전자는 제2기부터 후자는 제3기부터 더욱더 두드러지고 있다.

4. 윤등에 보이는 지역적 특색

앞에서 정리한 두 가지의 기술적인 방향성이 각각 어디에서 발생하고 발전했는지를 밝히기 위해 각 형식별 지역적 분포를 살펴보고자 한다. 먼저 도면 표시방법의 기준으로 목심윤등은 답수부에 못이 없는 것, 즉 답수부가 강화(强化)되지 않은 것은 하얀 동그라미(○), 답수부에 못을 박은 것은 하얀 사각형(□), 또한 답수부의 폭을 넓히고 강화한 것은 하얀 삼각형(△)으로 표시한다. 그리고 각 형식에 철판 보강이 전체적으로 된 것에는 ⊙, ▣, ⚠으로 나타내고 외장철판에 철봉을 사용한 것에는 도형 상하에 선을 그려 표시한다(예. ⏀). 요컨대 사각형과 삼각형은 답수부의 강화(强化)를 나타내고 검은 점은 철의 사용을, 그리고 상하의 선은 철봉의 사용을 표현하는 것을 원칙으로 한다.

이러한 표시원칙에 따라 제1기에서 제3기까지 각 기술의 전개를 나타낸 것이 〈도 13〉이다. 제3기에는 철제윤등이 급증하기 때문에 목심윤등과 분리해서 따로 분포도를 작성하였다.

먼저 제1기에는 답수부에 못이 없는 것, 즉 답수부의 강화가 보이지 않는 것이 우리나라 전역에 분포하고 있다. 구체적으로는 부산, 김해, 합천, 상주, 청주 등의 지역에서 확인되고 있다. 이 단계에는 어느 것이나 철판 보강이 부분적이라는 공통성을 가진다. 다시 말하면, 이 단계는 우리나라 전체에 같은 특징을 가진 등자가 퍼져있다는 것을 알 수 있다. 이것은 특정 물건 혹은 문화가 유입되는 초기 단계에 종종 보이는 제일성(齊一性)의 하나로 해석할 수 있을 것이다. 기원 문제도 앞으로의 검토를 기다려야 하겠지만, 단일 기원에서 파생되어 우리나라 전체에 동일 계보의 마구 제작집단이 확산되었을 가능성을 추정해 볼 수 있다. 그것은 외장철판에 철봉을 사용하는 특징적인 기술을 가진 것이 경주·부산·합천·천안이라는 넓은 범위에 분포하고 있는 것도 관계가 있을 것이다.

제2기가 되면 목심윤등은 경주·창녕·합천 등 3개 지역을 중심으로 분포의 큰 핵을 형성하고 있다. 그리고 제1기에 분산되어 분포하고 있던 외장철판에 철봉을 사용하는 수법도 위의 3지역을 중심으로 집중한다.

이러한 현상에서 제1기에 보이는 같은 기술 계보를 가진 마구 제작집단이 위에 나열한 3지역에 정착한 것으로도 추정할 수 있다.

이러한 가운데 지역적 특색도 나타나기 시작한다. 우선, 경주와 창녕지역에서는 철판 보강을 전체적으로 하고 있는 것이 두드러진다. 이것은 이 시기에 경주지역에 나타나는 철(鐵) 지향의 영향을 받은 것으로 생각된다. 그리고 이 형식에서 보이는 등자 표면 전체에 작은 못을 조밀하게 박고 있는 기법도 이 지역의 특징이다. 이러한 지역적 특색은 경주라는 한정된 지역뿐만 아니라 창녕을 포함한 낙동강 이동지역에 넓게 분포하고 있는 것에 주목하고 싶다.

한편, 답수부에 못이 있고 그 폭이 윤부 폭과 같은 것 중에서 단면이 오각형인 것은 선학들이 지적한 것처럼 고령과 합천지역에 특히 많고 그 중에서도 철판 보강이 부분적인 것이 합천지역에 집중하고 있다. 이와 같은 지역적 특색은 답수부의 폭을 넓게 한 것에도 보이고 철판 보강이 부분적인 것은 역시 합천지역에 많다. 이것은 고령을 포함한 대가야 혹은 백제까지 포함한 낙동강 이서지역이라는 커다란 지역적 특색 안에서 생각하는 시점(視點)이 중요할 것이다.

그 중에서 낙동강 이동지역에 주로 보이는 철판 보강을 전체적으로 행한 예가 합천지역에서도 출토되고 있다. 이것은 합천지역의 마구 제작집단이 배타적이지 않고 낙동강 이동지역과 기술적 교류가 있었을 가능성도 시사하고 있다. 그것은 제1기에서 서술한 것처럼 낙동강을 중심으로 한 이동(以東)·이서(以西)지역 마구 제작 집단의 계보가 근본적으로 같았던 것을 추정할 수 있게 해준다. 그 계보를 나타내는 철봉을 이용하는

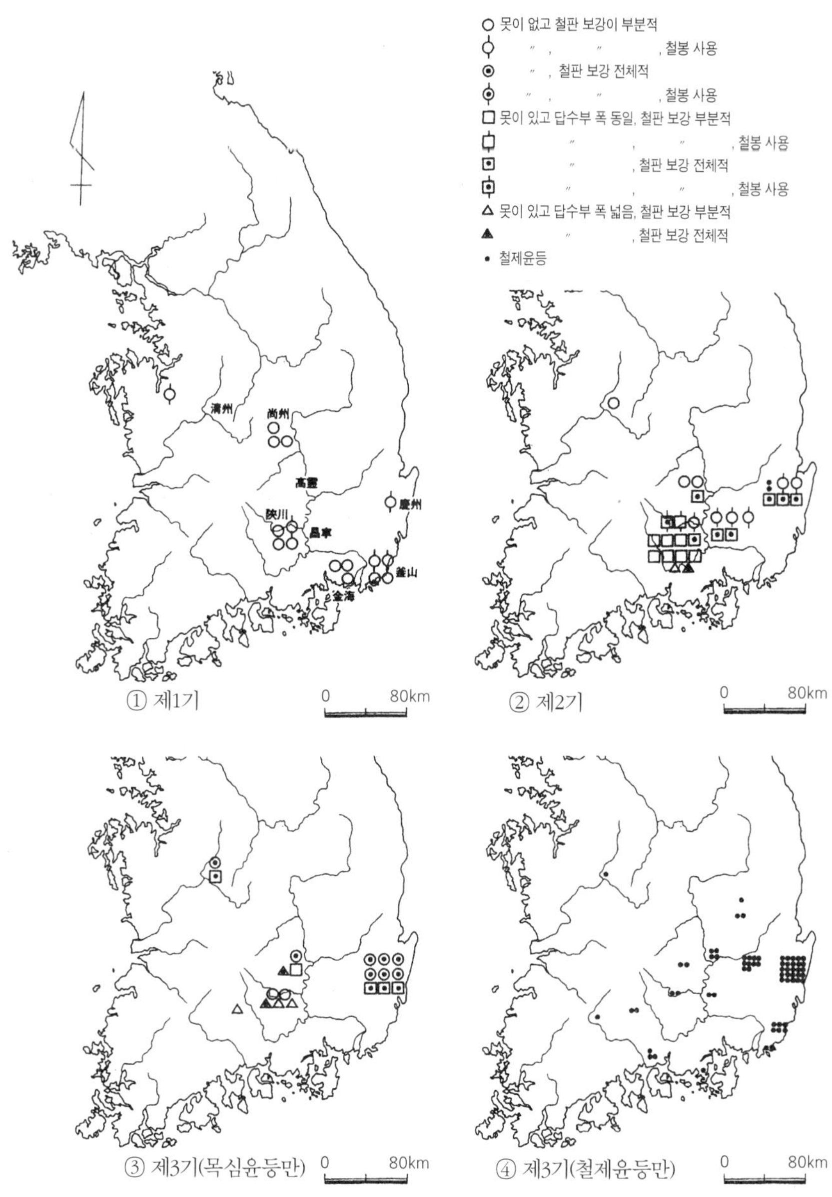

〈도 13〉 각 형식의 분포 변천

기법을 가지고, 단면 오각형이라는 고령과 합천지역에 많은 특징을 갖추면서 또 다른 한편으로는 낙동강 이동지역에 많은 철판의 전체 보강과 작은 못을 다용(多用)하는 요소까지도 합쳐진 합천 옥전 M1호분의 예는 이 지역의 마구제작이 얼마나 많은 지역과 제작집단의 왕성한 교류를 배경으로 하는지 말해주는 자료라고 할 수 있다.

이상과 같이 제2기에는 철판 보강방법 등에서 낙동강 이동·이서 양 지역에서 각각의 지역적 특색이 보이기 시작한다. 그러나 이들은 여전히 지금까지 서술한 것처럼 상호간의 접촉이 왕성하게 이루어지고 있었던 것으로 생각된다.

그러나 제3기가 되면 낙동강 이동·이서의 지역적 특색은 더욱더 두드러지는 경향을 보인다. 우선 경주에서 철제윤등(鐵製輪鐙)이 다량으로 출토된다. 그와 함께 목심윤등도 철판 보강을 전체적으로 한 것이 경주지역에 집중하고 있다. 그 중에서도 이른 단계부터 존재한 답수부에 못이 없는 것에 철판 보강을 전체적으로 한 것이 출현하고 있어 주목을 끈다. 이것은 철제윤등이 급격히 증가함에 따라 기존에 있던 제작집단에 변화를 자극한 결과로도 생각할 수 있을 것이다. 이렇게 경주를 중심으로 한 낙동강 이동(以東)지역의 마구 제작집단 내에서는 철을 다용(多用)하여 강도(强度)를 증가시키는 방향성이 커다란 목표가 되었고 그 결과 철(鐵) 지향(志向)이라고 할 만큼 강렬한 지역적 특색이 보이게 된 것이다.

한편, 낙동강 이서(以西)지역에서는 이동(以東)지역에 비해 철제윤등의 증가와 목심윤등의 철 지향은 두드러지지 않는다. 목심윤등의 철판 보강은 부분적인 것이 여전히 많고 답수부에 못을 가지고 또 그 폭을 넓힌 것이 눈에 띈다. 이 지역 마구 제작집단은 철로 강도를 높이기보다는 답수부의 형태적 공정에 의한 기능적 강화 방향성이 존재했을 가능성이 매우 높다. 그 결과 낙동강 이동지역과는 다른 지역적 특색의 발현이 보이기 때문이다.

이렇게 제3기가 되면 낙동강 이동·이서지역의 마구 제작집단은 완전히 다른 기술적 지향성을 가지고, 서로 거리를 둔 관계로 변해간 것으로 생각된다. 제3기에 또 하나 주목할 만한 현상으로서 외장철판에 철봉을 사용한 기법이 사라졌다는 것을 지적할 수 있다. 이것은 철판 보강범위의 확대로 인한 철봉의 의미가 저하되었을 기술적인 이유 외에, 이동·이서지역의 제작집단이 기술적으로 개성화(個性化)되어 가는 과정 중에 지금까지 공통적으로 가지고 있던 기술적인 전통을 누락시키는 움직임으로도 이해할 수 있을 것이다. 이러한 현상은 낙동강 이동·이서지역에서의 정치적 배경과도 무관하지 않다고 생각되지만 그것은 다음 기회에 구체적으로 논하고자 한다.

| 맺음말 |

여기서는 목심윤등의 제작방법 중에서도 답수부 못의 유무(有無)에 주목하고 외장(外裝)으로 사용된 금속판의 형태와 보강방법에 중점을 두고 형식분류를 시도하였다. 그리고 철제윤등도 함께 고려하여 낙동강지역을 이동과 이서로 나누어 분포상황을 명확히 하였다.

이번에는 첫째, 등자의 변화를 전체적·체계적으로 접근하여 각 지역의 특징을 명확하게 한 것과 둘째, 신라와 가야로 분화되어 가는 과정을 물질자료의 검토를 통해서 보다 구체적으로 밝히는 것에 의의를 두고 있다. 앞으로의 과제는 등자 이외에 마구 전체를 대상으로 하여 제작집단의 수준과 구체적인 기술전파 및 유통의 형태를 세밀한 검토를 통해서 명확하게 파악하고자 한다.

제2절 일본 고분시대 출토 등자로 본 지역 간 관계

| 머리말 |

백제의 목심윤등(木心輪鐙)은 1982년 청주 신봉동 고분군이 발굴조사된 이후 그 출토 예가 급증하여 약 40여 예가 알려져 있다. 그 가운데 청주 신봉동 92-60호분에서 출토된 목심윤등은 등자의 전·후면 병두부(柄頭部) 및 병부와 윤부의 연결부만 철판으로 보강되었다(성정용 외, 2006)(도 14). 또한 병두부 철판은 4개의 원두정(圓頭釘)으로, 병부와 윤부의 연결부

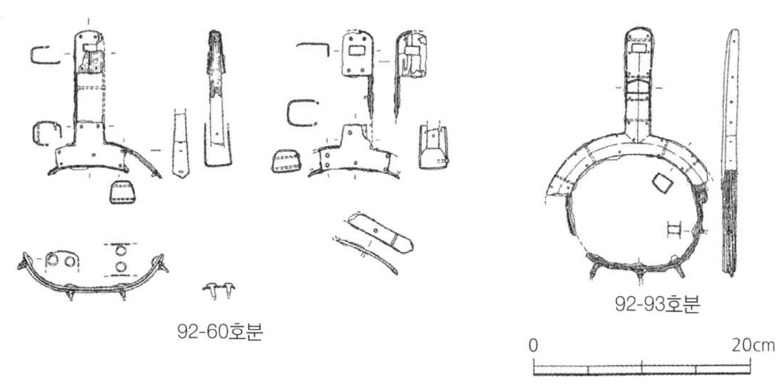

〈도 14〉 청주 신봉동고분군 출토 목심윤등

는 7개의 원두정을 사용하여 고정하였다. 외측면(外側面)은 병상부(柄上部)로부터 윤부의 중상부(中上部)까지 보강하였는데 끝부분의 형태가 'V'형이 되도록 철판을 오려서 만들었다. 내측면은 윤부 상단부(上端部)와 함께 답수부만을 철판으로 보강하였다.

또한 권도희는 청주 신봉동 92-60호분 출토품과 같은 형태로 신봉동 90-A11호분·92-102호분, 공주 수촌리 5호분 등을 지적하고 ⅠA3형식으로 분류하였고[29] 이러한 등자가 출현하는 Ⅲ기를 5세기 중반부터 후반으로 상정하고 있다(권도희, 2006).

한편, 청주 신봉동 92-60호분의 예는 류창환의 ⅡB1식에 해당되며 병상반부(柄上半部)의 장방형 보강철판과 병부와 윤부의 접합부에 역Y상의 철판을 보강한 외장철판의 구조로 두정동 Ⅰ-5호나 복천동 60호의 C형 또는 ⅠA1식 등자의 계보를 잇는 신식등자(新式鐙子)로 상정하였다(류창환, 2004).[30] 이 형식의 등자는 백제지역에서 가장 먼저 개발되었을 가능성이 높으며 이후 주변지역으로 확산되어 대가야지역까지 파급되었다고 하였다.

여기서는 청주 신봉동 92-60호분 목심윤등의 속성 중 윤부 중간부분에서 바깥쪽 측면의 철판을 삼각형으로 자른 점에 주목하여 그 유례가

29 ⅠA3형식에 속하는 모든 등자의 외측면은 윤부 상단까지만 철판을 보강하고 그 끝을 삼각형상으로 재단한 형태적 특징을 가지고 있고 답수부에는 원두정의 철정(鐵釘)을 사용하는 정형화된 형식으로 주장하였다.

30 시기적으로는 유례가 많은 대가야고분의 편년을 고려하여 5세기 중엽~후엽으로 추정하였으며 신봉동고분군의 표준등자로 명명하고 있다.

다수 알려진 일본 고분시대 출토 목심윤등의 제작기법을 중심으로 각 지역 간 관계를 보다 구체적으로 살펴보고자 한다. 또한 철제윤등과 호등(壺鐙) 등 다른 종류의 등사 동향에도 주목하여 등자라는 가장 기본적인 승마구의 존재형태를 통해서 우리나라와 일본 두 지역 승마문화의 특징에 대해서도 생각해보고자 한다.

1. 연구사

일본에서는 고바야시 유키오(小林行雄)가 처음으로 목심윤등(木心輪鐙)을 본격적으로 검토하였다. 고바야시(小林)에 의하면 일본 출토 목심윤등은 실용적인 철제윤등보다 장식적인 것으로 실용적이라 하기는 어렵다고 표현하였다(小林行雄, 1951). 그리고 이것들은 우리나라 중에서도 경주지역에서 출토된 목심윤등과 계통이 같은 것으로 생각하였다. 나무에 철판을 덮은 것 자체를 장식적인 행위로 판단하였으며 우리나라와의 비교 등 폭넓은 시야에서 등자를 검토한 선구적인 연구이다.

고바야시(小林)의 연구성과를 계승·발전시켜 형식학적 연구를 본격적으로 도입한 것은 오노야마 세츠(小野山節)이다(小野山節, 1966). 그는 목심윤등을 형태에 따라 2개의 형식으로 분류하였다. 분류기준은 병부(柄部)의 두께와 길이, 병두부(柄頭部) 형태, 답수부(踏受部) 두께 등이다. 첫 번째 병부가 비교적 짧고 두껍다. 병두부는 둥근 것으로 윤상부(輪上部)와 하부의 답수부가 같은 두께와 폭으로 만들어진 것이다. 그리고 병부와 윤부 접합부 전후면에만 철판을 덮었다. 두 번째는 병부가 세장(細長)하고 병두부가 각이 진 것으로 답수부가 윤상부보다 훨씬 두껍고 폭은 반대로 약간 좁게 되어있다. 4면 전체를 철판으로 덮은 것이 많다. 전자를 고식(古式), 후자를 신식(新式)으로 하였다(도 18-①·19-①). 이러한 오노야마(小野山)의 분류는 현재까지 일본과 우리나라 마구연구에 지침이 되고 있다. 사카모토 요시오(坂本美夫)는 오노야마(小野山)의 분류를 더욱 세분하여 표면에 덮은 철판이 전체적인가 부분적인가라는 것과 답수부의 미끄럼방지에 주목하여 분류와 변천을 시도하였다(坂本美夫, 1985). 또한 병두부의 형태는 원형(圓形)→우환형(隅丸形)→각형(角形)으로 변천한다고 추정하였다. 그리고 철판을 부분적으로 덮은 형태는 고분시대 전체에 걸쳐 확인되고 있지만 5세기 제3사분기 이후에는 형태적으로 통일된 양상을 띠는 반면 철판을 전체적으로 덮은 예는 같은 시기를 경계로 보이지 않게 된다고 하였다. 답수부 형태는 윤부 폭과 동일한 폭을 가진 것, 윤부 폭보다 넓게 된 것이 있는데 윤부의 외면 하단을 삼각형으로 잘라 마무리한 예는 후자에 속한다고 주장하였다.

치가 히사시(千賀久)는 답수부 두께, 병부 두께, 철판 덮는 방식에 주목하여 분류를 하고 각각의 계보를 추정하였다(千賀久, 1988a). 여러 요소 중 특히 주목한 것은 철판 덮는 방식으로 부분적인 것과 전체적인 것으로 나누었다. 그리고 전자는 다시 병부 전체를 덮은 것, 병부 전후면 철판이 상하 2매로 분리된 것, 전후면에 철판이 없는 것(측면 철판을 윤부 중간에서 삼각형으로 잘라 마무리한 것) 등 3개로 세분하였다. 또한 일본 내에서 목심윤등의 제작개시는 윤부에서 답수부에 이르는 부분이 두꺼워지고 주위의 철판을 부분적으로 덮은 것을 일본 최초의 제품으로 추정하였다(千賀

久, 1994). 그 중에서도 윤부 측면을 두르는 철판의 하단을 삼각형으로 잘라 마무리한 예가 우리나라에서는 확인되고 있지 않은 것에 주목하였다.

이러한 선행연구들 존중하면서 앞 절에서 등사의 기능 가운데 말 위에서 몸의 균형을 지키기 위해 발을 디디는 것에 착목하여 우리나라 삼국시대 출토 등자를 답수부의 보강, 즉 답수부 못의 유무·폭, 철판의 보강 등에 주목하여 형식분류를 행하고 제1기부터 제3기까지 설정하여 각 기술의 전개와 지역적 특색을 검토하였다. 이를 바탕으로 우리나라·일본이라는 2개 지역을 비교하는 형태에서 벗어나 등자를 통해서 양 지역 안에서의 소지역 상호간의 복잡한 관계를 이해하는 것으로 교류의 실태를 추구해 보고자 한다. 또한 우리나라와 일본 내에 있어 각 지역간에 보이는 마구(馬具)에 대한 의미와 사용방식의 차이에 대해서도 지적하고자 한다.

2. 윤등의 형식분류

목심윤등, 철제윤등 순으로 형식분류를 소개하고 실제 자료를 바탕으로 설명하도록 하겠다. 목제등자에 대해서는 현재 일본에 겨우 몇 예가 알려진 정도이기 때문에 여기서는 취급하지 않겠다.

1) 목심윤등

목심윤등(木心輪鐙)의 답수부에 있는 못이라는 요소는 외형적 측면보다 기능과 제작기법을 생각할 때 매우 중요하다. 여기에서는 제작기법의 계보를 구하기 위해 답수부 못의 유무에 중점을 두고 형식을 분류하고자 한다. 답수부의 못과 함께 철판의 보강, 외장철판(外裝鐵板)에 철봉(鐵棒) 사용의 유무(도 15)에 주목한 것으로 다음과 같다. 이것은 결국 목심에 철판을 보강하는 기법에 대한 차이에 중점을 둔 분류이다.

a. 답수부에 못이 없는 것

① 철판 보강이 부분적이고 외장철판에 철봉을 사용한 것

우리나라에서는 넓은 범위로 분포하고 보편적으로 확인되고 있다. 이에 대해 일본에서는 현재까지 유례가 알려져 있지 않다. 우리나라의 특징적인 형식이라고 할 수 있다.

② 철판 보강이 부분적이고 외장철판에 철봉을 사용하지 않은 것

우리나라에서는 부산을 포함한 낙동강 이서지역에 넓게 분포하고 있다. 일본에서도 효고(兵庫)현(縣) 가코가와(加古川)시(市) 이케지리(池尻) 2호분, 오사카(大阪)부(府) 사카이(堺)시(市) 시치칸(七觀)고분·후지데라(藤井寺)시(市) 구라즈카(鞍塚)고분·후지데라(藤井寺)시(市) 나가모치야마(長持山)고분 A예, 나라(奈良)현(縣) 나라(奈良)시(市) 우와나베 5호분·카시하라(橿原)시(市) 니자와(新澤) 221호분(奈良縣立橿原考古學硏究所, 2003: pp.32~33)·카시하라(橿原)시(市) 니자와(新澤) 510호분·고세(御所)시(市) 셋코잔(石光山) 8호분, 교토(京都)부(府) 우지(宇治)시(市) 후타고야마(二子山)고분 남분(南墳), 시가(滋賀)현(縣) 릿토우(栗東)정(町) 신카이(新開) 1호분 A예, 시즈오카(靜岡)현(縣) 후쿠로이(袋井)시(市) 아이노무카이야마(愛野向山) B12호분, 나가노(長野)현(縣) 이이다(飯田)시(市) 아라이바라(新井原) 2호분, 도쿄(東京)도(都) 고마에(狛江)시(市) 카메즈카(龜塚)고분 등 넓은 지역에 분포하고 대략 13예가 알려져 있다. 우

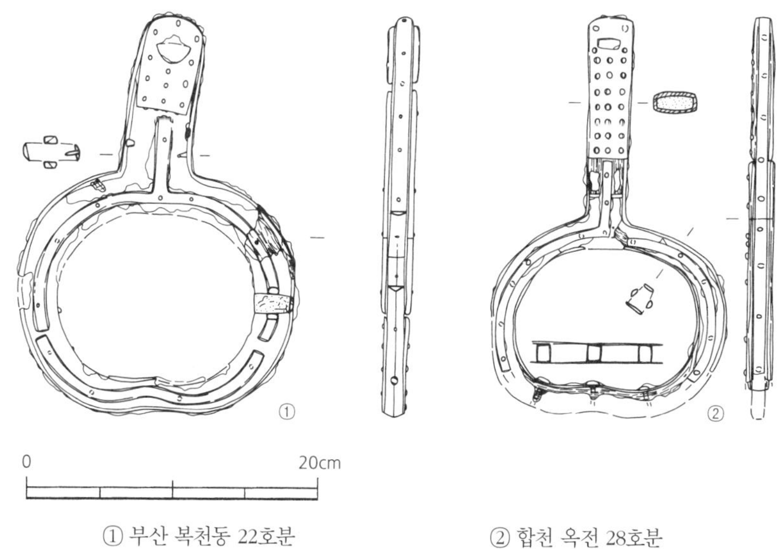

① 부산 복천동 22호분 ② 합천 옥전 28호분

〈도 15〉 철봉을 사용한 형식의 예

리나라·일본 양 지역에 공통하는 형식이라고 할 수 있을 것이다.

이 a-②형식은, 측면(側面)철판의 재단(裁斷)에 따라 다시 2개의 그룹으로 나눌 수 있다. 첫 번째는 측면 전면(全面)에 철판을 덮은 것으로 시치칸(七觀)고분, 구라즈카(鞍塚)고분 A예(도 16-①), 아라이바라(新井原) 2호분 출토품 등이 있다. 우리나라에서 이들 유례는 부산 복천동 10호분, 창녕 계남리 1호분, 합천 옥전 67-B호분, 고령 지산동 33호분·35호분, 상주 신흥리 나37호분·나39호분 등 부산·창녕·고령·상주 등의 지역에서 출토되고 있다. 그 중에서 합천 옥전 67-B호분 예(도 16-④)를 제외하면 구라즈카(鞍塚)고분 B예, 아라이바라(新井原) 2호분 출토품(도 16-②·③) 등은 병부 전체에서 윤상반부까지 전후면(前後面)에 하나로 된 철판을 덮고, 병부와 윤부 측면에

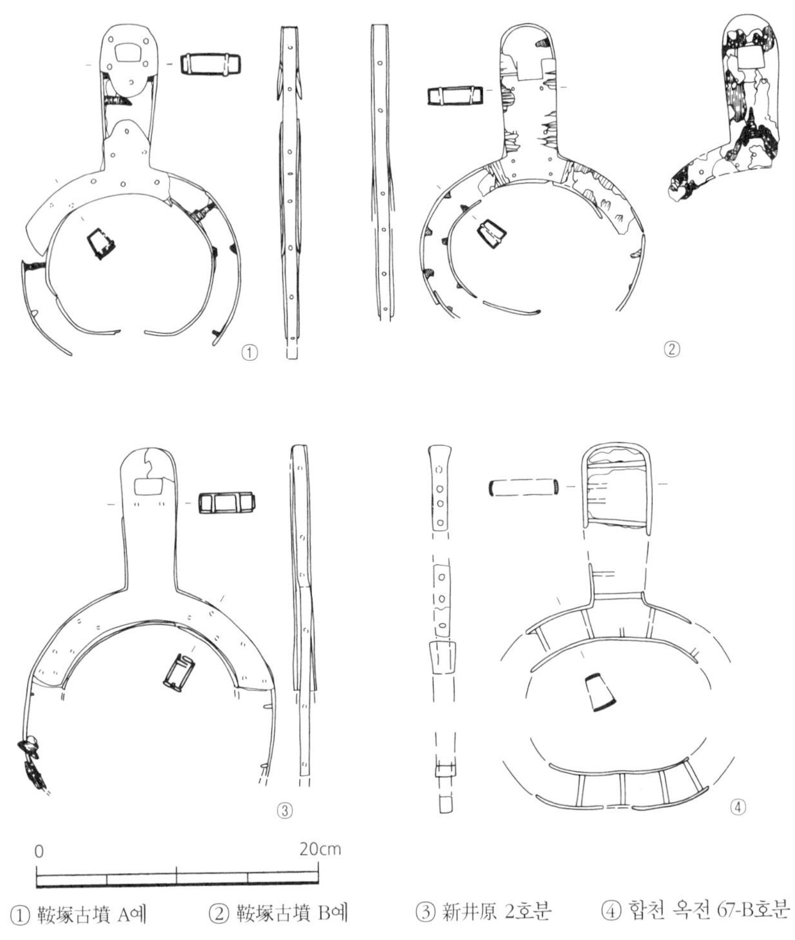

① 鞍塚古墳 A예　② 鞍塚古墳 B예　③ 新井原 2호분　④ 합천 옥전 67-B호분

〈도 16〉 a-②형식 제1type

도 철판을 덮은 것이다. 이 유례는 우리나라에서 다수 출토되어 부산·창녕·합천·고령·상주 등의 지역에 넓게 분포하고 있다.

두 번째는 측면철판이 부분적인 것, 즉 측면철판을 재단하여 덮은 것으로 이케지리(池尻) 2호분, 우와나베 5호분, 니자와(新澤) 221호분, 니자와

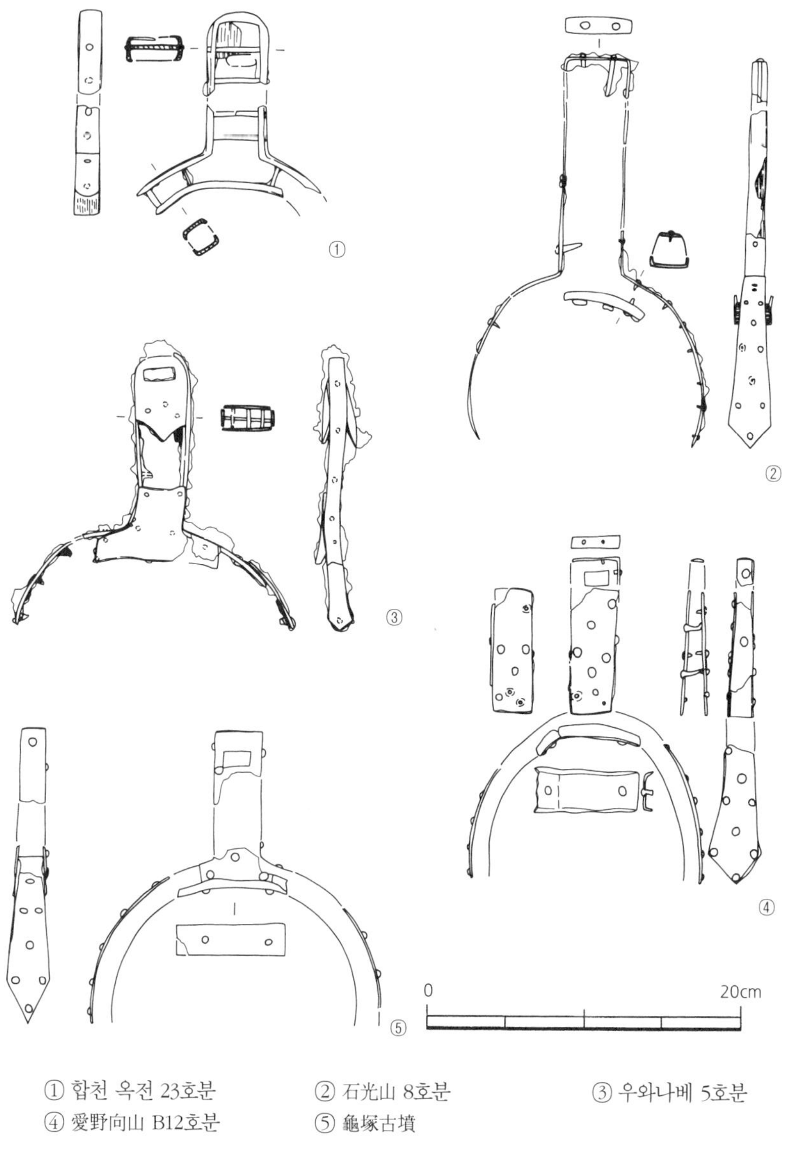

① 합천 옥전 23호분　② 石光山 8호분　③ 우와나베 5호분
④ 愛野向山 B12호분　⑤ 龜塚古墳

〈도 17〉 a-②형식 제2type

(新澤) 510호분, 셋코잔(石光山) 8호분, 후타고야마(二子山)고분 남분(南墳), 신카이(新開) 1호분 A예, 아이노무카이야마(愛野向山) B12호분, 카메즈카(龜塚)고분 등이 있다. 우리나라에서는 김해 양동리 78호분, 합천 옥전 23호분(도 17-①) 등에서 확인되고 있지만 이들은 전고(前稿 : 장윤정, 2001·2006)의 형식분류에서 대부분 제1기에 해당된다. 이미 지적한 것처럼 일본 출토 대부분의 예는 측면철판을 윤부 중간에서 삼각형으로 잘라 마무리한 것이 특징이다(도 17-②·③). 가장 대표적인 고세(御所)시(市) 셋코잔(石光山) 8호분 출토품을 자세하게 살펴보면 병두정부(柄頭頂部) 아래에 등단(鐙靼)이 통과하는 구멍을 만든 것처럼 철판에 재단면이 남아있다. 병부에서 윤부까지 박힌 못은 소형으로 세장하여 철판이 거의 장식일 가능성이 높다. 그리고 답수부에는 철판과 못으로 강화한 흔적은 발견할 수 없다.

이 외에 아이노무카이야마(愛野向山) B12호분, 카메즈카(龜塚)고분 등은 병부 상단부와 병부·윤부 접합부에 각각 전후면과 측면에 따로 철판을 덮고 있다(도 17-④·⑤). 이들 예를 제외하고는 측면에만 철판을 덮은 경우가 많다.

③ 철판 보강이 전체에 이르고 외장철판에 철봉을 사용하지 않은 것

우리나라에서는 경주·고령·청주 등의 지역에서 확인되고 있으나 일본에서는 후쿠이(福井)현(縣) 가미나카(上中)정(町) 니시즈카(西塚)고분의 한 예만 알려져 있다. 이것은 파손이 심해 파편 21점으로 보고되어 있을 뿐이다. 전체적으로 철판을 덮고 있다고 하나 파편 상태에서 그것을 정확하게 판단하기는 어려웠다. 우리나라 출토 예 중에서 양호한 상태의 것을 살펴보면 하나로 된 나무를 구부려 등자의 형태를 만든 후 병부 하단,

병부가 갈라지는 부분에 별도의 삼각형 쐐기를 끼워서 전체적으로 철판을 덮어 고정하였다. 경주의 천마총·식리총·금령총, 고령 지산동 44호분 주석실(主石室), 청주 신봉동 97-1호분 등에서 이 형식이 확인되고 있어 우리나라에서 주체적인 형식이라고 할 수 있을 것이다.

b. 답수부에 못이 있고 그 폭이 윤부 폭과 같은 것

① 철판 보강이 부분적이고 외장철판에 철봉을 사용한 것

우리나라에서는 합천·함안지역에 각각 한 예가 보이고 일본에서는 후쿠오카(福岡)현(縣) 호나미(穗波)정(町) 오바사니시(小正西)고분 출토품이 알려져 있다. 전체적으로 희소한 형식이다.

② 철판 보강이 부분적이고 외장철판에 철봉을 사용하지 않은 것

이 형식은 병부 전체와 윤상반부(輪上半部)까지 하나의 철판을 전후면에 덮고 병부와 윤부의 측면에도 철판을 덮었다. 우리나라에서는 부산 복천동 10호분, 합천 옥전 5호분·8호분·35호분·70호분, 고령 지산동 30호분, 공주 수촌리 II-1호분, 원주 법천리 1호분 등에서 확인되고 있다(도 18-②). 단면은 사각형 혹은 오각형을 띠고 있다. 그리고 일본에서는 후쿠오카(福岡)현(縣) 치쿠고(筑後)시(市) 주이오지(瑞王寺)고분(도 18-③), 시가(滋賀)현(縣) 릿토우(栗東)정(町) 신카이(新開) 1호분 B예(동쪽에서 출토된 것) 등 2예가 있다(도 18-①). 단면은 모두 사각형이다.

③ 철판 보강이 전체에 이르고 외장철판에 철봉을 사용한 것

우리나라에서는 합천지역에서 한 예가 보이고 일본에서는 확인되고 있지 않다. 전체적으로 희소한 형식이라고 할 수 있다.

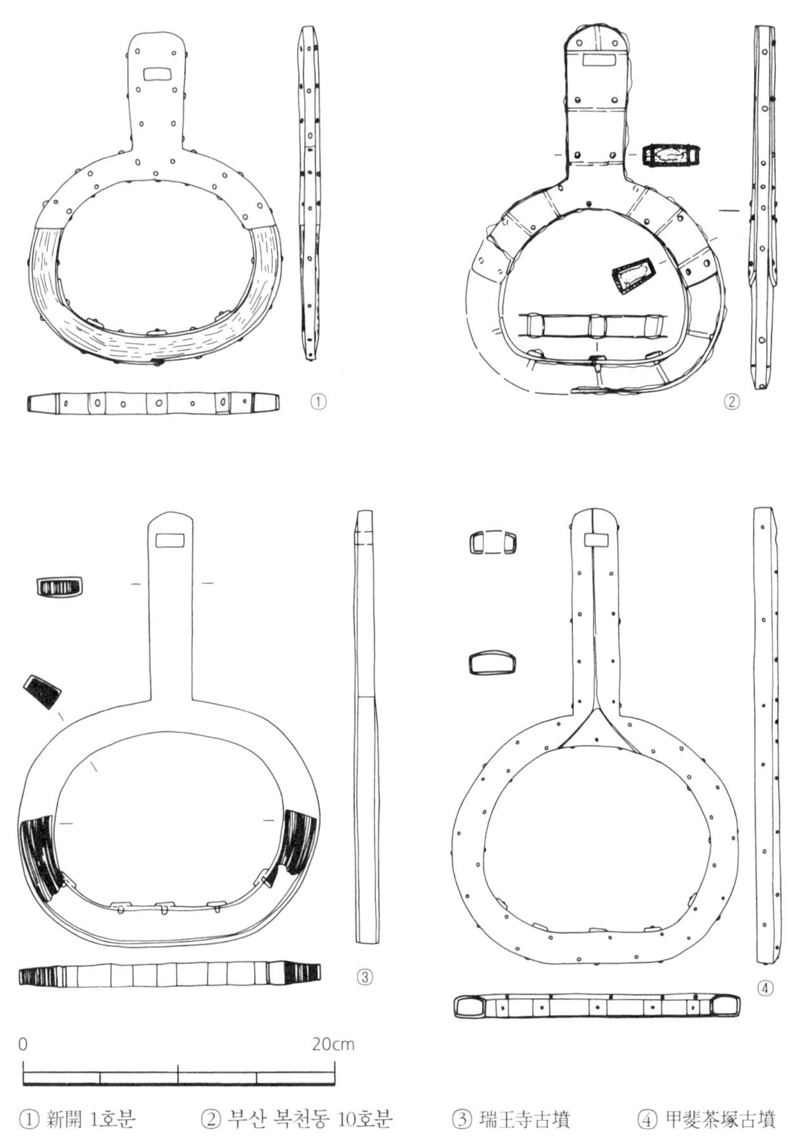

〈도 18〉 b형식

④ 철판 보강이 전체에 이르고 외장철판에 철봉을 사용하지 않은 것

우리나라에서는 경주를 중심으로 낙동강 이동(以東)지역에 집중하고 일본에서는 미야자키(宮崎)현(縣) 미야사키(宮崎)시(市) 시모키타카타(下北方) 5호 지하식횡혈묘(地下式横穴墓), 야마나시(山梨)현(縣) 히가시야츠로(東八代)군(郡) 나카미치(中道)정(町) 카이차우스즈카(甲斐茶塚)고분 등 2예가 알려져 있다(도 18-④). 이 가운데 카이차우스즈카(甲斐茶塚)고분의 예는 단면이 오각형을 띠고 있고 우리나라 유례는 합천 옥전 M1호분, 고령 지산동 32호분 등 낙동강 이서(以西)지역에 많으며 최근 공주 수촌리 II-4호분에서도 발견되었다. 그리고 시모키타카타(下北方) 5호 지하식횡혈묘 출토품은 단면이 사각형이고 우리나라에서는 경주를 중심으로 한 낙동강 이동(以東)지역 및 청주지역 등에서 확인되고 있다.

c. 답수부에 못이 있고 그 폭이 윤부보다 넓은 것

① 철판 보강이 부분적이고 외장철판에 철봉을 사용하지 않은 것

우리나라에서는 합천과 함양 등 낙동강 이서지역에서 보이지만 일본에서는 확인되지 않고 있다.

② 철판 보강이 전체에 이르고 외장철판에 철봉을 사용하지 않은 것

우리나라에서는 낙동강 이서지역에서 보인다. 일본에서는 오카야마(岡山)현(縣) 소자(總社)시(市) 주이안(隨庵)고분(도 19-②), 오사카(大阪)부(府) 후지데라(藤井寺)시(市) 나가모치야마(長持山)고분 B예, 교토(京都)부(府) 교토(京都)시(市) 마츠오코쿠즈카(松尾穀塚)고분, 아이치(愛知)현(縣) 나고야(名古屋)시(市) 시단미오오츠카(志段味大塚)고분, 기후(岐阜)현(縣) 가모(加茂)군(郡) 아토

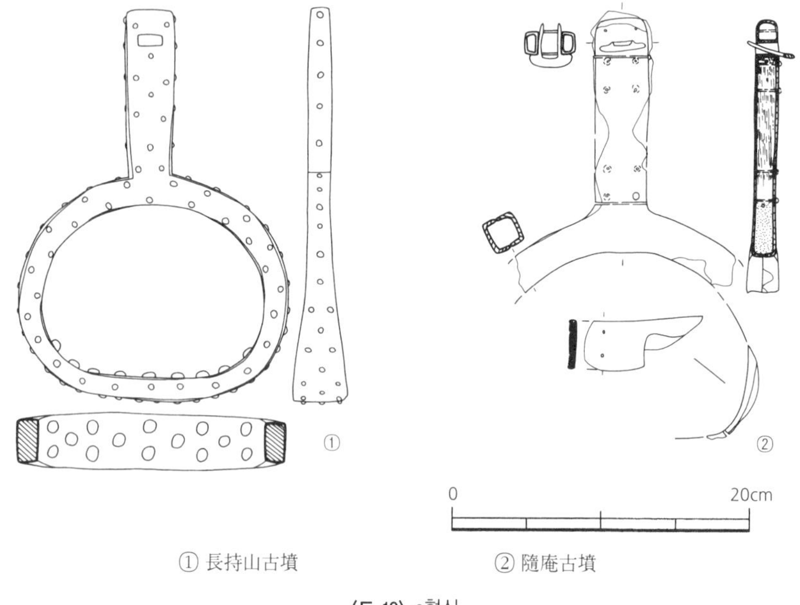

① 長持山古墳 ② 隨庵古墳

〈도 19〉 c형식

히라차우쓰즈카(後平茶臼塚)고분 등 5예가 확인되었다. 이 중에서 나가모치야마(長持山)고분 예는(도 19-①) 철판을 덮고 금동못을 사용하고 답수부에는 못 머리가 원형(圓形)인 것을 박았다. 우리나라 출토 예 중 합천 옥전 M3호분의 'A세트' 예와 흡사하다고 지적된 적이 있다(千賀久, 1994). 합천 옥전 M1호분에서도 유례가 확인되고 있다. 나가모치야마(長持山)고분 예와 옥전 M3호분·M1호분의 출토품을 자세하게 비교하면 먼저 철판은 전체적으로 덮었고 철판을 고정한 못은 M3호분의 경우 병부에 2열의 철못을, M1호분은 철지은장(鐵地銀裝)의 못을 2개/1개 교차되게 박았다. 답수부에 박은 못 형태는 M3호분 출토품은 사각형, M1호분의 것은 원형이다. 이러한 점에서 나가모치야마(長持山)고분 예는 옥전 M1호분 예와 매우 유사하다고 할 수 있을 것이다.

한편, 시단미오오츠카(志段味大塚)고분 출토품과 아토히라차우쓰즈카(後平茶臼塚)고분 예는 답수부의 폭과 못 배치 등에서 나가모치야마(長持山)고분 예와 유사하며 역시 합천 옥전 M3호분·M1호분 등과도 공통된다고 할 수 있다. 마츠오코쿠즈카(松尾穀塚)고분 예는 답수부의 폭이 넓고 2열의 원형못을 박았지만 잔존상태가 좋지 않아 확실하지 않다.

2) 철제윤등

철제윤등(鐵製輪鐙)은 목심윤등에 비해 튼튼하고 실용성이 높은 특징을 가지고 있다. 출토수가 많은 것에 비해 잔존상태가 그다지 좋지 않고, 부식이 진행되어 원형(原形)을 잃은 예도 있다. 또한 철제등자는 목심등자에 비해 형태의 변이가 적어서 이제까지는 그다지 주목을 받지 못하였다. 형식분류를 할 때에도 목심윤등과 같이 철판, 못 등의 요소를 사용할 수 없기 때문에 병부, 윤부, 답수부 등 각 부위의 형태와 폭에 주목하여 다음과 같이 형식을 설정하고자 한다.

d. 답수부가 윤부 폭과 동일한 것

① 병부 폭이 상하로 동일한 것

우리나라에서는 경주·대구·안동·합천·익산지역 등에 산재되어 있지만 일본에서는 도치기(栃木)현(縣) 가와치(河內)정(町) 오오츠카신덴(大塚新田)고분 한 예가 알려져 있다.

② 병부 상단부가 넓어진 것

우리나라에서는 경주·대구·합천지역에 분포되어 있으나 일본에서는 효고(兵庫)현(縣) 다츠노(龍野)시(市) 니시미야야마(西宮山)고분 한 예가 확인되었다.

e. 답수부가 윤부보다 넓은 것

① 병부 폭이 상하로 동일한 것

우리나라에서는 주로 경주지역에 집중하고 남원지역 등에도 보인다. 일본에서는 구마모토(熊本)현(縣) 다마나(玉名)시(市) 에다후나야마(江田船山)고분, 후쿠오카(福岡)현(縣) 무나카타(宗像)시(市) 우라타니(浦谷)고분군 C-5호분, 오카야마(岡山)현(縣) 구라시키(倉敷)시(市) 오보잔(王墓山)고분 등 서일본(西日本)에 분포하고 있다.

② 병부 상단부가 넓은 것

우리나라에서는 고성·양산·경주·대구·안동 등의 지역으로 넓은 범위로 분포하고 있다. 일본에서도 이 형식이 가장 많아 후쿠오카(福岡)현(縣) 치쿠죠(築上)군(郡) 우에노쿠마(上ノ熊) 1호분·가쓰야(粕屋)시(市) 와키타야마(脇田山)고분·가호(嘉穗)군(郡) 주묘우오오츠카(壽命大塚)고분, 오카야마(岡山)현(縣) 소자(總社)시(市) 미와야마(三輪山) 6호분·마니와(眞庭)군(郡) 요즈츠카(四ッ塚)고분, 나가노(長野)현(縣) 쓰와(諏訪)시(市) 고마루야마(小丸山)고분, 나라(奈良)현(縣) 사쿠라이(櫻井)시(市) 다마키야마(珠城山) 3호분, 도치기(栃木)현(縣) 사노(佐野)시(市) 고코(五箇)고분, 사이타마(埼玉)현(縣) 교다(行田)시(市) 쇼군츠카(將軍塚)고분 등의 예들이 알려져 있다.

3. 윤등의 시기구분

여기서는 시기적인 검토와 함께 우리나라 출토 등자와의 관련을 지적하여 보다 복잡한 지역적 특색의 전개를 추적하고자 한다.

우리나라의 시기구분은, 우선 답수부에 못을 가진 목심윤등의 출현 이전과 그 이후, 2기로 크게 나눌 수 있다. 그 중 답수부에 못이 없는 형식만 존재하는 단계를 제1기로, 답수부에 못을 가진 형식이 출현하는 단계를 제2기로 한다. 답수부에 못을 가진 것에는 b형식(踏受有鋲)과 c형식(踏受有鋲廣幅)이 존재한다. 우리나라에서 각각의 초현(初現) 예는, b형식인 답수부에 못을 가진 것으로는 합천 옥전 8호분과 부산 복천동 10호분에, C형식의 답수부 폭이 넓어지고 못을 가진 것에는 합천 옥전 20호분, 옥전 M1호분 등의 예가 있다. 이 답수유병 예와 답수유병 광폭의 예가 공존하는 합천 옥전고분군 안에서 선후관계를 보면 답수유병 예가 출토된 8호분이 20호분과 M1호분보다 이른 단계에 위치한다. 따라서 b형식(踏受有鋲)이 c형식(踏受有鋲廣幅)보다 선행한다고 할 수 있을 것이다. 그리고 제2기 이후는 목심윤등의 외장철판에 철봉을 사용하는 유례가 확인되지 않고 a-④형식이 나타나는 단계를 세분하여 제3기로 설정하고자 한다.

이것에 대해 일본 출토 목심윤등은 오노야마 세츠(小野山節)의 분류에 의해 크게 2단계로 나눌 수 있다. 우선 첫 번째는 고식(古式)이라는 시치칸(七觀)고분과 신카이(新開) 1호분을 포함하는 단계, 즉 답수부에 못이 없는 형식과 답수부에 못이 있는 형식이 동반하는 단계이다. 두 번째는 나가모치야마(長持山)고분 예 등의 신식(新式)이 속하는 단계로 답수유병광폭(踏受有鋲廣幅)의 형식이 확인된다. 그리고 전자는 행엽을 동반하지 않고 후자는 검릉형행엽(劍菱形杏葉)을 동반하는 경우가 많다.

우리나라·일본 양 지역의 상호관계를 생각할 때 일본에서는 우리나라의 답수부에 못이 없는 형식만 존재하는 단계가 존재하지 않고 있다. 그리고 답수부에 못을 가진 형식은 신카이(新開) 1호분부터 출토되고 있어 일본의 고식(古式)단계는 우리나라의 제2기에 해당된다고 할 수 있다. 우리나라의 제3기에 확인되지 않는 외장(外裝)에 철봉을 사용하는 예는 일본에서 본래부터 희소한 유례이기 때문에 비교하기 어렵다. 그래서 다른 요소를 보면 일본의 신식단계인 나가모치야마(長持山)고분에서는 검릉형행엽과 함께 f자형 판상(板狀) 재갈멈추개가 출토되었다. 이러한 조합, 즉 답수유병광폭의 목심윤등, 검릉형행엽과 f자형 판상(板狀) 재갈멈추개의 조합은 우리나라에서 제3기의 합천 옥전 M3호분에서 확인되고 있다. 일본의 신식단계는 우리나라의 제3기와 병행하는 것으로 생각할 수 있다.

이상과 같이 대략적인 병행관계를 형태변화가 비교적 명확한 철촉에서 살펴보면 구라즈카(鞍塚)고분단계에는 단경촉(短頸鏃)의 경부는 신장화(伸長化)가 진행되어 경부 길이가 5㎝를 넘는 장경촉(長頸鏃)의 중간 형태인 것이 출토되었다(鈴木一有, 2003). 스에키 편년의 TK73형식기에 해당된다. 또한 다나카 신사쿠(田中晋作)의 철촉분류에 의하면 구라즈카(鞍塚)고분은 유엽형(柳葉形) 철촉을 중심으로 무경·유경식 철촉이 대형화하고 시치칸(七觀)고분과 같은 단계로 보고 있다(田中晋作, 1991). 그리고 갑주 형태에서 구라즈카(鞍塚)고분, 시치칸(七觀)고분, 노나카(野中)고분과 함께 신카이(新開) 1호분이 같은 시기에 해당된다.

한편, 나가모치야마(長持山)고분 단계의 장경촉에는 양인(兩刃)과 편인(片刃)이 있는데 갑주 출토고분에는 독립편역사(獨立片逆刺) 철촉을 포함한 3종류의 장경촉이 많이 확인되고 있다(鈴木一有, 2003). 새로운 양상을 나타내는 못으로 고정한 갑주, 찰갑과 함께 f자형 판상(板狀) 재갈멈추개, 내만타원형(內灣楕圓形) 판상(板狀) 재갈멈추개, 검릉형행엽 등 신식 마구를 동반하는 사례가 많다. 이것을 바탕으로 나가모치야마(長持山)고분 이후 즉, 스에키형식 TK208형식기 단계 이후~TK47형식기까지를 제3기로 한다. 이러한 3기 구분에 따라 각 형식의 추이를 자세하게 살펴보고자 한다.[31]

4. 윤등의 지역적 특색

표 2를 바탕으로 각 형식의 지역적 분포 변화를 살펴보고자 한다(도 20). 제2기에는 a-②, 즉 답수부에 못이 없고 철판을 부분적으로 덮은 형식을 철판 재단에 따라 두 그룹으로 나눌 수 있다. 첫 번째는 측면 전체를 철판으로 덮은 것은 긴키(近畿)지방과 중부지방에서 확인되고 있다. 이러한 예는 우리나라에서 부산·창녕·합천·고령·상주 등 많은 지역에 넓게 분포하고 있다.

두 번째는 측면 철판이 부분적인 것으로 측면 철판을 재단해서 덮은

31 연구자에 따라 일본 스에키 편년에는 차이가 있으며, 본고에서는 한국과 일본의 실연대(實年代) 비교보다 고분의 상대적 위치에 중점을 두고자 한다(장윤정, 2005).

표 2 목심윤등의 시간적인 변천

답수부	철판	철봉	제1기	제2기	제3기
못이 없음	부분	없음		七觀古墳 鞍塚古墳 新開1 號墳A例 우와나베(ウワナベ) 5號墳	池尻2號墳 長持山古墳A例 石光山8號墳 宇治市二子山古墳 南墳 愛野向山B12號墳 龜塚古墳
	전체	없음			西塚古墳
못이 있고 윤부와 동일한 폭	부분	없음		新開1號墳B例 瑞王寺古墳	
	전체	없음			下北方5號 地下式橫穴墓 甲斐茶塚古墳
못이 있고 폭이 넓음	전체	없음			隨庵古墳 長持山古墳B例 松尾穀塚古墳 志段味大塚古墳

것이다. 이것은 긴키(近畿)지방이 중심을 이루고 우리나라에서는 김해·합천지역 등에서 확인되고 있지만 이 단계보다 이른 제1기의 예들이 대부분이다. 이 가운데 우리나라에서는 외장 철판에 철봉을 사용한 것이 많다고 서술하였으나 김해·합천지역에서는 철봉을 사용한 예가 지금까지 발견되고 있지 않아 일본과 공통되고 있다. 이러한 점에서도 일본 초기 등자가 이들 지역과 관계를 가졌다는 것은 의심의 여지가 없다.

그러나 시치칸(七觀)고분의 출토 예와 같이 금동제 대금구(帶金具)와 갑주(甲冑)가 세트를 이루는 것, 안금구(鞍金具)와 재갈 세트에 있어서 완전히 똑같은 조합을 가진 예가 우리나라에서 확인되고 있지 않다. 이렇게 우리나라 사례에서 보면 변칙적인 모든 부품의 조합은 다카하시 가츠히사(高

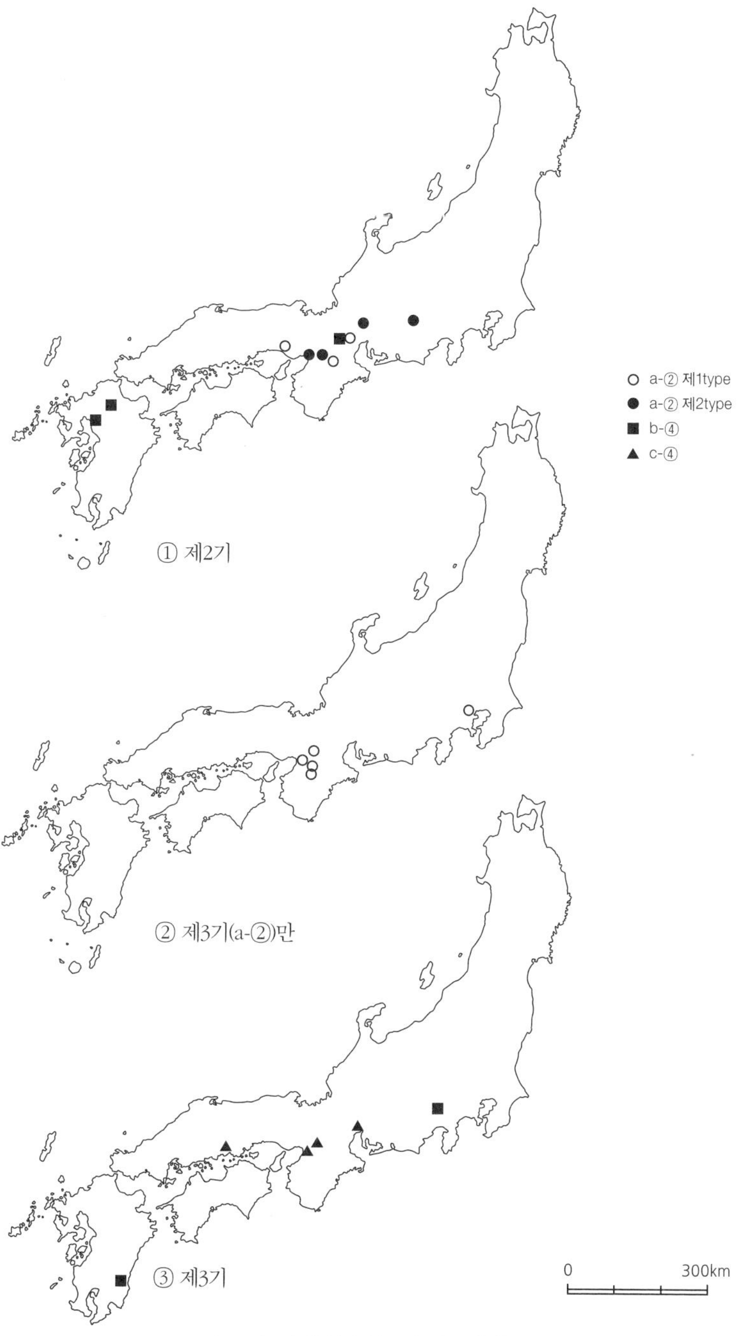

〈도 20〉 각 형식의 분포변천(木心輪鐙)

橋克壽)가 지적한 것과 같이 그 입수처가 일정하지 않을 뿐만 아니라 하나의 루트를 통해 곧바로 들어오지 않았을 가능성이 높다(高橋克壽, 1997).

일본 초기마구가 도입되는 배경에는 김해·합천지역 혹은 상주지역과의 관계를 축으로 하면서 우리나라 특정지역과의 일원적(一元的)인 관계로 단순화할 수 없는 복잡한 양상을 띠고 있는 것을 엿볼 수 있다. 그리고 측면을 철판으로 덮은 것은 우리나라 제1기에 보이지만 제2기에는 거의 확인되고 있지 않아 우리나라를 시원(始原)으로 하더라도 이 시기부터 일본, 특히 긴키(近畿)지방에서 생산을 시작했을 가능성도 있다.

한편, b-④ 즉, 답수부에 못이 있고 윤부와 같은 폭이며 전체를 철판으로 덮은 형식은 현재 긴키(近畿)지방에서 발견되고 있지 않으며 호쿠부규슈(北部九州)와 중부지방에 점재하고 있다(도 20-①). 우리나라에서는 상술한 것과 같이 b-④형식은 창녕·경주·합천·고령·공주·원주 등의 지역에서 출토되어 넓은 분포권을 나타내고 있지만 단면형태에 따라 크게 두 가지로 나눌 수 있다. 단면이 오각형인 것은 낙동강 이서지역과 백제지역에서, 단면이 사각형의 것은 낙동강 이동지역에서 출토되는 경우가 많다. 따라서 일본에서 출토된 2개 예는 단면형태가 오각형에 가까워서 낙동강 이서지역, 혹은 백제지역과의 관련이 생각된다.

철제윤등의 경우는 후쿠오카(福岡)현(縣) 무나카타(宗像)시(市) 구바라이치구(久原1區) 1호분, 나가노(長野)현(縣) 나가노(長野)시(市) 이이즈나샤(飯綱社)고분 등의 예가 알려져 있다. 그 중 이이즈나샤(飯綱社)고분 출토품은 오노야마 세츠(小野山節)의 목심윤등 분류에 의하면 고식(古式)요소인 병부가 비교적 굵고 짧으며 두정부(頭頂部)가 둥근 특징을 나타내고 있다. 이 철제윤등은 목심윤등, 안금구(鞍金具), 사행상철기(蛇行狀鐵器) 등을 동반하고 있다. 목심윤등은 극히 일부밖에 남아있지 않기 때문에 형식분류가 어렵다. 가자마 에이이지(風間榮一)에 의하면 동반하는 철족군(鐵鏃群)은 TK73 형식기를 상한으로, ON46~TK208형식기를 하한으로 한다(風間榮一, 2003).

제3기가 되면 목심윤등의 다양한 형식이 등장하여 우리나라 여러 지역과의 복잡한 관계가 생각되는 많은 예가 일본에서 넓은 범위로 확인된다(도 20-③).

우리나라에서는 a-②형식 즉, 답수부에 못이 없고 철판을 부분적으로 덮은 형식이 전단계에 비해 감소한다. 일본에서는 전단계부터 보이는 a-②형식은 철판 덮는 방식에 따라 몇 개의 타입으로 나눌 수 있지만 측면철판이 부분적인 것은 전단계에 이어 긴키(近畿)지방을 중심으로 분포한다. 먼저 제1타입은 측면 전체를 철판으로 덮은 것으로 이 단계에는 그다지 확인되고 있지 않다. 이들 2종류의 분포상황을 보면 제2기에는 제1타입이 긴키(近畿)지방과 중부지방에서 출토되고 있어 김해·부산·상주 등 모든 지역과의 관계를 엿볼 수 있는 것에 대해 제3기에는 제1타입이 없어지고 전단계에 김해·합천지역과의 관계를 추정할 수 있는 제2타입만 긴키(近畿)지방을 중심으로 중부지방에서 확인되고 있다.[32]

b-④ 즉, 답수부에 못이 있으며 윤부와 같은 폭이고 전체를 철판으로 덮은 형식은 전단계에 이어 긴키(近畿)지방에서는 그 존재가 알려져 있지 않고 규슈(九州) 남부지방에서 한 점만이 출토되었다. 전단계의 예 즉,

32 우리나라에서는 고성 송학동 1C호분 출토품이 알려져 있다.

〈도 21〉 철제윤등(鐵製輪鐙)과 목심호등(木心壺鐙)의 분포상황

카이차우스츠카(甲斐茶塚)고분 예는 낙동강 이서지역을 중심으로 분포하는 형태이고 이 단계의 시모키타카타(下北方) 5호 지하식횡혈묘 예는 경주를 중심으로 한 낙동강 이동 및 청주지역 등에서 확인되고 있다. 우리나

라·일본 양 지역에서 주목할 만한 분포양상을 보이는 형식이다.

또한 이 단계가 되면 c-④ 즉, 답수부의 폭이 넓고 못을 가진 것으로 철판을 전면(全面)에 덮은 형식이 긴키(近畿)시방을 중심으로 중국(中國)시방·중부지방에 보인다. 우리나라에서는 합천을 중심으로 고령 등 낙동강 이서지역에서 출토되고 있다.

한편, 이 단계에는 목심윤등 이외의 종류 즉, 목심호등(木心壺鐙), 철제윤등(鐵製輪鐙) 등이 다수 공존하고 있다(도 21).

5. 윤등으로 본 일본의 마구 제작집단

이상과 같은 사실을 정리하면 윤등의 각 형식에 의해 혹은 하나의 형식 중에서도 타입에 의해 우리나라와 일본에서 분포상황이 다르게 나타나고 있다. 그 배경으로 생각되는 지역적 특색에 대해 고찰하고자 한다.

먼저 우리나라·일본 양 지역의 등자에 보이는 커다란 특색을 목심윤등(木心輪鐙)을 중심으로 정리하면 다음과 같다. 답수부에 못이 없는 모든 형식(a형식)의 경우, 우리나라에서는 외장(外裝)보강에 철봉을 이용하는 형식(a-①)이 많이 확인되고 있는 것에 비해 일본에서는 그 예가 알려져 있지 않다. 그리고 우리나라에서는 철판을 전면(全面)에 덮은 형식(a-④)이 많지만 일본에서는 그 예가 희소하다. 이러한 철판·철봉·못의 유무는 내부 목심(木心)의 형태차이를 반영하고 있을 가능성이 추정된다. 즉, 철판·철봉을 사용하는 최대의 이유는 장식적인 효과도 생각되지만 철판 혹은 철봉, 못을 이용하여 내부의 목심을 보다 확실하게 고정하는 기능적인 면에 중점을 두고 있다고 해도 과언은 아니다. 바꾸어 말하면 외장(外裝)으로 철을 많이 사용하는 목심윤등은 내부 목심 자체만으로는 불안정하고 강도도 충분하지 않다는 것을 암시하고 있다. 그것은 철봉을 사용하고 있는 윤등의 목심 내외면에 철판을 덮은 후 못으로 고정한 예가 대부분인 것에서도 알 수 있을 것이다. 즉, 목심 자체의 강도부족을 철판과 못, 철봉으로 보강하였다고 할 수 있다. 이러한 경향이 강한 것이 우리나라에서 많이 출토되고 일본에서는 적은 것을 먼저 지적할 수 있다.

앞에서 서술한 것과 같이 우리나라에서는 철판과 못, 철봉을 많이 사용하여 목심 자체의 강도부족을 보충하는 것이 많은 것에 비해 일본에서는 적다는 것에 대해 구체적으로 살펴보고자 한다.

보통 '목심윤등'이라는 것은 하나로 된 나무를 윤등(輪鐙)의 형태로 구부려 나무의 양끝을 모아서 병부를 만들고 양끝이 모아져 병부와 윤부의 접합을 이루는 부분의 틈에 삼각형으로 자른 쐐기를 끼워 보충한 뒤 이러한 나무형태를 고정하기 위해 철판을 덮은 등자이다(增田精一, 1971). 이 경우 나무의 양끝을 모은 상태를 고정하기 위해 최소한의 철판이 필요한 부분은 병부 상단부의 측면, 병부·윤부의 접합부 내외면 등으로 철판보강이 적은 모든 형식에 있어서도 최소한 그 부분에는 철판이 사용되고 있다.

일본에서 가장 많고 특징적인 형식이라고 할 수 있는 a-②형식도 그 부분에 철판이 이용되고 있지만 전술한 것과 같이 그 덮는 방식은 2가지 타입으로 나눌 수 있다. 먼저 제1타입은 어느 것이나 모두 측면 철판은 병부와 윤부를 전주(全周)하는 것에 대해 제2타입은 바깥쪽 측면의 철판이 윤부 중간에서 재단(裁斷)되어 부분적으로 덮었다. 이 타입은 종래에 구조가 간단하고 일본 내에 유례가 한정되어 일본에서 제작된 제품으로 생각되었고 기술 수준이 낮아 형태적으로 간소화된 것으로 평가되어 왔나(千賀久, 1998a). 현 단계에서 제2기에 확인되는 이 타입은 상술한 것과 같이 윤부 중간까지 철판을 사용하고 있지만 제3기가 되면 바깥쪽 측면 철판이 병부 상단부까지만 덮은 것도 나타난다. 물론 병부·윤부 접합부의 내측면(內側面) 철판은 그대로 존재한다. 이 타입과 같이 병부 상단부, 병부·윤부 접합부의 측면에 철판을 사용하고 있는 경우, 통상적으로 보이는 윤등 형태를 띠는 목심(木心)이라면 병부 상단부, 병부·윤부 접합부 전후면에 철판을 덮은 것에 비해 명확하게 강도부족으로 사용하기 어려울 것이다. 그리고 측면 철판도 얇고 못도 얇은 것이 많아 전체적으로 철판보강이 빈약한 편이다. 이것은 이 타입의 목심윤등이 철에 의한 보강이 아니더라도 목심만으로 혹은 가죽 등의 유기질이 더해지는 정도에서 필요한 강도를 얻을 수 있었던 것을 시사하고 있는 것은 아닐까. 즉, 철판과 못, 철봉을 많이 사용하는 우리나라와는 달리 일본에서는 목심윤등을 제작할 때 철판, 못, 철봉에 의한 보강을 최소한으로 하였던 것으로 추정된다. 못이 얇고 가는 것 등까지 포함해서 생각하면 철의 기능은 내부의 목심을 강하게 고정하는 실질적인 기능보다는 표면적 혹은 장식적인 의미가 보다 강했던 것으로 생각된다. 그렇다고 한다면 앞에서부터 문제시된 a-②형식의 제2타입에 보이는 윤부 측면 철판을 중간에서 삼각형으로 잘라 마무리한 것까지 포함해서 말 위에서 발이 등자에 걸쳐 있을 때, 땅에 서서 그 기승자를 옆에서 바라보았을 때 시각적 효과를 겨냥한 장식적인 의미를 가졌을지도 모른다.

또한 주류를 이루는 a-②형식을 포함해서 답수부에 철판과 못 보강을 하지 않은 형식의 것이 대다수를 차지하는 것에도 주목할 필요가 있다. 답수부의 철판과 못은 목심윤등의 강도를 높이기도 하지만 그것이 없다 하더라도 등자로서의 역할은 할 수 있기 때문이다. 답수부의 못과 철판이 장식적이라고 단정하지 않더라도 우리나라에서는 병부와 윤부 전후면(前後面)에 덮는 철판형태가 변하는 것에 관계없이 답수부에 철판과 못이 보강되는 방향으로 목심윤등의 전체적인 경향이 변화하는 것과는 대조적이다.

그리고 목심윤등과 함께 다른 형식의 등자, 즉 철제윤등과 목심호등의 수가 증가하는 것에 주목하고 싶다. 우선 철제윤등을 보면 형식에 상관없이 일본에서의 분포는 호쿠부규슈(北部九州)에 편중되어 있고 그 다음은 칸토(關東)지방이다(도 21-②). 그리고 선학들이 지적한 것과 같이 긴키(近畿)지방에는 출토수가 매우 적은 상태이다(佐藤敬美, 1983). 이것은 철보다 나무에 더 큰 비중을 두고 있는 a-②형식 제2타입에 보이는 긴키(近畿)지방의 독자적인 지향성과 관련지을 수 있을 것이다.

한편, 국자형(杓子形) 목심호등(木心壺鐙)은 목심윤등과 관계있다고 치가 히사시(千賀久)가 지적하고 있다(千賀久, 1988b). 대표적인 예로서 후지노키(藤ノ木)고분 출토 등자를 들 수 있다. 이것은 목심윤등과 같은 형태로 목심을 구부려서 만든 후 금동판을 덮고 있다. 금동판은 병부 전체를 3면과 병부 상단부 1면에 사용하고 있다. 그 중에서 병부 전후면(前後面) 일부분을 늘려서 구흉금구(鳩胸金具)를 만들었다. 호(壺) 부분은 우선 외측면 전체에 철판을 덮고 있지만 이 철판과 목심 사이에는 가죽이 있어 목심을 감싸고 있는 구조로 되어 있다. 그리고 내측면 부분에는 철판이 남아있지 않다.

국자형 목심호능은 약 15예 정도 알려져 있고 그 가운데 7예가 긴키(近畿)지역에 분포하고 있다. 이렇게 긴키(近畿)지역에 국자형 목심호등이 집중하고 있는 분포상황에서 전단계까지의 목심윤등의 제작기술이 연결되었을 가능성이 있는 것으로 생각된다.

이상과 같이 철제윤등과 목심호등의 분포상황을 합쳐서 생각해보면 일본 고분시대 출토 등자의 지역적 특색은 다음과 같이 정리할 수 있다.

우선 긴키(近畿)지방에서는 제2기가 되면 김해·합천 등의 지역과의 관계를 축으로 한 루트로부터 우리나라에서 제품도입을 계속해오면서 우리나라의 목심윤등에 비해 철에 의한 보강이 적은 목심윤등을, 제3기 이후에는 그것과 기술상 관련이 있는 국자형 목심호등을 생산하는 한편 철제윤등은 전혀 받아들이지 않고 있다. 구조적으로는 나무를 중시하고 철을 장식적·표면적으로 사용하는 고유의 지향(志向)에서 생겨난 현상을 엿볼 수 있다.

이것에 대해 호쿠부규슈(北部九州)·중부·관동 등의 다른 지역에서는 긴키(近畿)지방에서 생산되었을 가능성이 높은 제품은 그다지 보이지 않고 우리나라 경주지역 등을 포함한 긴키(近畿)지방과는 다른 루트를 통해 우리나라 제지역(諸地域)과 관계를 가지면서 독자적으로 제품을 도입했던 것으로 생각된다. 혹은, 의도적으로 긴키(近畿)지방의 지향과는 다른 것을 입수하려는 움직임이 있었는지도 모른다.

이렇게 일본 고분시대 당시 등자의 도입과 생산에 대해서 긴키(近畿)지방이 반드시 중심적 혹은 주도적인 역할을 했다고는 생각하기 어렵다. 목심의 강도를 중시한 목심윤등과 목심호등의 생산이 가장 일찍이 시작되었다는 점에서는 선진적이었다고 해도 그것으로 일본 전역(全域)에 걸친 등자의 생산·공급의 핵이 되었다고는 할 수 없는 것에 주목해야만 할 것이다. 그리고 제품 도입을 위한 우리나라 각 지역과의 교류에 대해서도 긴키(近畿)지방이 반드시 독점적인 주도권을 가졌던 것이 아니라 각 지역이 서로 독자적인 교류를 행하고 있었던 것으로도 추정할 수 있다.

|맺음말|

여기서는 청주 신봉동 92-60호분 목심윤등의 속성 중 윤부 중간부분에서 바깥쪽 측면의 철판을 삼각형으로 자른 점에 주목하여 그 유례가 다수 알려진 일본의 목심윤등에 대해 살펴보았다.

먼저 일본 고분시대 출토 목심윤등의 형식분류를 시도하고 그 시기적인 추이와 분포를 검토하였다. 그리고 그 작업을 통해 우리나라·일본의 상호간과 각각의 지역적 특색을 지적하였다. 또한 등자라는 도구에 대한 독자적인 지향성의 형성과 각 지역 간의 복잡한 교류관계가 나타내는 상황을 명확하게 하고자 하였다.

이번은 등자라는 마구의 한 부품을 대상으로 하였으며 우리나라·일본 양 지역 마구문화의 실태와 그 사회적 배경의 전체를 파악하기 위해서는 앞으로 마구 전체에 대한 종합적인 검토를 필요로 한다는 것은 말할 것도 없다.

제3장

재갈로 본 동아시아

제1절 우리나라 삼국시대 재갈의 지역적 특색

—특히 입문용금구(立聞用金具)를 중심으로—

| 머리말 |

재갈은 기수(騎手)의 의지를 전달한다고 하는 면에서 마구 중에서도 가장 중요한 기능을 가진 부품이다. 그 구성요소는 말 입안에 넣어 물리는 함(銜), 함의 양단(兩端)과 고삐 사이에는 인수(引手), 그리고 함 양단에 끼워 그것의 탈락을 방지하고 동시에 면계(面繫)와 연결되는 재갈멈추개 등이 있다. 이들은 마구의 각 요소 중에서 가장 기본적인 기능을 가진 중요한 부분으로 실제 기능적인 면에서는 이것만으로 승마가 가능하다.

재갈은 주로 재갈멈추개의 형태에 따라 크게 표비(鑣轡)와 경판부비(鏡板付轡)로 나눌 수 있다. 우선 표비는 함 양단에 환(環)을 만들어 함 외환(外環)에 S자형 등의 봉상(棒狀)의 부품을 삽입한 것이다(鈴木治, 1958). 이 봉상의 부품을 '표(鑣)'라고 한다. 표는 보통 유기질제(骨製, 角製, 木製 등)이지만 청동과 철 등으로 만들어진 금속제도 있다(도 22, 다만 표가 유기질제인 경우 잔존해 있지 않아 도면에서는 잘 나타나지 않는다). 그리고 경판부비(鏡板付轡)는 재갈멈추개가 판상(板狀)인 것과 환상(環狀)인 것으로 크게 나눌 수 있다. 또

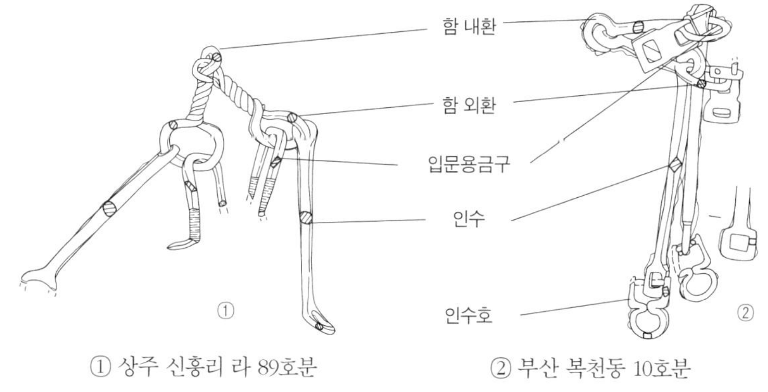

① 상주 신흥리 라 89호분　　② 부산 복천동 10호분

〈도 22〉 표비의 부분명칭

한 판상의 재갈멈추개는 그 외형과 의장(意匠)에 따라 몇 개의 형식으로 나누어지며, 형태의 다양성 때문에 많은 연구가 이루어지고 있다.

여기서는 재갈의 부품 중에서도 이제까지 거의 연구가 진행되지 않은 입문용금구(立聞用金具)의 형태에 착목(着目)하여 그것을 중심으로 종래 재갈의 분류와 편년연구를 재고하면서 지역적 특색에 대한 새로운 지적을 행하여 우리나라 마구(馬具)의 계통과 확산의 실태(實態)를 찾는 단서로 하고자 한다.

1. 연구사

재갈에 대한 고고학적 연구에서 초기단계의 업적으로 김기웅(金基雄)의 논고에 주목할 만하다. 김기웅은 우리나라 각지의 재갈을 검토하여 고구려는 세장(細長)한 봉상(棒狀), S자봉상, 소환상(素環狀) 등 3형식이고 신라와 가야는 판상(板狀)과 환상(環狀)으로 2형식(김기웅, 1972), 백제는 환상표마함(環狀鑣馬銜)과 S자형 표마함 등 2형식으로 설정하였다(김기웅, 1985). 그리고 이들 각 형식을 재정리하여 봉형(棒形)·S자형 표마함, 원환표마함(圓環鑣馬銜), 알마함(鑢馬銜) 등 3대형식(大形式)으로 분류하였다(김기웅, 1987). 그 중 현재 재갈멈추개가 보이지 않는 '봉형·S자형 표마함'은 잔존하는 교구형(鉸具形) 금구와 U자형 금구에서 본래는 나무 혹은 녹각 등 유기질로 만들어져 함 외환에 삽입된 봉형·S자형 등의 재갈멈추개가 있었다고 추정하였다.

이 연구를 바탕으로 김두철(金斗喆)은 재갈의 구조적·기능적 측면에 중점을 둔 새로운 분류안을 제시하고 '표비(鑣轡)', '판비(板轡)', '환판비(環板轡)', '원환비(圓環轡)' 등 4형식으로 분류하였다(김두철, 1991). 그 중 표비는 김기웅의 봉형(棒形)·S자형 표마함과 원환표마함Ⅰ·Ⅱ형식, 그리고 김기웅의 원환표마함Ⅰ형식과 알마함은 판비, 원환표마함Ⅱ형식은 환판비와 원환비에 각각 해당된다. 이 연구는 특히 재갈의 기능에 착안한 것으로 재갈멈추개와 인수(引手)의 형태, 함과 재갈멈추개 및 인수의 연결방법에 주목한 점 등에서 높이 평가받을 수 있다.

한편 이상률(李尙律)은 영남지방의 삼한시대 표비를 대상으로 특히 함과 표(鑣)의 결합구조에 주목하고 그 계통을 밝히기 위해 철제 표비의 제작기법을 고찰하였다(이상률, 1996). 그 결과 영남지방에서 삼한시대의 표비는 한식(漢式) 표비보다도 전국식(戰國式) 표비에 가까운 것이고 대략 기원전 1세기 이후 중국 동북지방에서 우리나라 북부지방을 경유하여 남부지방에 영향을 끼쳤다는 도식(圖式)을 추정하고 있다.

이상과 같이 재갈 연구는 그 분류와 편년이라는 측면에서 보면 거의 대부분이 재갈멈추개의 외형(外形)에 주목하고 있다고 할 수 있을 것이다. 결과적으로 현재 재갈멈추개가 남아있지 않은 표비에 대해서는 단지 실용성이 높다는 지적이 있을 뿐 본격적인 분류와 편년 작업이 이루어졌다고는 말하기 어려운 상태이다. 그러나 표비는 지금까지 출토된 재갈 중 과반수이상을 점유하고 있을 정도로 개체수가 많고 또 이른 시기부터 출현하고 있기 때문에 그 작업 결과에 따라 마구연구에 커다란 전진을 가져다 줄 것으로 생각된다.

보통 판상(板狀)의 재갈멈추개에 비해 장식성이 적은 표비는 그 자체만으로 순수하게 기술적인 측면의 계통관계를 보다 확실하게 끌어낼 수 있는 적합한 재료가 된다. 또한 표비는 새로운 정보에 의한 표면적인 모방보다는 신체에서 신체로의 정보전달(情報傳達)을 주체로 한 부분이, 형태에 의한 것보다 더 큰 비중을 차지하고 있다고 생각된다. 그렇기 때문에 이 표비의 분석을 통해 공인(工人) 상호간의 계통과 영향 관계를 좀더 선명하게 그려낼 수 있을 것이다.

다만, 표비는 본체에 해당되는 표(鑣) 자체의 형태를 분류와 편년의 대상으로 삼아야 함에도 불구하고 유기질제가 많기 때문에 부식되어 남아있지 않은 것이 일반적이다. 또 금속제인 경우에도 의장성(意匠性)이 약한 것이 많고 협의의 판상(板狀) 재갈멈추개처럼 외형에 근거를 둔 상세한 형식분류도 어려운 게 사실이다. 그런 와중에 잔존하는 것이 입문용금구(立聞用金具)이다.[33] 이 입문용금구는 재갈멈추개에 해당되는 유기질제 표(鑣)와

33 입문용금구라는 용어는 김두철이 사용하고 있다(李蘭暎・金斗喆, 1999)

면계(面繫)의 가죽끈을 연결시켜주는 기능을 가진 부품으로 재갈멈추개의 입문(立聞)에 해당하는 것이다(도 22 참조). 그것은 한쪽에서 면계의 가죽끈을 통과시키거나 고정시키고 또 다른 한쪽에서 함 외환에 걸쳐 유기질제 표에 고착(固着)된다. 이러한 입문용금구는 기수의 의지와 말의 움직임이 교착(交錯)하는 3가지 부위(함, 표, 면계)를 연결한다. 기능상으로 매우 중요한 부품이고 기능상의 역할과 기술의 계통이 가장 여실히 반영되는 요소라고 해도 과언이 아니다. 여기서는 먼저 입문용금구의 형식을 바탕으로 한 표비를 분류하여 시기적인 흐름을 살펴보고자 한다.

2. 표비의 형식분류

이토 아키오(伊藤秋男)가 우리나라 출토 표비의 검토를 통해서 유기질제 표(鑣)를 함 외환에 끼워 넣고 그것을 U자형 혹은 쌍각형(雙脚形)의 금구로 고정시킨 것이 존재한다고 지적하였는데(伊藤秋男, 1974). 이 금구가 입문용금구이다. 또 치가 히사시(千賀久)는 입문용금구를 분류하고 그 중에서 이토 아키오(伊藤秋男)가 최초로 지적한 Ω형 혹은 U자형을 a식이라 하고, 상반부가 판상(板狀)이고 방형의 구멍을 가진 것을 b식이라고 하였다. 그리고 후자는 재갈멈추개의 입문(立聞)과 상통하는 금구이고 연대적으로 a식보다 늦게 출현한다고 하였다(千賀久, 1988). 한편, 김두철은 입문용금구를 크게 4형식으로 분류하였다(이난영·김두철, 1999, pp.99~100)(도 23). 즉, 장방형 구멍이 뚫린 방형판(方形板)과 2각(脚)의 교침부(鉸針部)가 결합된 것(1), U자형 금구의 끝이 내측이나 외측으로 꺾인 것(2), 교구형(3), 기

A-1	A-2	A-3	A-3
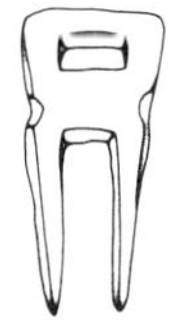		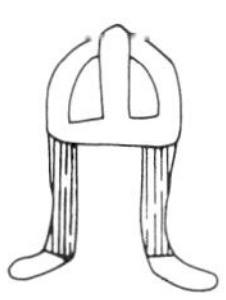	기타

〈도 23〉 입문용금구 분류(이난영·김두철, 1999)

판상(板狀)		봉상(棒狀)	
병류식(鋲留式)	괘류식(掛留式)	괘류식(掛留式)	교구식(鉸具式)
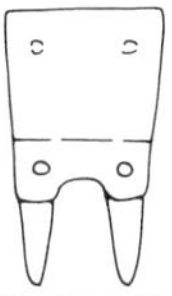	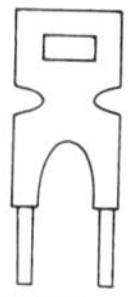	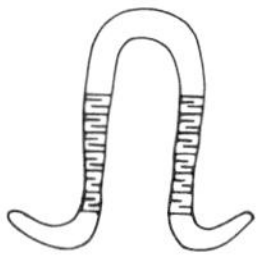	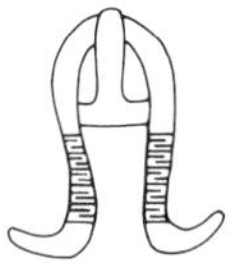

〈도 24〉 입문용금구 분류

타(4) 등이 그것이다. 김두철은 출토수가 적어 이것을 편년 요소로 사용하기는 어렵다고 하였지만 그 후 출토수가 증가하여 편년과 지역적 특색을 분석하는 재료로서 유효하다고 기대할 수 있는 단계에 이르렀다.

그 작업의 전제로 김두철의 분류를 참고하면서 전체 형태에 근거하여 입문용금구를 크게 판상(板狀)과 봉상(捧狀)으로 분류하였다. 그것을 다시 면계(面繫)의 가죽끈이 착장되는 방법에 근거하여 각각 2개씩 세분하여 4개의 형식으로 나누었다(도 24·25). 다음에 그 4분류안을 제시하고 각각의 형태와 기능에 대해 설명하고자 한다.

▸ 전체의 형태가 판상(板狀)을 이루는 것

– 가죽끈을 못으로 고정한 것: 판상병류식(板狀鋲留式)

– 가죽끈을 구멍에 걸친 다음 고정한 것: 판상괘류식(板狀掛留式)

▸ 전체의 형태가 봉상(棒狀)을 이루는 것

– 가죽끈을 굴곡부에 걸쳐 고정한 것: 봉상괘류식(棒狀掛留式)

– 가죽끈을 교구로 고정한 것: 봉상교구식(棒狀鉸具式)

a. **판상병류식**(板狀鋲留式)

철판 상반부가 장방형 혹은 방형을 이루고 하반부는 쌍각상(雙脚狀)으로 되어 있는 형태이다. 그 중에 장방형의 상반부는 면계의 가죽끈을 대고 못으로 박고 하반부는 함 외환에 걸친 후 유기질제 표에 꽂아 고정하기 위한 교침(鉸針)이다.

b. **판상괘류식**(板狀掛留式)

앞의 판상병류식과 같은 형태를 하고 있지만 상반부의 장방형 부분에 구멍이 있고 그것에 면계의 가죽끈을 통과시켜 고정한다. 그리고 이 형식 중에는 각부(脚部) 중간에 횡판(橫板)을 걸친 예도 있다.[34]

c. **봉상괘류식**(棒狀掛留式)

하나의 철봉을 Ω형으로 구부려 양 하단부를 함 외환에 걸쳐 유기질

34 부산 복천동 10호분, 청주 신봉동 74호분 출토품 등이 있다.

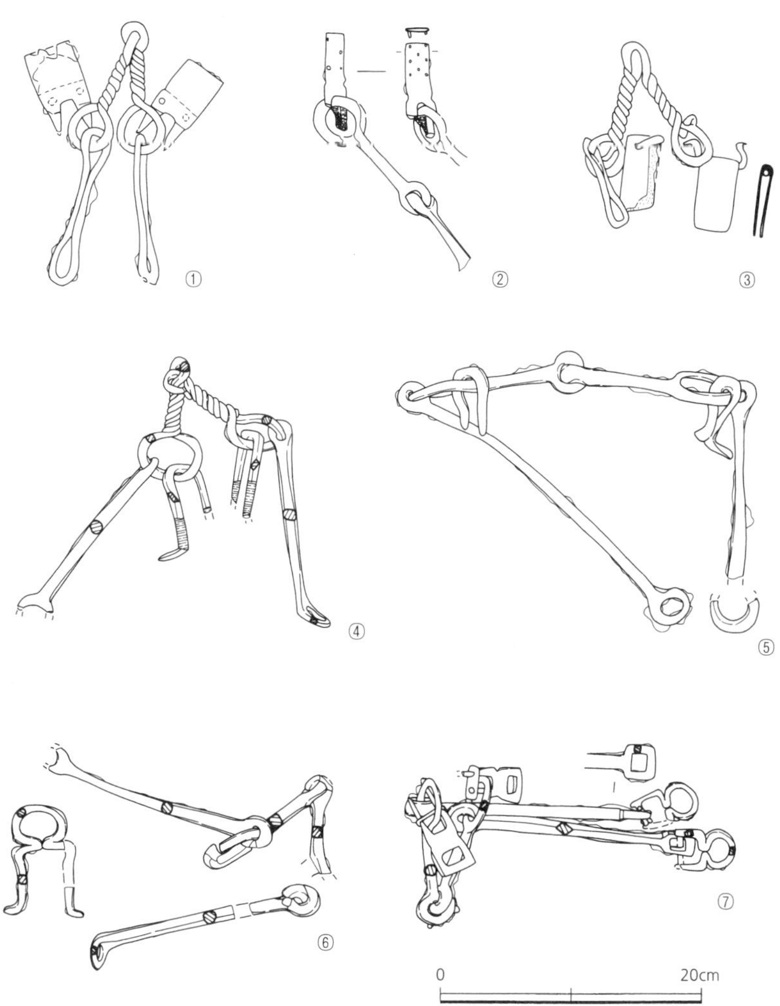

①·② 판상병류식(부산 복천동 69호분, 청주 신봉동 80호분)
③ 봉상괘류식 a류(부산 복천동 71호분)
④·⑤ 봉상괘류식 b류(상주 신흥리 라89호분·가28호분)
⑥ 봉상괘류식 c류(상주 신흥리 라28호분)
⑦ 판상괘류식(부산 복천동 10호분)

〈도 25〉 입문용금구의 종류

제 표에 꽂아 고착하고 중앙 굴곡부에 면계의 가죽끈을 통과시킨 것이다.[35] 이것은 면계의 가죽끈을 걸치는 방식에 따라 3가지 유형으로 구분할 수 있다. 첫 번째는 철봉 중앙 굴곡부에 면계의 가죽끈을 걸쳐 구부린 철판에 끼운 것으로[36] a류로 한다. 두 번째는 일반적인 Ω형이고 b류로 한다. 세 번째는 철봉 중앙 굴곡부를 이중(二重)으로 해서 안쪽에 고리를 만들고 그 고리에 면계의 가죽끈을 걸친 것으로 c류로 한다.

d. **봉상교구식**(棒狀鉸具式)

봉상괘류식(棒狀掛留式)의 Ω형 안에 침(T자형의 부품)을 걸쳐 교구형태로 한 것이다. 이 교구에 의해 면계의 가죽끈을 고정한다.

이 외에도 상기의 분류에 해당되지 않는 변칙적인 예가 보이지만 각각 현 상태에서 개체수가 적기 때문에 여기에서는 형식설정을 따로 하지 않고자 한다.

---

35 안교(鞍橋)의 부속구인 교구와 비슷하지만 남아있는 목질(木質) 흔적의 방향을 참고하면 입문용금구의 목질흔 방향은 금구의 장축에 대해 가로로 되었다(직교하고 있다). 이것에 대해 안교의 금구는 세로로 되어 있다. 상주 신흥리 고분군에서는 재갈과 함께 출토된 예가 8점이고 모두 목질흔이 금구의 장축에 직교하고 있기 때문에 입문용금구가 확실하다. 그 외에도 출토상황으로부터 입문용금구로 생각되는 좋은 예가 5점이 있고 모두 목질흔이 금구의 장축에 직교하고 있다. 그리고 목질흔이 남아있지 않은 예도 있다.

36 현재 부산 복천동 71호분 출토 예가 하나 있다. 가죽끈의 선단(先端)과 철봉의 양 하단부가 표(鑣)에 연결되어 있는가에 대해서는 불확실하다.

3. 표비의 편년

1) 각 형식 내의 변천과정

다음은 위에서 설정한 각 형식에 대해 형식 내부의 세부적인 차이를 추출하여 그 시간적인 변화를 생각해 보고자 한다.

a. 판상병류식(板狀鋲留式)

현재 3예가 알려져 있다. 그 중 부산 복천동 69호분 출토 예를 보면 장방형 판부(板部)와 교침부(鉸針部)가 일체로 만들어져 있고 면계의 가죽끈을 장방형 판부 밑에 두고 못으로 고정하였다.[37] 남은 2예는 청주 신봉동 A지구 4호분·80호분 출토품이 있다. 이것은 복천동 69호분에 비해 전체 비율이 길고 장방형 판부와 쌍각부(雙脚部)의 경계 양쪽에 홈을 파서 구분하였다.

복천동 69호분 출토 예와 신봉동 A지구 4호분·80호분 출토품의 동반유물을 비교하면 전자는 종장판혁철주(縱長板革綴冑), 철제 종장판단갑(縱長板短甲),[38] 노형토기 등이고 후자 두 개는 전체를 철판으로 덮은 목심윤

37 길이가 다른 장방형 판상(板狀) 철판 2장을 이용하여 그 철판 사이에 가죽끈을 끼운다. 그 중에 장방형 상반부는 가죽으로 기우고 하부는 못으로 고정하였던 것 같다(故 송계현 선생님의 교시). 2장의 철판 중 1장은 장방형이고 또 다른 1장은 장방형 판부(板部)에 교침부(鉸針部)가 달린 형태이다. 교침부에 남아있는 목질로 함 외환에 이 금구를 고정할 때 목재가 이용되었다고 생각된다.

38 종장판단갑(縱長板短甲)은 몽고발형주(蒙古鉢形冑)와 함께 4세기대에 주류를 이루고 부산 복천동 10호분 출토품 이래로 생산되지 않는다는 해석이 있다(신경철, 1997).

등과 회청색 경질토기 등이 확인되었다. 따라서 복천동 69호분 쪽이 다른 2예보다 이른 단계에 위치한다고 생각된다. 이는 각각에 동반되는 토기 편년으로부터도 입증이 된다.[39] 복천동 69호분 출토품을 이른 단계의 것으로 추정한다면 출토 예는 적지만, 이 형식은 늦은 단계로 갈수록 전체적으로 길이가 길어지고 판부(板部)와 쌍각(雙脚) 부분이 홈으로 명확하게 구분되는 변화가 생길 가능성이 높다.

b. **판상괘류식**(板狀掛留式)

판부에 뚫린 장방형 구멍을 보면 형태가 세장(細長)한 것과 폭이 넓은 것이 있다. 이 점에 주목하여 변화의 방향을 살펴보고자 한다. 먼저 구멍의 가로 길이를 X축, 세로 폭을 Y축으로 한 그래프를 보면(도 26), 두 개의 그룹 즉, 길이와 폭의 비율이 4:3 전후로 비교적 폭이 넓은 장방형의 것과, 비율이 3:1로 세장한 것으로 나눌 수 있다. 그리고 이들 구멍의 형태와 그것이 뚫려진 장방형 판상(板狀)의 외형과의 관계를 보기 위해서 판상의 세로 폭을 세로축으로, 길이를 가로축으로 한 그래프를 작성하여 구멍형태와의 상호관계를 살펴보면(도 27), 판상의 외형에도 길이와 폭의 비율이 1:1 전후의 정방형에 가까운 폭넓은 장방형의 것과 5:3 전후의 비교적 세장한 것이 있다는 것을 알 수 있다. 그리고 구멍형태가 비교적 폭이 넓은 것(도 27 중에서 ●)은 외형도 폭이 넓고, 세장한 것(○)은 외형 역시 세

39 신경철에 의하면 복천동 69호분은 4세기 제2사분기(신경철, 1997), 또 안재호는 복천동 69호분을 4세기 중엽으로 설정하고 있다(안재호, 1997).

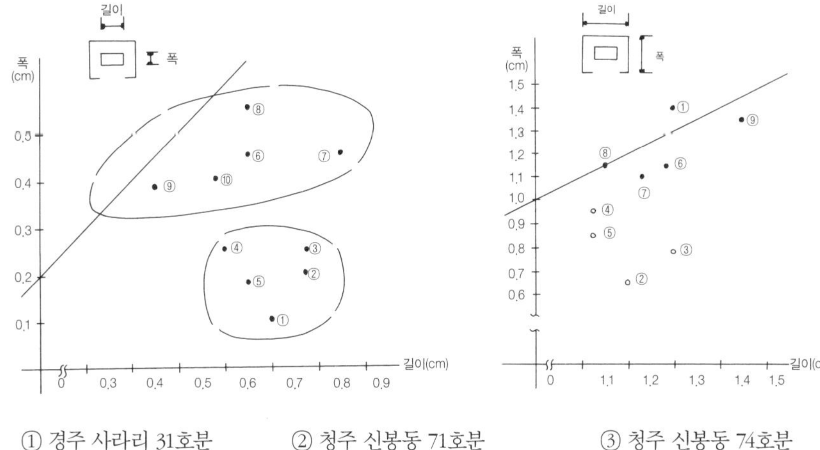

① 경주 사라리 31호분　② 청주 신봉동 71호분　③ 청주 신봉동 74호분
④ 청주 신봉동 97-1호분　⑤ 청주 신봉동 83년 채집품　⑥ 상주 신흥리 라28호분
⑦ 청주 신봉동 66호분　⑧ 부산 복천동 10호분　⑨·⑩ 창녕 교동 3호분

〈도 26〉 현수공(懸垂孔)의 폭　〈도 27〉 현수공 면계(面繫)의 폭

장한 것을 볼 수 있다.

이 형식에 있어서 구멍의 형태는 면계의 가죽끈 두께와 관계가 있을 가능성도 추정할 수 있다.[40] 그러나 현시점에서는 구멍형태가 세장한 것에서 폭이 넓은 것으로 변화해갔는지 아니면 그 반대인지 단정지을 수 없다. 따라서 각 형식이 출토된 고분의 동반유물을 검토하여 변화의 방향을 추정하고자 한다.

세장한 구멍이 출토된 고분은 경주 사라리 31호분, 청주 신봉동 71호분·74호분·97-1호분 등이 있다. 그리고 폭넓은 구멍이 출토된 고분에는

40 면계의 가죽끈을 중간금구(鉤金具)에 해당하는 철판에 못으로 고정한 다음 이 중간금구(鉤金具)가 장방형 혹은 방형의 구멍에 걸쳐진 예도 있다.

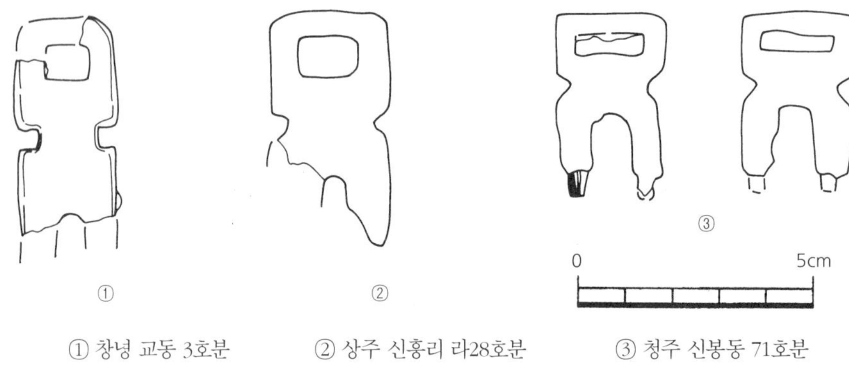

① 창녕 교동 3호분　② 상주 신흥리 라28호분　③ 청주 신봉동 71호분

〈도 28〉 판상괘류식의 유형

부산 복천동 10호분, 창녕 교동 3호분, 청주 신봉동 66호분, 상주 신흥리 라28호분 등이 있다. 이들 중 세장한 구멍이 출토된 청주 신봉동 97-1호분과 폭넓은 구멍이 출토된 부산 복천동 10호분에서 각각 출토된 목심윤등(木心輪鐙)을 비교하면, 철판을 전체적으로 덮은 전자가 약간 늦은 단계에 속한다(장윤정, 2001). 그리고 세장한 것이 출토된 경주 사라리 31호분에서 동반되는 토기가 폭넓은 것이 출토된 부산 복천동 10호분보다 늦은 형식이 확인된다(영남문화재연구원, 1999). 이렇게 폭넓은 것에 동반되는 유물이 보다 이른 단계에 속하는 것을 알 수 있다. 그러나 하나의 고분군 중 가장 많은 자료가 발견된 청주 신봉동고분군은 성정용의 편년에 의하면 세장한 것이 출토된 71호분, 97-1호분과 폭넓은 것이 출토된 66호분이 같은 단계로 설정되어 있어 두 형식의 시기 차이는 인정되지 않는다(성정용, 1998). 이러한 점에서 출현은 폭넓은 것이 빠를 가능성은 높지만 세장한 것이 나타나면서 양자(兩者)가 공존하였던 것으로 생각하는 것이 타당할 것이

다. 그리고 그것이 시기적인 차이보다는 오히려 지역적인 차이를 반영할 가능성도 있지만 그것에 대해서는 앞으로 자세하게 검토하고자 한다.

c. 봉상괘류식(棒狀掛留式)

앞에서 a류, b류, c류로 나누었지만 그 분류 안에서도 전체적인 비율과 굴곡부의 길이 및 크기에 차이가 보인다. 먼저 a류는 덮어씌운 철판을 제외한 봉상(棒狀) 부분을 보면 거의 U자상으로 굴곡된 형태이고 크기도 작고 가늘다. b류도 U자상으로 구부리고 있고 크기는 작은 것에서부터 큰 것까지 다양하다. c류는 U자상의 중앙에 이중(二重) 굴곡을 만들어 가장 복잡한 형태를 취하고 크기는 모두 크다. 즉, a류, b류, c류의 순으로 형태는 복잡화되고 크기는 대형화하는 것을 엿볼 수 있다. 이 복잡화와 대형화가 시간적인 변천의 순서로서 타당한지에 대해서 확인하고자 한다.

먼저 a류는 최고식(最古式)의 판상병류식(板狀鋲留式)이 출토된 부산 복천동 69호분보다 약간 늦은 단계로 보이는 71호분에서 확인되었다. 토기 형식에서도 이른 단계에 위치할 가능성이 높다.

다음 b류는 앞에서 서술한 것과 같이 대형과 소형이 있고 자세한 검토가 필요하지만 실제 사용할 때의 크기를 고려하여 표(鑣)에 남아있는 유기질 흔적을 대상으로 한다.[41] 중앙 굴곡부의 길이, 즉, 함 외환에 걸치

41 여기서는 언급하지 않았지만 경주 황남동 109호분 4곽 출토품에도 목질(木質) 흔적이 남아 있다(齋藤忠, 1937). 그리고 목질 흔적이 남아있지 않은 것은 상주 신흥리 가28호분·가29호분·가30호분, 합천 옥전 42호분 등이 있다. 이 외에도 청주 신봉동 3호분·72호분·채집품, 경주 사라리 33호분 등이 있다.

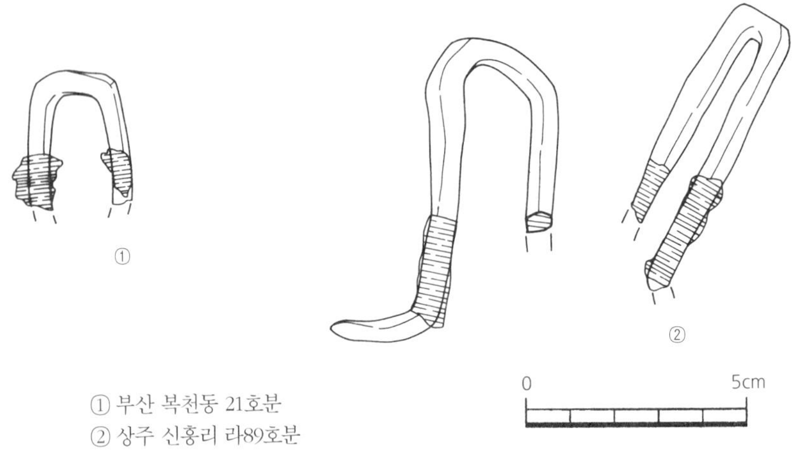

〈도 29〉 봉상괘류식의 유형

는 부분(유기질 흔적이 부착된 부분 바로 앞까지)의 길이를 기준으로 짧은 것에서 긴 것 순서로 나열하면 두 개의 그룹으로 나눌 수 있다. 짧은 것(2.1㎝ 미만)에는 (가)부산 복천동 21호분, 김해 대성동 11호분 등의 예가 있고 길이가 긴 것(2.1㎝ 이상)에는 (나)상주 신흥리 다7호분·라89호분, 대구 비산동 37호분 제1석곽·제2석곽 등이 있다. 이들 중에 (가)그룹의 김해 대성동 11호분은 목곽묘이고 방패(防牌), 청동제 호형대구(虎形帶鉤), 통형동기(筒形銅器), 괘갑(掛甲), 회청색 경질토기 등이 출토되었다. (나)그룹의 상주 신흥리 다7호분과 라89호분은 석곽묘이고 회청색 경질토기가 주류를 이룬다. 또 대구 비산동 37호분 제1석곽·제2석곽에서는 회청색 경질토기와 삼엽문(三葉文) 환두대도, 철제윤등(鐵製輪鐙), 행엽 등이 동반되고 있다.

이상과 같이 두 그룹의 동반유물을 보면 (가)의 것이 이른 단계에 속한다. 따라서 b류는 (가)→(나)의 순서로, 즉, 중앙 굴곡부의 길이가 짧은 것에서 긴 것으로 변화해가는 것을 추정할 수 있다. 여기서는 (가)그룹을 고식(古式), (나)그룹을 신식(新式)으로 한다.

이렇게 b류가 소형에서 대형으로의 변화해가는 것은 봉상괘류식 전체적인 흐름이 대형화되어 간다는 앞의 가정을 지지하고 있는 듯하다. 그리고 대형품이 많고 형태가 가장 복잡한 c류를 보면 경주 월성로 가1호분에서 철제윤등 중에서도 늦은 형태로 생각되는 답수부가 3조로 나누어진 것이 출토되어 동반유물도 c류가 가장 신식임을 알 수 있다. 이러한 봉상괘류식은 a류→ b류→ c류 순서로 변천한다고 생각할 수 있다.

d. 봉상교구식(棒狀鉸具式)

현재 경주 황오리 14호분, 대구 내당동 55호분 등 2예가 알려져 있어 형식의 순서를 정하기는 어렵다. 다만 경주 황오리 14호분에서는 목심윤등의 답수부에 못이 있고 병부와 윤부 전체를 철판으로 덮은 것이, 대구 내당동 55호분에서는 철제윤등이 확인되고 있어 입문용금구 전체 존속기간 중에서 그다지 이른 단계에는 포함되지 않을 것으로 생각된다.

2) 형식 상호간의 시간적 관계

이상에서 검토한 각 형식 내부의 신고(新古) 순서를 바탕으로 4형식 전체의 시간적 관계에 대해서 생각하고 표비(鑣轡)의 편년체계를 제시하고자 한다.

먼저 복수의 형식이 동반하는 예를 살펴보면 현재 상주 신흥리 라28호분에서 봉상괘류식과 판상괘류식이 출토하는 1예만 있다. 그렇기 때문

표 3 입문용금구의 편년

	판상병류식	봉상괘류식			판상괘류식	봉상교구식
		a류	b류	c류		
제1기	부산 복천동 69호분	부산 복천동 71호분	부산 복천동 21호분, 경주 황남동 109호분 4곽, 김해 대성동 11호분			
제2기	청주 신봉동 A지구 4호분·80호분		청주 신봉동 8호분, 상주 신흥리 다7호분·라89호분, 대구 비산동 37-1호분·37-2호분, 경산 임당 E16호분		합천 옥전 8호분, 부산 복천동 10호분, 청주 신봉동 71호분·74호분·97-1호분, 청원 주성리 2호 토광묘, 창녕 교동 3호분	경주 황오리 14호분
제3기			상주 신흥리 라111호분	상주 신흥리 라20호분·28호분, 경주 월성로 가1호분	상주 신흥리 라28호분, 청주 신봉동 B지구 1호분, 함평 신덕고분	대구 내당동 55호분

에 복수 형식이 동반하는 예만으로 형식 간의 시간적 관계를 판단하는 것은 어렵다. 그래서 다른 동반유물과 토기에 근거를 둔 고분의 상대편년을 이용해서 각 형식 간의 관계를 정리한 것이 표 3이다.

이 시기구분은 이제까지 사용한 것과 같지만 자세하게 설명하면 제1기는 철제 종장판단갑(縱長板短甲)·종장판혁철주(縱長板革綴胄, 부산 복천동 69호분), 종세장판혁철주(縱細長板革綴胄)·요갑(腰甲, 부산 복천동 21호분), 방패·청동제 호형대구·통형동기(김해 대성동 11호분) 및 복천동 21호분의 철촉은 경부가 아직 세장화(細長化)되지 않은 것으로 대략 4세기대~5세기 초두로 거슬러 올라간다.

형식 / 시기	판상병류식	봉상괘류식			판상괘류식	봉상교구식
		a류	b류	c류		
제1기	①	②	③			
제2기	④		⑤		⑥	⑦
제3기				⑧		

① 부산 복천동 69호분　② 부산 복천동 71호분　③ 부산 복천동 21호분
④ 청주 신봉동 A지구 4호분　⑤ 상주 신흥리 라89호분　⑥ 부산 복천동 10호분
⑦ 경주 황오리 14호분　⑧ 상주 신흥리 라28호분

〈도 30〉 입문용금구의 편년

제2기는 부산 복천동고분군과 합천 옥전고분군에서 보면 종세장판혁철주, 목심윤등은 답수부에 못이 있고 철판을 부분적으로 보강한 것(합천 옥전 8호분, 부산 복천동 10호분), 철제 종장판단갑, 마주(馬冑, 부산 복천동 10

호분), 그리고 부산 복천동 10호분의 철촉은 경부가 세장화된 것으로 5세기 전반~중엽에 해당될 것이다.

제3기는 장식부(裝飾付) 대도(大刀)와 마구가 성행한 시기로 5세기 후반 이후로 생각된다.

한편, 이들과는 별도로 고분군마다 매장시설의 구조, 부장품, 토기 등으로 축조순서를 추정할 수 있는 예도 있다. 경주지역 적석목곽묘의 경우, 최병현은 묘곽(墓槨)과 토기, 이식(耳飾) 등의 검토를 통해 황남동 109호분 3·4곽, 황남동 110호분, 황오리 14호분 1·2곽→황남대총 남분→황남대총 북분→금관총, 천마총, 식리총, 은령총이라는 축조순서를 추정하고 있다(최병현, 1992). 이러한 최병현의 신라고분 편년안을 필자의 입문용금구 편년안과 비교하면 표 3에서는 제1기에 황남동 109호분 4곽, 제2기에 황오리 14호분을 두고 있기 때문에 모순은 없다고 생각된다.

그리고 부산 복천동고분군에 대해서 신경철은 69호분→71호분→21·22호분→10·11호분이라는 순서로 생각하고 있어 위에서 필자는 69호분·71호분·21호분을 제1기로, 10호분을 제2기로 하고 있어 이것도 적합하다고 할 수 있다.

4. 표비의 변천과 지역적 특색

1) 표비의 전개과정

표 3을 바탕으로 지역적 특색에도 시야를 넓혀 우리나라에서 표비의 전개과정을 추적하고자 한다.

● 입문용금구 출현 전단계(도 31-①)

우리나라에서 유기질제 표비(입문용금구) 이외에 청동제 혹은 철제표비가 출토되고 있어 그 분포를 보면 이제까지 보고된 자료에 한정되어 있지만 김해·창원 등의 지역과 낙동강 이동(以東)지역에 집중하고 부산지역에서는 아직 그 예가 발견되지 않아 지역적 편중이 보인다.

이들이 존재하는 시기에 대해서는 동반유물의 검토 및 중국의 예와 비교하면 3세기대 이전의 삼한시대로 거슬러 올라가는 것으로 추정되고 있다(이상률, 1996). 즉, 여기서 다루고 있는 유기질제 표비보다는 이른 단계일 가능성이 높은 것이 대부분이다. 따라서 우리나라 남부지역에서는 유기질제 표비를 사용하기 이전에 이들 금속제 표비가 다용(多用)되던 단계가 있었던 것으로 추정된다.

다만 그 일부는 유기질제 표비와 공존하였을 가능성도 있다.[42] 예를 들면 청동제 표비인 경주 내남면 탑리 출토품은 철봉을 꼬아서 만든 2연식(連式)의 함 외환에 끝이 생선꼬리처럼 생긴 S자형 봉상(棒狀)의 표(鑣)를 넣은 다음 U자형의 판금구(板金具)를 꽂아 함 외환에 고정한 것이다. U자형 판금구의 상단은 결실된 듯하고 본래는 여기에 장방형 구멍이 있어 입문(立聞)으로 사용되었던 것으로 생각된다(伊藤秋男, 1974). 이 예는 시기를 판단할 동반유물이 없기 때문에 정확하게 선후관계를 말하기는 어

42 신경철은 김해 대성동고분군과 부산 복천동고분군을 중심으로 한 토기 편년을 기초로 마구 편년안을 작성하였다. 그 중에는 표(鑣)가 금속제인 것과 유기질제인 것이 공존하고 있다. 그러나 신경철은 표의 재질과 입문용금구 형태 등의 차이보다 2조 인수(引手)의 형태에 주목하여 선비(鮮卑)와의 관련성을 강조하였다(신경철, 1994).

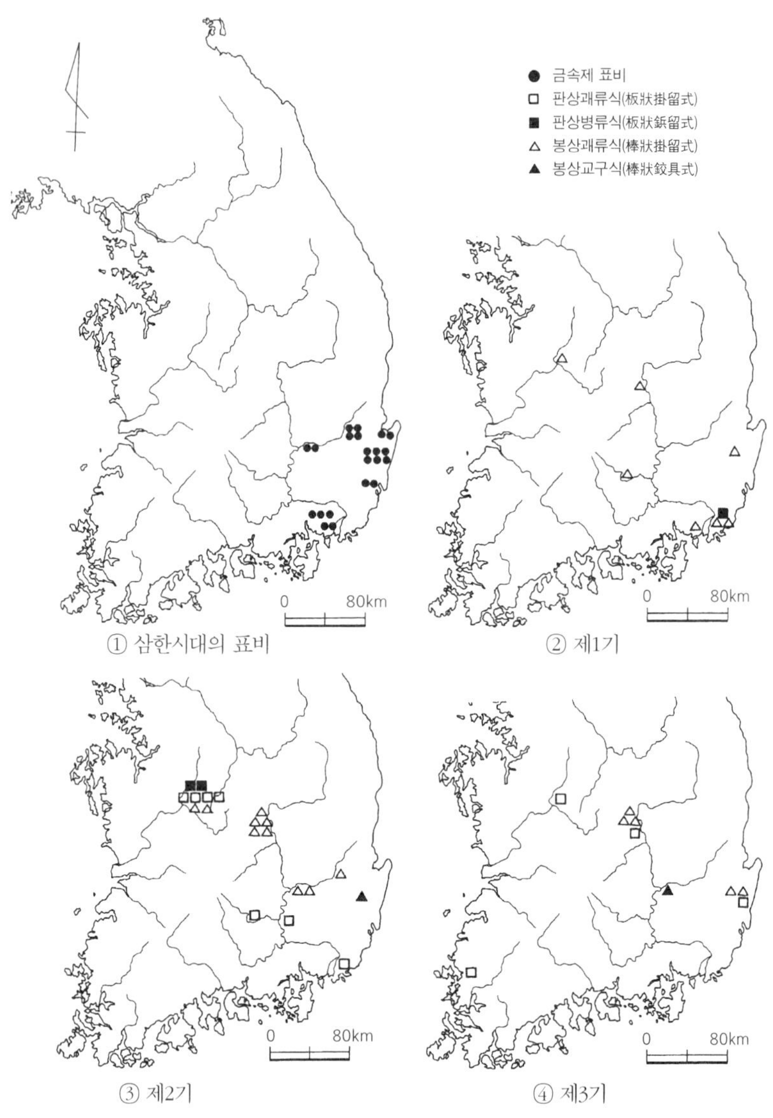

〈도 31〉 입문용금구의 분포와 변천

렵지만 입문의 형태와 함 외환에 별도의 환(環)을 삽입시키고 있는 것 등에서 4세기대 이후 혹은 6세기대로 생각되고 있다(이상률, 1996, p.181; 이난영·김두철, 1999, p.193). 따라서 거시적으로 보면 금속제 표비에서 유기질제 표비라는 대략적인 변천이 추정되고 그 과도기에 양자(兩者)가 공존하는 시기가 있었던 것으로 생각하는 것이 타당할 것이다.

● 제1기(도 31-②)

제1기에는 표비 중에 판상병류식(板狀鋲留式)과 봉상괘류식(棒狀掛留式) a류 및 b류의 고식(古式)이 존재한다.[43] 그 중에 판상병류식과 봉상괘류식 a류가 공통되는 점은 면계의 가죽끈을 철판 사이에 끼우고 못으로 고정하는 기법이고 이 두 형식은 모두 부산지역에 분포하고 있다. 그리고 봉상괘류식 b류의 고식은 부산지역과 김해를 포함한 낙동강 이서지역에 산재하고 있다.[44] 더욱이 전단계에 금속제 표비가 출토된 경주지역에서도 봉상괘류식 b류가 확인되었다.

출토 예가 적어 불확실하지만 이 분포상황은 앞에 서술한 전단계의 금속제 표비의 분포상황(도 31-1)과는 대조적이다. 즉, 낙동강을 사이에 두고 동쪽에는 금속제 표비가, 서쪽에는 유기질제 표비가 주로 분포하고 있는 듯하다. 이것은 앞에서 서술한 것처럼 거시적으로는 시기적인 차이를

43 표 3에는 포함되어 있지 않지만 봉상괘류식 중에 유기질제가 남아있지 않은 예로서 합천 옥전 42호분, 상주 신흥리 나9호분, 청주 신봉동 91호분 등이 있다.

44 봉상괘류식 b류의 고식(古式)에는 유기질제 흔적이 남아있지 않아도 시기를 3개로 나눌 때 제1기에 해당되는 것도 있다.

반영하고 있을 가능성도 있지만 표비의 계통에 관한 커다란 지역적 특색의 존재를 시사하고 있다고 생각할 수도 있다. 결국 낙동강 이동(以東)지역에서는 금속제 표비를, 서쪽에서는 유기질제 표비를 주로 사용하는 커다란 차이가 있었다고 추정된다. 그렇다고 하면 이 시기 낙동강 동쪽과 서쪽에서는 재질에 대한 '선택'의 차이, 즉, 기술의 계통적 차이라는 지역적 특색이 존재하였을 것이다.

● 제2기(도 31-③)

제2기에는 다양한 형식의 표비가 존재한다.[45] 전단계의 판상병류식은 계속해서 존재하고 있다. 그러나 봉상괘류식 a류는 이 시기에 쇠퇴하고 b류의 신식(新式)이 그것을 대신한다. 그리고 판상괘류식(板狀掛留式)과 봉상교구식(棒狀鉸具式)이라는 새로운 형식이 등장한다.

먼저 판상괘류식 중에서도 구멍 폭이 넓고 판상부(板狀部) 형태가 방형인 그룹이 대부분 낙동강 이동지역에 분포하고 있다. 그리고 봉상교구식이 이 단계부터 보이기 시작하지만 현재까지 알려진 2예 모두 이 지역에서 출토되었다. 이렇게 전단계에 금속제 표비가 주로 사용되던 낙동강 이동지역에서도 다양한 형식의 유기질제 표비가 확인되고 있다.

이러한 낙동강 이동지역의 상황을 좀 더 자세하게 살펴보면, 전단계에 다양한 형식이 존재하던 부산지역에서는 판상괘류식 한 예만 보이고 있

45 표 3에는 없지만 봉상괘류식 중에 유기질제가 남아 있지 않은 예는 상주 신흥리 가28호분·가29호분·가30호분, 청주 신봉동 72호분 등이 있다.

어 표비 자체가 이 지역에서 쇠퇴하는 양상을 보인다. 이것에 반해 우리나라 중부 특히 청주·상주지역에서는 표비의 분포가 증가하여 표비 이용이 성행하였던 것으로 추정된다.

먼저 청주지역에서는 판상병류식(板狀鋲留式), 판상괘류식, 봉상괘류식 등 다양한 형식이 존재하고 있다. 그 중 판상병류식에서 판상괘류식과 유사한 평면형태를 가진 것이 보인다. 즉, 판상괘류식이 가지는 장방형 판에 쌍각(雙脚)이 결합된 특유의 평면형과 면계의 가죽끈을 못으로 고정하는 기법이 융합된 형식이다. 현재 장방형 판과 쌍각이 결합된 판상괘류식의 초현(初現) 예가 이것보다는 이른 단계라고 생각되므로,[46] 이 융합의 프로세스는 판상괘류식의 '형태(평면적인 외형)'가 우선 성립된 다음, 면계의 가죽끈을 못으로 고착하는 기법을 가진 제작집단에 의해 선택되는 경위를 추정할 수 있을 것이다. 이 융합이 어디서 생겼는가에 대해서는 이미 제1기부터 면계의 가죽끈을 못으로 고정하는 기법이 성립된 부산지역을 먼저 생각할 수 있다. 그러나 부산지역은 전술한 바와 같이 이 단계에는 표비 자체가 쇠퇴되어 새로운 형식이 융합되거나 생성된 실례(實例)도 확인되지 않는다. 따라서 부산지역보다 이 형식의 실례가 남아 있는 청주지역 쪽이 이것을 생성한 지역으로 추정하기 쉬울 것이다. 다만 현재 판상병류식은 3예밖에 알려져 있지 않기 때문에 제작지를 추정하는 데는 무리가

46 성정용의 청주 신봉동고분군에 대한 편년안에 의하면, 90-A-4호(판상병류식)가 판상괘류식(92-74호, 92-71, 92-97-1호)과 같은 시기로 설정되어 있다. 이것으로 대략적인 시기 차이는 없었던 것으로 생각된다. 그러나 합천 옥전 8호분 혹은 부산 복천동 10호분이 상대적으로 조금 이른 단계에 속하는 것으로 생각된다.

있고 앞으로의 검토가 필요하다.

한편, 판상괘류식을 보면 청주지역에서는 면계의 가죽끈이 통과하는 구멍이 가늘고, 판상부(板狀部) 형태가 장방형을 띠는 것이 압도적으로 많아 정방형(正方形)에 가까운 것이 많이 출토된 낙동강 이동지역과는 대조적인 특징을 보이고 있다. 그리고 청주지역은 재갈에 유환(遊環)을 동반하는 예가 많은 것도 특색이다. 유환의 존재에 대해서는 이미 김두철이 언급한 적이 있으며 백제 혹은 대가야지역의 영향으로 생각하고 있다(김두철, 1991).

여기서 주목하고 싶은 것은 일반적으로 유환은 판상괘류식에 동반되는 경우가 많고 봉상괘류식에는 보이지 않는 것이 대부분이지만 청주지역을 한정해서 보면 후자에 종종 유환이 동반되는 예가 있다(표 4). 전단계인 제1기에 해당되는 봉상괘류식에는 유환이 없었던 것을 고려하면 제2기에 청주지역의 공인(工人)

표 4 봉상괘류식과 유환의 동반관계

지역	유적명	유환(遊環)
김해	대성동 11호분	×
부산	복천동 21호분	×
경주	황남동 109호 3·4곽	×
	사라리 33호분	×
	월성로 가1호분	×
대구	비산동 37-1호분	×
	비산동 37-2호분	×
합천	옥전 42호분	×
상주	신흥리 나 9호분	×
	신흥리 가 28호분	×
	신흥리 가 29호분	×
	신흥리 가 30호분	×
	신흥리 다7호분	×
	신흥리 라 20호분	×
	신흥리 라 28호분	×
	신흥리 라 89호분	×
	신흥리 라111호분	×
청주	신봉동 91호분	×
	신봉동 3호분	○
	신봉동 8호분	○
	신봉동 72호분	○

집단은 본래 판상괘류식에 사용하던 유환을 봉상괘류식에도 적용하였을 가능성이 높다.

이상과 같이 이 시기 청주지역에서는 여러 가지 형식에 유래하는 기술 계통이 공존하고 새로운 형식이 생성되거나 혹은 각 형식 간에 상호 영향을 주는 등 활발한 움직임이 보인다. 각각 다른 제작집단의 디자인과 기술도 적극적으로 받아들이면서 스스로 새로운 기술 계통을 형성하였던 것으로 생각된다.

청주지역의 이러한 상황과는 정반대로 상주지역에서는 오직 봉상괘류식이 집중적으로 분포하고 있다.

대부분 b류의 신식(新式)이지만 유기질 흔적이 없어 고식·신식 어느 쪽인가 명확하지 않은 것이 많다. 한편, 판상괘류식은 이 단계의 상주지역에서는 발견할 수 없다. 이렇게 상주지역에서는 봉상괘류식이라는 단일 형식이 중심을 이루고 다른 형식의 요소가 섞이거나 창출되는 움직임은 청주지역에 비해 적다. 이것은 다른 지역 혹은 다른 공인집단과의 기술적인 교류가 이 지역에서는 성행하지 않았던 것을 반영한다고 생각된다.

● 제3기(도 31-④)

전단계에 비해 유기질제 표비의 수가 감소하고 새로운 형식으로 봉상괘류식(棒狀掛留式) c류가 등장한다.[47] 상주지역에서 주류를 이루는 것은

47 표 3에는 없지만 봉상괘류식 중에 유기질제가 남아 있지 않는 예로서 경주 사라리 3호분 등이 있다. 그리고 판상괘류식에는 경주 사라리 31호분 등이 이 단계에 속한다고 생각된다.

여전히 봉상괘류식이고 전단계의 b류도 남아 있으면서 새로운 형식인 c류가 중심을 이룬다. 이 c류는 판상괘류식(板狀掛留式)에 보이는 면계의 가죽끈이 통과하는 구멍을 봉(棒)으로 구부려 표현한 형태라고 말할 수 있다. 이 시기 상주지역에서 '모방'의 모델이 되었을 판상괘류식이 처음으로 나타나고 있어 그 가능성을 지지하고 있다. 이렇게 면계 가죽끈의 착장기법에 관한 새로운 아이디어와 형태를 다른 형식으로부터 받아들이면서도 봉을 구부려 가공하는 스스로의 전통적인 기법을 고수하면서 실현하는 점에서 여전히 상주지역이 가지는 개성 내지는 보수성을 볼 수 있다.

또한 낙동강 이동지역, 특히 경주지역에도 봉상괘류식 c류가 분포하고 있기 때문에 양 지역 간에는 어떠한 형태의 교류가 있었던 것으로 생각된다.

전체적인 분포를 보면 청주지역에서는 감소가 눈에 띈다. 특히 전단계에 성행하던 판상괘류식은 1예만 확인되고 있다. 이 외에는 우리나라 서남부의 함평 신덕고분에서 판상괘류식 한 예가 보이는 정도이다. 그리고 전단계에 많았던 봉상괘류식은 이 단계에는 감소하는 듯하다.

2) 표비에 보이는 지역적 관계

이상과 같은 사실을 정리하여 표비 특히 입문용금구에 반영된 공인(工人)의 제계통(諸系統)과 우리나라 제지역 간의 교류관계를 복원해 보고자 한다.

먼저 입문용금구가 출현하기 전단계 이른바 삼한시대에는 금속제 표비가 낙동강 이동(以東)을 중심으로 한 지역에 분포하고 표비는 하나의 계통이 퍼져있던 상황을 추정할 수 있다. 그러나 이들 금속제 표비의 세부적인 특징은 동일하지 않으며 비교적 간단하고 장식성이 낮은 것이 많은 편이나 표(鑣)의 양 끝에 고사리 문양을 첨가하는 등 장식성이 높은 것도 확인된다. 이들 양자간의 계통 관계에 대해서는 금후의 과제로 남겨두고자 한다.

유기질제 표비의 분포를 입문용금구를 통해서 보면 출현기인 제1기에는 봉상괘류식(棒狀掛留式)이 낙동강 이서를 중심으로 우리나라 남부지역인 부산·경주·김해·청주·상주·합천 등에서 그 예를 볼 수 있다. 즉, 이 단계에는 우리나라 전체에 동일한 특징을 가진 표비가 퍼져 있는 것을 알 수 있다. 그 기원의 특정은 금후의 해명을 기다리지 않으면 안 되지만 아마 거의 단일 기원으로 우리나라 전체에 같은 유기질제 표비의 기술계통이 이 시기에 확산되었을 가능성이 높다.

제2기가 되면 그때까지 거의 하나였던 유기질제 표비의 기술계통이 청주·상주·낙동강 이동지역이라는 3개의 지역적 특색을 나타내게 된다.

우선 청주지역에서 전단계의 전통을 이어 받은 판상병류식(板狀鋲留式) 외에도 다양한 형식들이 서로의 기술요소를 상호 교환하면서 부장(副葬)이 성행하였다.

그리고 유기질제 표비에 있어서 또 하나의 기술 계통은 상주지역을 중심으로 확인할 수 있다. 유기질제 표비의 부장이 성행하면서도 다른 지역 혹은 다른 제작집단과의 기술 교류에 의한 다채로운 전개를 보이는 청주지역과는 대조적으로 상주지역에서는 매우 보수적이고 폐쇄적인 성질을 읽을 수 있을 것이다.

한편 낙동강 이동지역에서는 표비의 형식은 다양하지만 형식마다 제품수가 적어 소수 특정 형식을 집중적으로 제작하지 않고 다양한 형식을 각각 개별적으로 제작하는 분산적인 제작체계이든지 아니면 다른 지역으로부터 입수하였을 가능성이 높다.[48]

이상과 같이 제2기의 유기질제 표비에 있어서 기술 계통의 분화(分化)와 특화(特化)의 배경에는 지리적인 위치에 연동(連動)하는 정치적 환경의 차이로 추정할 수 있다. 즉, 유기질제 표비의 사용이 성행하였던 청주지역과 상주지역은 지리적으로 보아 당시 남하(南下)하려는 고구려와의 관계를 축으로 우리나라 제국가(諸國家) 세력집단이 서로 길항(拮抗)하였을 지역으로 생각된다. 청주지역은 고구려·백제·신라 등 삼국 간의 경계라는 입지로서, 그리고 상주지역은 신라-고구려 및 신라-백제의 주요 루트가 교차하는 교통의 요충지로서 군사적으로 매우 중요한 입지를 점하고 있던 상황이 고려된다. 이들 지역이 군사적인 긴장이 높았을 것으로 생각되는 것은 산성(山成)이 많이 존재하고 있는 점과도 상통된다. 이러한 장소에서 가장 실용적인 형태의 유기질제 표비가 필요하다는 것은 역시 그것들이 전장(戰場)에서 기마와 밀접한 관계를 가지고 있었을 가능성이 높다. 이것에 대해 제1기에 표비가 성행했던 부산지역과 낙동강 이동지역에서 표비의 부장이 저조해지고 혹은 집중성이 결여되는 것은 상술한 두 지역에 비해 실질적인 전장에 있어서 승마구의 수요가 그다지 높지 않았

48 삼한시대부터 보이는 재질에 대한 '고집'에 유기질제 표비가 맞지 않았을 여지도 있을 것이다.

기 때문일 것이다.

제3기가 되면 청주지역에서 아주 활발하게 전개되던 유기질제 표비의 기술 계통이 확인하기 어려워진다. 이에 반해 상주지역 및 낙동강 이동지역에서는 제2기와 변함없이 표비가 전개되고 있다. 이 두 지역은 봉상괘류식(棒狀掛留式) c류가 공존하고 있어 상호 정보교환이 가능한 관계에 있었던 것으로 생각된다. 다만 낙동강 이동 특히 경주지역에서는 표비와 함께 장식성이 풍부한 판상(板狀)의 재갈멈추개가 많이 출토되었다. 그들의 부장형태를 보면 표비 혹은 복수(複數)의 판상(板狀) 재갈멈추개가 하나의 매장시설에서 동반하는 사례가 많고 전자(前者)는 실제의 전장에서의 사용품, 후자(後者)는 피장자의 신분을 나타내는 장식 마구라는 역할분담이 달랐을 가능성이 생각된다. 이것에 대해 상주지역에서 봉상괘류식 c류에 보이는 봉을 구부려 가공하는 전통적인 기술로 오직 실전(實戰)적이라고 할 수 있는 표비를 집중적으로 부장하고 있다.

제3기에 있어서 표비의 분포 변화는 청주, 상주, 경주 등 3지역을 대비해서 보면 더욱 선명한 차이를 그려낼 수 있다. 즉, 청주지역은 아마 475년 고구려의 남하로 그 판도 내에 흡수되어 경계(境界)지역으로서의 정치적·군사적 중요성이 저하되었기 때문에 표비의 사용 빈도가 낮아지고 부장도 저조하게 되었을 것이다. 그리고 경주지역에서는 마구를 실전에 사용하면서 그와 동시에 신분 표상으로도 이용하여 복합적인 마구문화가 현저하게 나타나고 그 배경에는 신라의 국가체제 확립을 향한 수장 간의 신분질서가 형성되어 가는 사회적인 배경을 추정할 수 있을 것이다. 더욱이 상주지역은 아직 제세력(諸勢力) 간의 접촉지역으로서 군사적 긴장이 남아 있었기 때문에 오직 실전적인 표비가 사용되고 계속해서 부장되었던 것으로 생각된다.

|맺음말|

여기서는 재갈 중에서도 표비에 주목하여 입문용금구의 형식분류, 각 형식 내의 변천과정 및 지역적 특색을 밝힐 수 있었다. 형식학적 연구법을 적용하여 표비의 입문용금구에 관한 상대편년이 명확하게 되었다. 장식성이 낮은 표비를 순수하게 기술적인 측면에서 분석하여 당시의 군사적 동향을 엿보는 목적을 위한 기초적인 자료로 하는 것이 가능하게 되었다고 생각된다.

그리고 표비라는 재갈의 한 형식만을 언급하였기 때문에 사회적 권력과 연결되었던 판상(板狀)·환상(環狀)의 재갈멈추개 형태·재질 및 제작기법 등에 주목하여 시기적인 변화를 추구하면서 지역적 특색을 밝히는 것을 앞으로의 과제로 삼고자 한다.

제2절 일본 고분시대 출토 유기질제 표비의 전개와 지역적 특색

—특히 인수와 함을 중심으로—

|머리말|

일본에 마구가 들어온 것은 4세기 후반까지 거슬러 올라간다고 생각되고 있으며 이는 후쿠오카(福岡)현(縣) 로지(老司)고분과 이케노우에(池の上) 6호분에서 출토된 재갈을 근거로 하고 있다. 이들 초기의 재갈은 모두 녹각 등 유기질제 봉상(棒状)의 재갈멈추개를 함 양쪽 외환에 장착한 '표비(鑣轡)'라고 불리는 형식에 해당된다. 표비는 5세기대에도 호쿠부규슈(北部九州)를 비롯한 긴키(近畿)·세토우치(瀬戸内) 및 중부고지(高地) 등에 밀집도 높은 분포를 보여 일본 마구의 초현기(初現期)에 상당한 비중을 차지하고 있었던 것을 엿볼 수 있다. 그러나 표비는 출토 예가 적고 제작도 비교적 간단해서 재갈의 외형과 재갈멈추개의 장식 내용·기법 등이 주된 연구테마였던 이제까지의 마구 연구에서는 그다지 주목받지 못했다.

여기서는 유기질제 표비의 함과 인수 형태 및 그 조합(組合)에 주목하여 우리나라·일본 양 지역 출토 유기질제 표비의 시기적인 전개를 살펴보고자 한다. 또한 이를 바탕으로 입문용금구(立聞用金具) 형식 및 유환(遊環)

의 유무(有無)에 주목하여 일본 출토 예를 보다 상세하게 검토하고 우리나라·일본 양 지역 간의 마구기술의 교류에 대해 검토하고자 한다.

1. 연구사

1974년 이토 아키오(伊藤秋男)는 우리나라 출토 표비를 검토하고 그것에 대해 6가지 특징을 지적하였다(伊藤秋男, 1974). ① 재갈멈추개가 없는 것. ② 함 외환이 직경 5㎝ 전후의 큰 원환(圓環)으로 이루어진 것. 즉, 원환은 함과 일체가 되고 함의 일부를 이루며 그 원환에 인수가 직접 연결된 것. ③ 함 양쪽 외환에 각각 1개의 U자형 혹은 쌍각형(雙脚形)의 금구(金具)가 원환의 일부에 걸친 상태로 녹슬어 있는 것. 이 금구는 필자가 언급한 바 있는 입문용금구에 해당된다(張允禎, 2003·2006). ④ 금구는 양쪽 각부(脚部)가 매우 장대(長大)하고 마치 안교에 장착되는 교구와 비슷한 것. 이것은 필자의 입문용금구 형식 중 봉상교구식(棒狀鉸具式)에 속한다고 할 수 있다. ⑤ 금구 양각(兩脚) 끝이 거의 직각으로 외측 또는 내측으로 구부러져 있는 것. ⑥ 금구 각부에 폭 약 1~2㎝ 정도의 목질 내지는 골질 잔흔이 확인되거나 양각을 가로지르는 상태로 목질흔(木質痕) 혹은 골질흔(骨質痕)이 남아있는 경우. 이와 같이 이토(伊藤)는 입문용금구에 주목하였으며 유기질제 부재(部材)를 함 외환에 꽂아 금구로 고정하였다고 추정하였다.

이토 아키오(伊藤秋男)가 표비에 대해 정의를 내린 후 지금까지 표비에 대한 평가는 그다지 변하지 않았다. 1985년 사카모토 요시오(坂本美夫)

는 이토 아키오(伊藤秋男)가 설정한 표비에 대해 함 양쪽 외환에 부착되는 재갈멈추개의 형태에 주목하여 취부식(取付式) 경판부비(鏡板付轡), 고정식(固定式) 환상경판부비(環狀鏡板附轡), f자형 봉상경판부비(棒狀鏡板付轡)로 분류하였다(坂本美夫, 1985). 취부식 경판부비는 유기질제 재갈멈추개가 입문(立聞) 기능을 겸하는 Ω형 내지는 U자형의 금구에 의해 함 외환에 붙어 있는 것이다. 고정식 환상경판부비는 함 선단(先端)을 크게 만들어 재갈멈추개의 기능을 겸하고 있다.[49] f자형 봉상경판부비는 철봉을 f자형으로 구부려 중앙에 교구형(鉸具形)의 입문을 단접한 재갈멈추개를 가진 것이다.

같은 해 오오타니 다케시(大谷猛)는 일본 출토 표비에 대한 특징을 검토하고 5세기 전반~7세기 후반의 표비 개요를 명확히 하였다(大谷猛, 1985). 그 중에서 표(鑣)를 골각제(骨角製)의 것과 금속제의 것으로 분류·정리하고 일본의 표비는 우리나라 출토 표비 변화에 대응하여 추이(推移)한다고 하였다. 골제의 경우, 우리나라와 일본 양 지역에서 함과 인수, 입문의 형태가 다른 것은 시기차이를 반영한다고 하였다.

사카모토(坂本)와 오오타니(大谷)의 연구는 표의 재질과 표의 연결에 주목하였지만 최근 모모사키 유스케(桃崎祐輔)는 전반적인 구조로 표비를 분류하고 있다(桃崎祐輔, 1999). 예를 들면 함만 있고 인수가 없는 것(無引手), 함 외환에 인수를 직접 장착한 것, 함 외환과 인수 사이에 유환을 사용한

49 오카야마(岡山)현(縣) 주이안(隨庵)고분 출토 예에서 보이는 판상(板狀)의 금구에 대해서는 입문(立聞)의 기능만 한다고 추측하였다. 함 외환이 크기 때문에 유기질제 표를 넣어 사용한 것으로 생각하고 있다.

것 등 크게 3가지로 나누었다.

또한 이사하야 나오토(諫早直人)는 다양한 종류의 재갈을 검토하기 위해 함의 제작기술, 인수의 형태, 함유(銜留)의 형태, 유환의 유무라는 속성을 사용하였다(諫早直人, 2005). 그 결과, 우리나라 삼국시대 남부지방에는 백제, 신라, 가야, 고구려 등 복수의 국가가 할거하고 있었지만 재갈의 제작기술은 그것의 범위를 넘어 남부지방 전체적으로 특정의 획기를 공유하면서 변천한다고 하였다.

표비에 대한 연구는 이상과 같이 축적되어 왔으나 대개는 구조에 주목하거나 부품 세부의 형태를 검토하는 등 그 작업 수준은 다양하다. 그리고 표비의 형상 전체를 체계적으로 취한 본격적인 형식학적·기술학적 고찰은 최근에 조금씩 이루어지고 있는 실정이다.

여기서는 일본 고분시대 출토 유기질제 표비를 대상으로 앞 절에서 행한 우리나라 출토 입문용금구의 분류·편년의 성과를 바탕으로 하여 함의 형태 및 함과 인수의 조합에 대해 검토하고 우리나라·일본 양 지역 출토 표비의 전개와 지역 간의 관계를 살펴보고자 한다.

2. 함(銜)과 인수(引手)의 분류

함(銜)은 말 입에 물려지는 부분이고 인수는 그 양쪽에 붙어 기자(騎者)의 의지를 말에 전달하는 부품이다. 이 가운데 함에 대해 이사하야(諫早)는 철봉의 꼬임에 의해 나타나는 凹凸을 단위로 생각하고 그 범위에 따라 철봉의 조선(條線)을 구분하였다(諫早直人, 2005). 여기서는 크게 함 본체가 되는 철봉을 꼬아서 만든 것[50](捩銜)과 직선으로 된 것(直銜) 등으로 크게 2가지로 구분하고자 한다. 다음은 인수의 유무와 인수의 형태에 따라 3가지로 나누어 먼저 금속제 인수가 남아 있지 않은 것, 인수 자체가 1조(條)의 철봉을 이루는 것(單條引手),[51] 하나의 철봉을 구부려 본체를 만들어 인수가 2조 이상을 이루는 것(複條引手) 등으로 하였다.

또한 입문용금구는 판상병류식, 판상괘류식, 봉상괘류식, 봉상교구식 등 4형식으로 분류된 것을 활용하고자 한다.

이상과 같은 인수와 함의 모든 형식을 조합시킨 것이 다음과 같다[52](도 32).

● **복조(複條)인수(引手) + 직선함(直銜)**

일본에서는 아직 확인되지 않았다. 우리나라에서는 청주 봉명동 C-31호분, 의성 탑리 제5묘곽 출토 예가 알려져 있다.

● **복조인수 + 꼬은함(捩銜)**

일본에서는 후쿠오카(福岡)현(縣) 치쿠고(築後)시(市) 주이오지(瑞王寺)고분, 나라(奈良)현(縣) 카시하라(橿原)시(市) 난잔(南山) 4호분, 나가노(長野)현(縣)

50 가는 철사를 말은 것도 여기에 속한다.

51 2조 이상의 철봉을 꼬아서 1조로 만든 것도 포함한다.

52 본 연구에 사용되는 자료는 표비 중에서도 입문용금구가 남아 있는 예를 중심으로 하고자 한다.

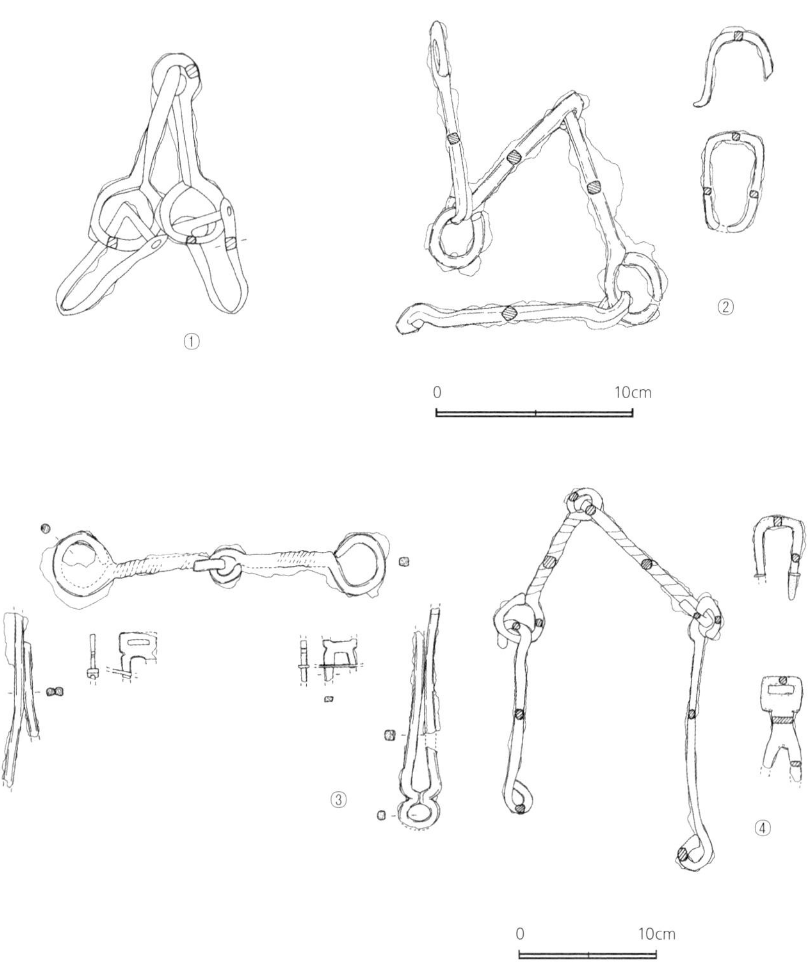

① 복조인수+직선함(청주 봉명동 C-31호분)
② 단조인수+직선함(岡山縣 津山市 長畝山北 3호분)
③ 복조인수+꼬은함(福岡縣 築後市 瑞王寺고분)
④ 단조인수+꼬은함(岡山縣 津山市 一貫西 3호분)

〈도 32〉 인수와 함의 제형식(諸型式)

이이다(飯田)시(市) 모노미즈카(物見塚)고분[53] 등 3예를 들 수 있다. 우리나라에서는 부산·김해·합천·상주·청주 등 넓은 지역에 분포하고 있다. 우리나라에서 주류를 이루는 소합이라고 할 수 있다.

● **단조(單條)인수(引手) + 직선함(直銜)**

일본에서는 미야자키(宮崎)현(縣) 미야자키(宮崎)시(市) 시모키타카타(下北方) 5호 지하식횡혈묘·에비노(えびの)시(市) 구미자코(久見迫) B-SK110 토광, 오카야마(岡山)현(縣) 소자(總社)시(市) 주이안(隨庵)고분·츠야마(津山)시(市) 나가우네야마키타(長畝山北) 3호분, 나가노(長野)현(縣) 이이다(飯田)시(市) 다카오카(高岡) 4호분 등 5예가 알려져 있다. 우리나라에서도 출토 예가 많으며 넓게 분포하고 있다. 우리나라·일본 양 지역에서 보편적인 조합인 것을 알 수 있다.

● **단조인수 + 꼬은함(捩銜)**

일본에서는 오카야마(岡山)현(縣) 츠야마(津山)시(市) 잇칸니시(一貫西) 3호분, 효고(兵庫)현(縣) 히메지(姬路)시(市) 미야야마(宮山)고분 제2주체·제3주체·가코가와(加古川)시(市) 이케지리(池尻) 2호분, 나라(奈良)현(縣) 우다(宇陀)시(市) 우시로데(後出) 3호분, 나가노(長野)현(縣) 나가노(長野)시(市) 가미이케노타이라(上池の平) 5호분, 군마(群馬)현(縣) 간라(甘樂)정(町) 니시오오야마(西大山) 1

53 육안으로 실견하였을 때는 직선함으로 추정하였으나 이사하야 나오토(諫早直人)씨의 꼬은함(捩銜)이라는 의견을 반영한 것이다.

호분, 시즈오카(靜岡)현(縣) 후지에다(藤枝)시(市) 니시미야(西宮) 1호분 등 8예가 확인되었다. 단조인수 + 직선함의 조합과 마찬가지로 우리나라·일본 양 지역에서 보편적인 조합이다.

한편, 인수가 없는 것(無引手)에는 꼬은함을 동반하는 경우가 많고[54] 후쿠오카(福岡)현(縣) 아사쿠라(朝倉)시(市) 이케노우에(池の上) 6호분, 효고(兵庫)현(縣) 가코가와(加古川)시(市) 고자즈카(行者塚)고분(3호 재갈) 등이 그 예이다.

3. 조합의 변천과 지역적 특색

1) 조합의 변천

상기의 4가지 조합이 시기적으로 어떻게 변화하는지 살펴보고자 한다(표 5). 시기구분은 이제까지 진행해 온 것과 같이 스에키(須惠器) 형식 TK73 단계보다 이전을 제1기, 그 이후를 제2기로 한다. 그 가운데 TK23 단계 이후를 제3기로 한다. 제1기는 4세기대, 제2기는 5세기 전반~중엽, 제3기는 5세기 후반 이후에 해당된다.

● 제1기

제1기에는 인수와 함이 조합된 예가 우리나라에서만 확인되고 일본에서는 알려져 있지 않다. 우리나라에서 복조(複條)인수+꼬은함(捩銜)의

54 인수가 없는 것이란 금속제 인수가 남아 있지 않다는 것을 의미한다.

표 5 인수와 함의 조합 변천

	인수	함	우리나라	일본
제1기	없음	직선함		
		꼬은함	김해 대성동 39호분	福岡縣 朝倉市 池の上 6호분 兵庫縣 加古川市 行者塚古墳
	복조	직선함	청주 봉명동 C-31호분	
		꼬은함	부산 복천동 69호분·71호분 김해 대성동 11호분, 합천 옥전 42호분 청주 신봉동 91호분 상주 신흥리 나 9호분	
	단조	직선함	부산 복천동 21호분	
		꼬은함	청주 봉명동 A-72호분	
제2기	복조	직선함		
		꼬은함		奈良縣 橿原市 南山 4호분 福岡縣 筑後市 瑞王寺古墳 長野縣 飯田市 物見塚古墳
	단조	직선함	부산 복천동 10호분, 창녕 교동 3호분 경주 사라리 31호분·33호분 대구 비산동 37-1호분 경산 임당 E16호분, 합천 옥전 8호분 청주 신봉동 66호분·71호분·74호분·80호분 상주 신흥리 가28호분·가29호분·가30호분·다7호분	長野縣 飯田市 高岡 4호분
		꼬은함	경주 황오리 14호분 대구 비산동 37-2호분 청주 신봉동 8호분·72호분·97-1호분·A지구 4호분 상주 신흥리 라 89호분	兵庫縣 姫路市 宮山古墳 第2主体·第3主体 静岡縣 藤枝市 西宮1호분
제3기	복조	직선함	의성 탑리고분 제5묘곽	
		꼬은함		
	단조	직선함	청주 신봉동 B지구 1호분 상주 신흥리 라20호분·라28호분·라111호분	宮崎縣 宮崎市 下北方 5호 地下式横穴墓·えびの市 久見迫 B-SK110 토광 岡山縣 津山市 長畝山北 3호분·総社市 随庵古墳
		꼬은함	경주 월성로 가1호분 대구 내당동 55호분 함평 신덕고분	岡山縣 津山市 一貫西 3호분 兵庫縣 加古川市 池尻 2호분 奈良縣 宇陀市 後出 3호분 群馬縣 甘楽町 西大山 1호분 長野縣 長野市 上池の平 5호분

조합은 부산·김해·합천·상주·청주 등의 지역에 넓게 분포하고 있다. 그리고 소수이지만 복조인수+직선함(直銜)이라는 조합이 청주지역에서 보인다. 함의 형태에 관계없이 복조인수가 확인되는 것은 청주지역이다. 청주지역은 복조인수 이외에도 단조(單條)인수+꼬은함의 조합이 존재하는 것에 비해, 부산지역에서도 복조·단조의 인수가 나타나지만 복조인수에는 꼬은함, 단조인수에는 직선함이 조합된 예가 출토되어 차이를 보인다.

또한 앞에서 서술한 바와 같이 이 시기 일본에서는 함만 있고 금속제 인수가 없는 것이 긴키(近畿)지방과 호쿠부규슈(北部九州)지역에서 확인되고 있다. 일본은 아직 함과 금속제 인수의 조합이 확립되지 않았던 것으로 추정된다.[55] 우리나라에서 함만 있고 금속제 인수가 없는 예는 김해지역에서 보인다.[56]

● 제2기

제2기가 되면 우리나라에서는 복조인수가 모습을 감추고 단조인수가 주류를 이룬다.[57] 직선함과 꼬은함 두 종류의 함에 대한 조합이 확인된다.

---

55 유기질제 인수가 사용되었을 가능성은 배제할 수 없다.

56 김해지역에서 출토된 재갈(재갈멈추개가 있는 것)에는 복조인수+꼬은함, 단조인수+꼬은함 등의 조합이 확인되고 있다. 모모사키(桃崎)는 봉명동 A-35호 출토품의 경우, 인수가 없는 표비로 생각하고 있다. 또한 김해 양동리 78호분 출토 예는 제1기에 속할 것으로 생각되지만 이 단계에 함(銜)만 있는 것은 대부분 2조 이상의 철봉을 꼬아서 만든 것이다.

57 본 연구에서는 표비를 대상으로 하고 있지만 다른 형식의 재갈에는 복조인수가 확인되고 있다. 예를 들면 부산 복천동 10호분 출토 환상형(環狀形) 재갈멈추개가 그것이다.

꼬은함과 직선함의 분포는 전단계에 꼬은함·직선함 모두 존재하던 부산지역과 꼬은함이 주류를 이루던 합천지역에서는 직선함만 출토되고 있는 것에 대해 상주·청주 지역에서는 꼬은함·직선함 모두 확인되고 있다.

일본 역시 제2기에는 우리나라와 마찬가지로 단조인수가 주류를 이루고 꼬은함·직선함 모두 공존하지만 전자가 수적으로 많다. 그리고 인수 형태에 관계없이 꼬은함이 압도적으로 많다.

● 제3기

제3기의 우리나라는 전단계에 이어 단조인수가 주류를 이루며 꼬은함·직선함이 조합되고 있다.

일본에서는 전단계의 복조인수가 없어지고 단조인수가 주류를 이룬다. 직선함·꼬은함 모두 존재하고 있다.

2) 조합의 지역적 특색

함과 인수의 형태 및 그 조합에 주목하여 우리나라·일본 양 지역 출토 유기질제 표비의 시기적인 전개를 파악하였다. 이를 바탕으로 입문용 금구 형식 및 유환의 유무에 주목하여 일본 출토 예를 보다 상세하게 검토하고 우리나라·일본 양 지역 간의 마구기술의 교류에 대해 살펴보고자 한다.

● 제1기

제1기는 상술한 것과 같이 일본에서는 함만 있고 금속제 인수가 동

〈도 33〉 인수·함·입문용금구의 조합

반되지 않는 것이 특징이다(도 33). 함만 확인되는 것은 후쿠오카(福岡)현(縣) 아사쿠라(朝倉)시(市) 이케노우에(池の上) 6호분, 효고(兵庫)현(縣) 가코가와(加古川)시(市) 교자즈카(行者塚)고분 등의 예가 있고[58] 모두 꼬은함이다. 꼬은함만 있고 금속제 인수가 조합되지 않은 것은 우리나라 김해 대성

58 교자즈카(行者塚)고분에서는 이 표비 외에 판상(板狀)의 재갈멈추개를 가진 재갈 2개가 있고 모두 꼬은함에 해당된다.

동 39호분에서 출토되었다. 이것은 형태상으로 교자즈카(行者塚)고분 출토 예와 유사하다.

이케노우에(池の上) 6호분 출토 예는 봉상괘류식(棒狀掛留式)의 입문용금구를 사용하고 있다.[59] 이러한 조합은 현재까지 우리나라에서는 확인되고 있지 않다. 그러나 봉상괘류식 입문용금구는 부산·김해·경주·합천·상주·청주 등에서 출토되었다.

유례는 적지만 일본의 이케노우에(池の上) 6호분·교자즈카(行者塚)고분 출토 재갈은 모두 꼬은함만 있고 금속제 인수가 조합되지 않은 예로서 우리나라 내에서는 김해지역에서 확인되고 있어 두 지역 간의 관계를 추정해 볼 수 있다.

● 제2기

제2기가 되면 우리나라에서는 현재까지 알려진 표비의 유례 중 복조(複條)인수가 사라지고 다른 종류의 재갈에서는 복조인수가 확인되고 있다. 일본에서는 복조인수가 등장하며 후쿠오카(福岡)현(縣) 치쿠고(築後)시(市) 주이오지(瑞王寺)고분, 나라(奈良)현(縣) 카시하라(橿原)시(市) 난잔(南山) 4

59 中山淸隆, 2001, 「馬具の種類と變遷」, 『季刊考古學』 76. 나카야마(中山)는 입문(立聞)의 기능을 하고 표에 직접 연결하는 Ω형의 각부가 함 외환의 크기에서 녹각 등의 표(鑣)를 꽂는 것이 어려워, 고리 바깥쪽에 표를 대었을 것으로 추측하였다. 나카야마(中山)의 생각과 같다면, 면계가 통과할 폭이 필요할 것이며 그 상태에서 Ω형 금구는 입문용금구로서의 기능을 다하지 못하였을 것이다. 그렇기 때문에 함 외환의 폭을 모두 사용해서 표를 꽂아 넣고 입문용금구에는 면계 혹은 가죽 종류의 인수를 연결하는 형태가 바람직하지 않을까 생각된다.

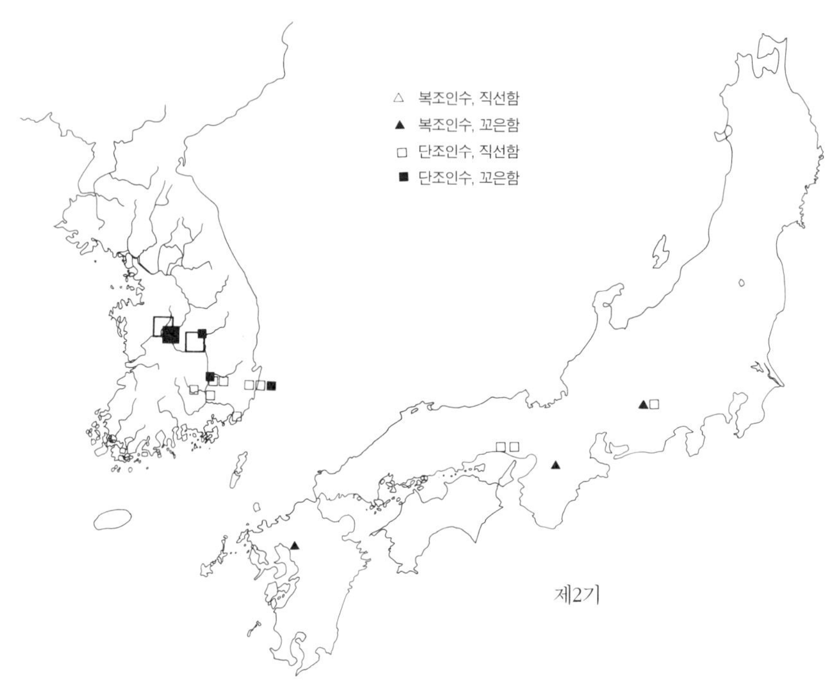

〈도 34〉 인수·함·입문용금구의 조합(크기가 큰 □■은 ■의 수 3개를 나타낸다)

호분, 나가노(長野)현(縣) 이이다(飯田)시(市) 모노미즈카(物見塚)고분 등이 그것이다. 이들은 모두 꼬은함과 조합을 이루며(도 34) 출토품에 대해 자세하게 살펴보면 다음과 같다. 먼저 난잔(南山) 4호분 출토 예와 우리나라 전단계에 유행했던 복조인수의 형태를 비교하면 우리나라의 모든 예는 꼬은함과 삽자루형 인수가 조합되어 있다. 이에 반해, 난잔(南山) 4호분과 모노미즈카(物見塚)고분 출토 예는 하나의 철봉을 구부려 인수의 양쪽 끝을 둥글게 마무리하였다. 이것과 유사한 인수의 형태는 부산지역에서 확인되고 있다.[60] 그리고 전단계의 우리나라 출토 복조인수는 봉상괘류식(棒狀掛留式)과 함께 출토된 것이 주류를 이루며 부산·김해·합천·청주·상주 등의 지역에서 알려져 있다. 난잔(南山) 4호분 출토 예의 입문용금구는 각부 중간에 철제 횡축(橫軸)을 가진 특이한 봉상괘류식이다. 이러한 유례로 청주 신봉동 60호분 출토 예를 들 수 있지만, 이 재갈은 단조인수+직선함이라는 다른 조합을 취하고 유환이 있는 점에서 차이가 있다.

주이오지(瑞王寺)고분 출토 예의 인수는 철봉을 구부려 끝부분에 둥근 고리를 만든 후 다시 장방형 형태로 복조(複條)를 이루고 있다. 가죽끈은 둥근 고리에 걸쳐지는 구조이다. 유사한 형태로 부산 복천동 10호분, 합천 옥전 67-B호분 등의 출토품이 있으나 이들의 재갈멈추개는 표비가 아니다. 복천동 10호분 출토품은 환상형(環狀形) 재갈멈추개와 꼬은함의 조합에 별조(別造)의 인수호(引手壺)를 동반하고 있으며 옥전 67-B호분 출토품[61]도 환상형 재갈멈추개에 꼬은함(捩銜)이 조합되어 있다. 한편, 주이오지(瑞王寺)고분 출토 예의 입문용금구는 판상괘류식(板狀掛留式)이고 이러

60 같은 형태의 인수(引手)는 부산 복천동 69호분·71호분에서 출토되었다. 모모사키(桃崎)는 4세기 중엽~후반대의 복천동 69호분·71호분의 예와 매우 흡사한 표비가 나라(奈良)현(縣) 난잔(南山) 4호분에서 출토되었으며 여기에 동반하는 도질토기 고배·마형각배대(馬形角杯台)·철표(鐵鑣) 등은 마산 주변에서 박재된 5세기 전엽의 제품으로 생각하였다(桃崎祐輔, 2004). 그러나 같은 표비지만 난잔(南山) 4호분 출토 예와 복천동 69호분·71호분의 예의 입문용금구에는 차이가 있다. 필자의 형식분류 및 변천에 의하면 복천동 69호분·71호분의 예가 난잔(南山) 4호분의 예보다 이른 시기에 해당된다고 할 수 있다.

61 보고서에서는 폭 0.3㎝ 전후의 철사로 말았다고 표현되어 있으나 철봉 하나를 비틀어서 만든 것으로 추정된다.

한 입문용금구는 부산 복천동 10호분 표비에서도 알려져 있다.

단조인수+꼬은함의 조합은 오카야마(岡山)현(縣) 츠야마(津山)시(市) 잇칸니시(一貫西) 3호분, 효고(兵庫)현(縣) 히메지(姫路)시(市) 미야야마(宮山)고분 제2주체·제3주체, 시즈오카(靜岡)현(縣) 후지에다(藤枝)시(市) 니시미야(西宮) 1호분 등에서 확인되었다. 이 조합은 사용된 입문용금구와 유환의 유무에 따라 다시 나눌 수 있다.

먼저 봉상괘류식의 입문용금구를 가진 것은 잇칸니시(一貫西) 3호분, 미야야마(宮山)고분 제3주체,[62] 니시미야(西宮) 1호분 등의 예가 있다. 유사한 조합은 대구 비산동 37-2호분, 상주 신흥리 라-89호분, 청주 신봉동 8호분·72호분 등 대구·상주·청주 등의 지역에서 발견되었다. 이 가운데 니시미야(西宮) 1호분 출토 예는 표비의 일부분에 얇은 철판이 씌워져 있다.[63] 이러한 유례는 우리나라에서 확인되고 있지 않다. 유환(遊環)은 청주지역에서 자주 보이는 요소이지만 유환을 가진 조합은 일본에서 희귀하다고 할 수 있다. 이 점에 착안하면 일본 출토품과 좀더 유사성이 있는 것은 유환이 없는 대구·상주지역의 출토품이라고 할 수 있다.

한편, 판상괘류식은 미야야마(宮山)고분 제2주체 출토 예가 알려져 있다. 이러한 조합은 청주 신봉동 97-1호분에서 보인다. 이것을 포함한 청주

62 실견하였을 때는 입문용금구의 형태를 파악할 수 없었다. 다만 치가 히사시(千賀久)의 a식에 속하므로(千賀久, 1988) 필자의 봉상괘류식으로 판단하였다.

63 쓰즈키(鈴木)에 의하면, 긴 단조인수와 궐수(蕨手) 형태의 인수 외환, 가늘고 긴 입문용금구 등에서 고분시대 중기중엽 신단계(4기)의 사례로서 생각하고 있다(鈴木一有, 2004).

지역은 단조인수+꼬은함 조합이 많고 단조인수+직선함 조합은 적다. 그리고 미야야마(宮山)고분 제2주체 출토 예는 입문용금구의 판상부(板狀部)와 각부(脚部) 사이에 얇은 철판을 만들어 표(鑣)를 보강하고 있다. 유기질제 표 일부에 얇은 철판을 씌운 예는 합천 옥전 8호분, 원주 법천리 1호분 등에서 알려져 있다. 그리고 판상부와 각부 사이에 철제 횡축을 가진 것은 부산 복천동 10호분, 청주 신봉동 74호분 재갈 등 부산·청주지역에서 확인되고 있다.

미야야마(宮山)고분 제2주체 출토 예의 입문용금구에는 구금구(鉤金具)가 있으며[64] 유환을 가지고 있다. 이러한 요소가 모두 존재하는 것은 합천 옥전 8호분, 청주 신봉동 B지구 1호분 등 합천·청주지역이다. 이상과 같이 미야야마(宮山)고분 제2주체 출토 예가 가진 몇 개의 특징적인 요소는 청주지역에서 자주 보이는 예이기도 하다.[65]

마지막으로 단조인수+직선함의 조합은 나가노(長野)현(縣) 이이다(飯田)시(市) 다카오카(高岡) 4호분 등에서 출토되었다. 이것은 봉상괘류식을 사용하고 있으며 대구 비산동 37-1호분, 경산 임당 E16호분, 상주 신흥리 가28호분·가29호분·가30호분·다7호분, 청주 신봉동 3호분 등 대구·경산·상주·청주지역에 분포하고 있지만 특히 상주지역에 집중하고 있는 것을 알 수 있다.

64 청원 주성리 1호 석실묘 4차 관대(棺臺)에서 출토되었으나 함과 인수의 상태는 명확히 파악되고 있지 않다.

65 청주지역 출토품 가운데 시기적으로 늦은 단계에 속하는 것도 있다.

● 제3기

제3기가 되면 우리나라·일본 모두 단조인수가 주류를 이루며 직선함과 꼬은함 모두 공존하고 있다(도 35). 먼저 단조인수+꼬은함 조합에는 오카야마(岡山)현(縣) 츠야마(津山)시(市) 잇칸니시(一貫西) 3호분, 효고(兵庫)현(縣) 가코가와(加古川)시(市) 이케지리(池尻) 2호분, 나라(奈良)현(縣) 우다(宇陀)시(市) 우시로데(後出) 3호분, 나가노(長野)현(縣) 나가노(長野)시(市) 가미이케노타이라(上池の平) 5호분, 군마(群馬)현(縣) 간라(甘樂)정(町) 니시오오야마(西大山) 1호분 등의 출토 예가 여기에 속한다. 입문용금구로 봉상괘류식은 우시로데(後出) 3호분, 가미이케노타이라(上池の平) 5호분 출토품 등에서 알

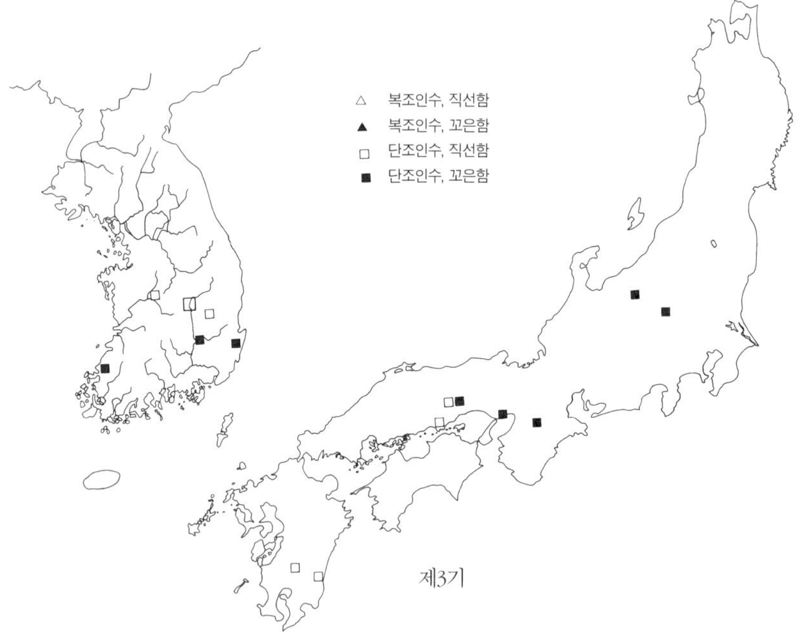

〈도 35〉 인수·함·입문용금구의 조합(크기가 큰 □■은 ■의 수 3개를 나타낸다)

려져 있다. 단조인수+꼬은함의 조합은 경주 월성로 가1호분, 대구 내당동 55호분 출토 예에서 확인되고 있으나, 전자는 3연식의 함을 가졌으며 후자는 봉상교구식(棒狀鉸具式) 입문용금구로 차이를 보인다.

단조인수+꼬은함, 판상괘류식의 조합은 이케지리(池尻) 2호분, 니시오오야마(西大山) 1호분 등의 유례가 있다. 먼저 니시오오야마(西大山) 1호분 출토 예는 목질(木質)의 표 일부에 얇은 철판을 씌운 것이 특징이다. 우리나라 함평 신덕고분 출토 예는 3연식의 꼬은함이라는 차이가 있지만 판상괘류식을 사용하는 점에서는 유사하다고 할 수 있다.

매우 드문 예이지만 잇칸니시(一貫西) 3호분 출토품은 함 외환 양쪽에 각각 다른 형식의 입문용금구가 조합되어 있다. 즉, 봉상괘류식과 판상괘류식이라는 다른 형태의 입문용금구가 하나의 재갈에 사용되고 있다. 이러한 유례는 우리나라에서 찾아볼 수 없다. 봉상(棒狀)의 각부에는 골질(骨質), 판상(板狀)의 각부에는 목질(木質)의 유기질이 각각 남아 있어 본래는 각각 다른 개체로 사용되다가 2차적으로 부품을 모아 재구성되었을 가능성도 있다. 이 출토품은 양쪽 인수의 길이도 달라 2차적으로 재구성되었을 가능성을 뒷받침해 주고 있다.[66]

한편, 일본에서 단조인수+직선함의 조합은 제2기까지 그 수가 적으나 이 시기가 되면 주류를 이루고 있다. 봉상괘류식 입문용금구가 많이 사용되고 있으며 미야자키(宮崎)현(縣) 미야자키(宮崎)시(市) 시모키타카타(下北方) 5호 지하식횡혈묘·에비노(えびの)시(市) 구미자코(久見迫) B-SK110 토광,

66 이러한 예는 상주 신흥리 라108호분이 있고 단조인수+직선함의 조합을 이룬다.

오카야마(岡山)현(縣) 츠야마(津山)시(市) 나가우네야마키타(長畝山北) 3호분 등의 출토 예가 그것이다.

미야자키(宮崎)현(縣) 미야자키(宮崎)시(市) 시모키타카타(下北方) 5호 지하식 횡혈묘 출토 예는 기존의 실측도에서 유환이 있는 것처럼 표현되어 있으나 실견한 결과, 함 외환을 유환으로 잘못 인식한 것으로 추정된다. 그리고 표(鑣)를 고정하는 입문용금구의 각부 형태는 불명확하지만 기본적으로 Ω형이며 철봉 중앙에 굴곡을 2중으로 해서 안쪽에 고리를 만들고 그 고리에 면계의 가죽끈을 걸치는 봉상괘류식 c류에 해당되는 것으로 추정된다. 유사한 형태는 경주 월성로 가1호분, 상주 신흥리 라20호분·라28호분 등 경주와 상주지역에서 확인되고 있다.

그리고 구미자코(久見迫) B-SK110 토광 출토품은 유환이 있으며 입문용금구 각부에 직경 2㎝ 정도의 골제(骨製)가 남아 있다. 이러한 조합은 청주 신봉동 3호분에서 출토되었다. 청주지역은 유환을 가진 출토 예가 많지만 단조인수+직선함이라는 조합에 사용되는 경우는 적다.

또한 나가우네야마키타(長畝山北) 3호분 출토품의 입문용금구는 큰 범위에서는 봉상괘류식에 속하지만 함 외환 양쪽에 사용된 것이 하나는 Ω형이고 다른 하나는 사다리꼴에 가까운 사각형이다. 이렇게 형태가 다른 입문용금구가 조합된 예는 우리나라에서 확인되지 않았다. 이러한 유례는 앞에서 서술한 잇칸니시(一貫西) 3호분 출토품과 같이 부품을 2차적으로 모아 재구성하였을 가능성이 있다. 출토지 역시 잇칸니시(一貫西) 3호분과 같은 오카야마(岡山)현(縣) 츠야마(津山)분지라는 점에서 매우 흥미롭다.

단조인수+직선함, 판상괘류식(板狀掛留式)의 조합 예는 현재까지 오카야마(岡山)현(縣) 소자(總社)시(市) 주이안(隨庵)고분 한 예가 알려져 있다. 이것은 함에 유환을 사용하여 인수와 조합하고 있다. 인수의 끝은 결실되었으나 환상부(環狀部)의 단편이 1개 있어 추정할 수 있다. 함 외환에는 면계의 가죽끈을 통과시켰던 것으로 생각되는 작은 철판(입문용금구)이 남아 있다. 전체적인 형태는 파악하기 어려우나, 판상(板狀) 철판에 장방형의 구멍이 뚫려 있었던 것으로 추정된다. 이러한 유례는 경주 사라리 31호분, 합천 옥전 8호분, 청주 신봉동 66호분·71호분·74호분 등 경주·합천·청주 등의 지역에서 확인되고 있으며 특히 청주지역에 집중하고 있다.

4. 표비로 본 지역 간의 관계

우리나라·일본 양 지역 출토 유기질제 표비의 전개를 입문용금구와 유환 등의 조합 상태를 중심으로 살펴보았다. 여기에서는 지역적 검토를 가미하여 우리나라·일본 양 지역의 표비가 어떠한 지역적 관계를 바탕으로 전개되는지 알아보고자 한다.

먼저 제1기는 상술한 바와 같이 우리나라·일본 양 지역에서는 인수의 유무에 관계없이 꼬은함의 출토 예가 많다. 우리나라는 복조인수에 봉상괘류식 입문용금구를 많이 사용하는 것에 반해 일본 출토 예는 적지만 금속제 인수가 동반되지 않으며 봉상괘류식 입문용금구만 알려져 있다.

일본 출토 예가 금속제 인수를 동반되지 않은 것과 꼬은함이 존재하는 것에 주목하면 여기에서 우리나라 출토 금속제 표비가 가지고 있는 이른 시기의 요소가 인정된다. 즉, 이 시기 우리나라에서 유기질제 표(鑣)를 가진 재갈은 금속제 인수와 조합되는 경우가 많으나 금속제 표를 가진 재갈은 금속제 인수가 결합되지 않은 채 발견된 예가 많다. 특히 남부지방에서 출토된 금속제 표비는 인수를 가지지 않고 꼬은함만 있는 것이 종종 알려져 있다. 우리나라에서 금속제 표비는 유기질제 표비, 즉 입문용금구를 동반하는 표비보다 이른 단계인 삼한시대부터 확인되고 있다.

그리고 우리나라 출토 입문용금구의 변천은 입문(立聞)을 통과한 가죽끈을 못으로 고정하는 형식(鋲留式)이 입문을 통과하여 걸치는 형식(掛留式)보다 선행하는 것으로 알려져 있으나 일본에서는 병류식(鋲留式)이 아직 확인되고 있지 않다.

제2기가 되면 전단계(前段階)에 우리나라 전체에서 보인 복조인수가 긴키(近畿)지방과 후쿠오카(福岡)현(縣)·나가노(長野)현(縣) 등에서 출토된다. 이들은 모두 꼬은함(捩銜)이다. 이 가운데 긴키(近畿)지방과 후쿠오카(福岡)현(縣)은 전단계의 꼬은함이 계속 사용되고 있으며 나가노(長野)현(縣)이 새롭게 등장한다.

또한 유례는 적지만 단조인수는 긴키(近畿)지방·시즈오카(靜岡)현(縣)에서 꼬은함과의 조합 예가 확인되고 우리나라에서는 대구·상주·청주 등의 지역에 분포하며 특히 청주지역에 집중하고 있다. 청주지역의 특징인 유환(遊環) 사용이 일본에서는 미야야마(宮山)고분 제2주체 출토품에서 확인되어 청주지역과의 관계를 추정할 수 있다.

나가노(長野)현(縣)에서 출토된 단조인수+직선함 조합은 우리나라의 상주 및 낙동강 이동(以東)지역에서 보편적으로 보이는 타입으로 양 지역의 관계를 추정할 수 있다.

한편, 우리나라·일본의 교류양상은 다른 유물, 예를 들면 수식부이식(垂飾付耳飾)에서도 찾을 수 있다. 수식부이식은 일본 내에서 노래인(渡來人)이 주체가 되어 제작·유통에 관여하고 스스로의 의지로 일본에 가져온 유물로서 긴키(近畿)와 호쿠부규슈(北部九州)지역이 그 분포의 중심을 이룬다. 그리고 우리나라에서 일본으로의 유통경로는 일본 각 지역 수장들이 우리나라와 정치적·경제적 연결을 과시하기 위해 우리나라 내의 정치권력과, 혹은 야마토(大和)정권과의 교섭을 통해 입수하려고 한 경우도 있다. 이것은 야마토정권을 중심으로 한 기나이(畿內)지역을 제외한 다른 지역, 호쿠부규슈(北部九州)지역, 와카사만(若狹灣) 연안지역 등 우리나라와 밀접한 교섭을 엿볼 수 있는 지역과 그 주변지역 자료로 검증할 수 있다.

그리고 우리나라·일본의 교류관계를 검토할 때 일본 내에서의 표비 제작 개시의 시기와 체제 등에 관한 언급이 필요하게 된다. 표비 중에서 꼬은함이 많이 확인된 긴키(近畿)지방에서도 판상괘류식(板狀掛留式)의 입문용금구를 가진 예가 2개뿐인 점에서나 인수와 입문용금구의 조합양상이 만약 일본 국내에서 표비가 제작되었다고 한다면, 부품의 종류 및 조합 등에서 어떠한 규칙성이 보여도 좋을 것이라고 생각된다.

제3기가 되면 일본 출토 예는 적지만 전단계와 조금 다른 양상의 분포를 보인다. 긴키(近畿)지방과 오카야마(岡山)현(縣)·나가노(長野)현(縣)·군마(群馬)현(縣) 등에서는 꼬은함(捩銜)이라는 오랜 전통이 보이며 우리나라의 경주지역과 영산강유역에서 그 유례가 발견되고 있으나 수가 적어 명확하게 규정짓기는 어렵다.

이에 반해 오카야마(岡山)현(縣)과 미야자키(宮崎)현(縣)에서는 직선함(直銜)이 확인되며 우리나라에서는 상주 및 청주지역에서 이러한 유례가 많이 알려져 있다. 입문용금구의 형식도 상주·청주지역에서 많이 사용되고 있어 양 지역 간의 교류를 엿볼 수 있다.

이상과 같이 제2기·제3기를 통해 긴키(近畿)지방에서는 표비의 분포가 적고 오카야마(岡山)현(縣)·나가노(長野)현(縣)·군마(群馬)현(縣)과 미야자키(宮崎)현(縣) 등의 출토품은 그 지역에 분포하는 고분의 수에 비해 많은 편에 해당된다.

이 가운데 긴키(近畿)지방을 주목하면 제1기·제2기는 마구부장의 예가 다른 지역에 비해 많지만 대형(大形)의 전방후원분(前方後圓墳)보다 이른바 배총(陪塚)이라고 불리는 원분(圓墳)에서 출토된 것이 많다.[67] 제3기가 되면 마구의 부장이 급증하고 분형(墳形)에 관계없이 다양한 마구가 확인된다. 그리고 전방후원분과 후지노키(藤ノ木)고분처럼 대형의 원분에서는 금동제마구를 비롯한 복수의 세트를 동반하는 것에 비해 작은 원분에서는 등자 혹은 재갈 등 하나의 부품만 부장되고 장식성도 떨어지는 경향이 짙다. 이것은 피장자의 신분을 나타내는 도구로서 마구를 사용하였을 가능성을 시사하고 있다.

한편, 오카야마(岡山)현(縣)의 경우, 꼬은함과 직선함이 공존하고 있으며 입문용금구와의 조합에 있어서도 다양성이 확인된다. 잇칸니시(一貫西)3호분과 같이 양쪽 인수의 길이가 다른 것, 하나의 재갈에 형태가 다른

67 대형 전방후원분의 조사 예가 거의 없기 때문에 확정짓기는 어렵다.

입문용금구가 2개 사용되고 있는 것 등에서 부품을 2차적으로 모아 재구성한 것으로 추정되는 예도 파악되고 있다. 이것은 일본 내에서 표비의 독사적인 성격과도 관계지을 수 있을 것이다. 예를 들면 우리나라 내에서의 마구, 특히 표비가 집중적으로 부장된 지역은 전쟁 등 긴장감이 높았던 장소로 지적된 바 있다. 이것은 표비를 실전적(實戰的) 마구로 인정하고 그것을 가진 집단을 기마집단으로 추정하는 생각에 근거하고 있다. 그러나 일본에서는 출토 수가 적은 점, 나가노(長野)현(縣)·군마(群馬)현(縣)에서 표비는 주구(周溝) 내 토광 혹은 고분의 주구에서 출토되는 점,[68] 동반하는 유물 등을 종합하면 마필생산(馬匹生産)에 종사한 도래인(渡來人)과의 관련이 제기되고 있다. 그렇다고 한다면 일본 내에서의 표비는 출토지역의 사회적·정치적인 환경을 반영하기보다는 부장된 묘의 피장자 성격 혹은 직업을 나타내고 있을 가능성도 생각해 보아야 할 것이다.

| 맺음말 |

여기서는 일본 출토 유기질제 표비에 주목하였으며 특히 전절(前節)에서 행한 입문용금구의 분류·편년의 성과를 바탕으로 함의 형태 및 함과 인수의 조합에 대해 검토하였다. 이를 바탕으로 우리나라·일본 양 지역

68 모모사키(桃崎)에 의하면, 마골(馬骨)출토 고분의 반 정도가 마구를 동반하고 5세기의 예 중에서 군마(群馬)현(縣) 니시오오츠카(西大塚), 나가노(長野)현(縣) 다카오카(高岡) 4호분·모노미즈카(物見塚), 미야자키(宮崎)현(縣) 무츠노바루(六野原), 구미자코(久見迫) B110호 토광 예는 표비를 장비(裝備)해서 기마 풍습의 도입과 동시에 순장이 개시된 것을 시사한다고 하였다. 그리고 종래 표비의 출토수가 적었던 것은 주체부에 매납되지 않았기 때문이라고 지적하였다(桃崎裕輔, 1999).

출토 유기질제 표비의 전개와 지역 간의 관계를 살펴보았다.

그 결과, 일본 내부의 지역적 특색과 분포상황은 우리나라 모든 지역과의 관계를 바탕으로 도래인의 분포 등 특별한 상황을 반영하고 있을 가능성도 있지만 모식도를 단순화하는 것은 위험하다고 할 수 있다. 그리고 유기질제 표비라는 재갈의 한 형식만 언급하였기 때문에 정치적 권력과 연결되었던 판상(板狀)·환상(環狀) 재갈멈추개를 포함한 행엽 등의 형태·재질 및 제작기법 등에 주목하여 마장(馬裝) 전체에 대한 시기적인 변화와 지역적 특색 검토를 앞으로의 과제로 삼고자 한다.

제3절 동아시아 출토 표비의 구조적 분석과 전개

| 머리말 |

마구의 발상지인 서아시아에서 중국·우리나라·일본 등의 제지역(諸地域)을 통틀어서 공통적으로 확인되는 것이 재갈이다. 그 중에서도 함 양단(兩端)에 봉상(棒狀)의 부재(部材)를 사용해서 말 입으로부터 빠져나오는 것을 방지한 표비(鑣轡)는 현 상태에서 최고(最古) 마구인 서아시아 루리스탄지방의 청동제 재갈에서 전파의 종착역이라고 할 수 있는 일본의 재갈까지 연속적으로 면면히 볼 수 있다. 이 표비의 계통을 하나의 뿌리로 해서 아시아 전체의 기마기술 전개과정을 생각해 보고자 한다.

재갈 부속품 가운데 함(銜)이 말 입안에서 탈락하는 것을 방지하면서 함을 말머리에 안정적으로 장착할 수 있는 장치를 재갈멈추개(cheek-piece)라고 부르는데 중국에서는 표(鑣)라 하고 일본에서는 경판(鏡板)이라고 한다(이난영·김두철, 1999).

현재 표비에 대한 정의는 현존하는 함과 인수의 조합, 입문용금구의 잔존, 금속제 봉상(棒狀) 재갈멈추개 등의 요소로 규정되고 있다. 결국 재갈멈추개 외형(外形)에 중점을 둔 정의이다. 그러나 표(鑣)와 함(銜)의 연결방법에는 여러 가지가 존재하고 특히 다른 형식의 재갈인 판상(板狀)·환상(環狀) 등의 재갈멈추개를 가진 것과 연결방법이 같은 것도 있다. 이 경우 재갈멈추개의 외형은 다르지만 보다 본질적인 기술계통상으로는 동일하다고도 할 수 있다. 외형적으로 유사한 것이 과도하게 강조되어 기술적 계보를 좀더 정확하게 이야기할 수 있는 연결방법의 차이를 경시한 정의라고 생각된다.

1. 연구사

표비를 초기에 정의한 쓰즈키 오사무(鈴木治)와 이토 아키오(伊藤秋男)는 표비를 녹각제 봉상품(鑣)을 함단(銜端)에 삽입하는 재갈이라고 하였다. 그 중 쓰즈키 오사무(鈴木治)는 표비의 정의에 구체화를 시도하여 함은 2연식이고 각각의 함 외환에 '표(鑣)'를 통과시켜 장착한 것을 표비라고 하였다(鈴木治, 1958). 또한 함은 1연식이고 판상(板狀)의 재갈멈추개 중앙에 뚫린 함 구멍에 함을 관통시켜 고정한 것을 알비(钀轡)라고 하였다.[69] 그리고 이토 아키오(伊藤秋男)는 유기질제 '표'를 이용한 표비의 경우, '표'를 함 외환에 통과시킨 후 U자형 혹은 교구형의 금구 양쪽 각상(脚狀)부분을 함 외환에 걸치고 그 선단(先端)에 '표'를 관통시켜 함 외환에서 떨어져

69 '알(钀)'은 의성표음문자로 함과 재갈멈추개가 접촉할 때 내는 음향을 표현한 것으로 생각된다. '표' 와 달리 재갈멈추개와 함이 부딪칠 때 내는 음향이 유달리 시끄럽고 '알' 자는 이것에서 착안된 문자로 추정되고 있다(鈴木 治, 1958).

나오는 것을 방지하였다고 생각하였다. 그리고 금속제 '표'를 사용한 표비의 경우, '표' 자체에 입문이 만들어져 있고 이것에 함 한쪽 끝을 관통시켜 루프모양으로 구부려 고정시켰다고 하였다(伊藤秋男, 1974).

쓰즈키 오사무(鈴木治)와 이토 아키오(伊藤秋男)의 연구는 표와 함(銜)의 장착방법에 관계없이 함 외환을 통과한 재갈멈추개가 봉상의 부재(部材-표)를 사용하고 있는 재갈을 표비라고 부르고 있다.

여기에서는 우리나라를 포함한 동아시아 출토 재갈을 대상으로 함과 재갈멈추개의 결합방법을 중심으로 형식분류를 실시하고자 한다. 이를 통해 이제까지 함 외환에 봉상(棒狀)의 재갈멈추개를 끼워 넣은 기존의 표비로 규정된 재갈이 서아시아에서 중국, 우리나라를 거쳐 일본에 이르기까지 어떠한 형태로 다른 형식들과 공존하고 있는지 검토하고자 한다. 재갈이라는 공통된 형식을 결합방식이라는 기술적인 측면을 이용하여 동아시아 각 지역에서의 변천과정과 특징을 살펴보는 계기를 마련하고자 한다.

2. 우리나라 출토 재갈의 형식분류

현재 표비라는 용어는 함(銜)과의 결합방식에 관계없이 함 외환을 통과한 재갈멈추개의 형태가 봉상을 띠고 있는 재갈이라는 의미에서 대부분 사용되고 있다. 따라서 여기서는 기존의 분류인 재갈멈추개 외형(형태)으로 구분된 판상(板狀), 환상(環狀), 봉상(鑣) 등을 바탕으로 함과의 결합방식에 중점을 둔 새로운 분류안(分類案)을 모색하고자 한다.

먼저 우리나라에서 출토된 재갈을 대상으로 하며 봉상의 재갈멈추개를 가진 재갈이 주체이지만 필요에 따라 판상과 환상의 재갈멈추개를 가진 재갈도 언급하고자 한다. 함과 재갈멈추개의 결합방식에 주목하면 다음과 같이 4가지로 분류할 수 있다.

1) 관통식(貫通式)

재갈멈추개 중앙에 뚫린 구멍으로 함 본체를 통과시킨 후, 재갈멈추개 바깥쪽에 함 외환을 만든 것으로 여기에서는 '관통식(貫通式)'이라고 한다. 쓰즈키(鈴木) 분류의 '알비(鑣轡)'에 해당된다. 재갈멈추개 외형(형태)은 판상(板狀)이 대부분이며 봉상(棒狀)도 소수 확인되고 있다. 재갈멈추개의 재질은 모두 금속제이다(도 36).

관통식의 시원(始原)은 서아시아에서 찾을 수 있다. 현재 이란 자그로스산맥 서부에 위치하는 루리스탄지역에서 기원전 1000년경의 것으로 추정되는 청동제 재갈이 알려져 있다. 재갈멈추개의 형태는 동물의 의장(意匠)을 표현한 판상형으로 재갈멈추개 중앙에 뚫린 구멍으로 함을 통과시키고 있어 관통식에 해당된다(岡山市立オリエント美術館, 2002). 또한 봉상형의 재갈멈추개 양쪽에 말머리가 장식된 것으로 금속제 인수가 동반되지 않은 유례도 확인되고 있다(도 36-③).

한편, 함 본체가 하나의 봉(棒)으로 된 1연식은 루리스탄지역에서는 많이 알려져 있는 반면 두 개의 함으로 이루어진 2연식은 주로 중앙아시아 지역에서 발견되고 있다.

우리나라의 경우, 봉상의 재갈멈추개는 의성 학미리 3호 수혈식석곽

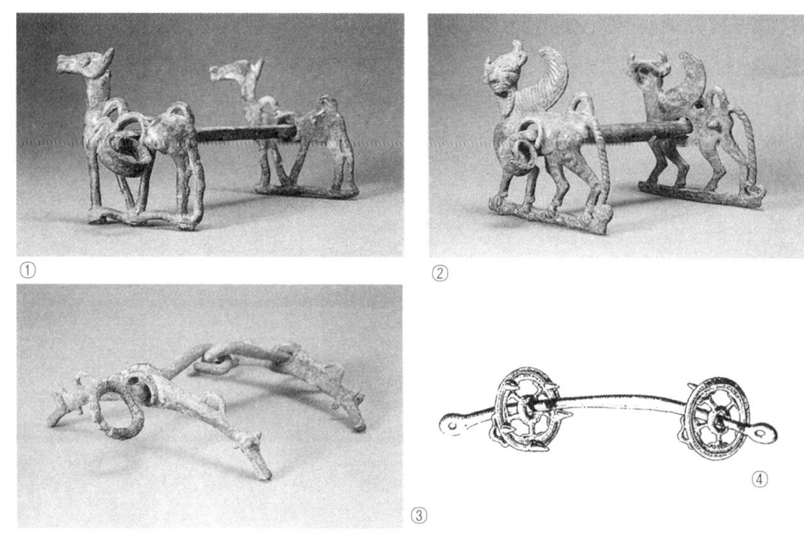

①~③ 루리스탄지역 출토품　　　④ 가자(Gaza) 지구 출토품

〈도 36〉 관통식의 예 (축척부동)

출토 예가 있으며 시기적으로는 5세기 후엽 이후에 해당된다(경북대학교박물관, 2002). 이 외 관통식은 판상의 재갈멈추개를 가진 합천 옥전 20호분 예[70] 등이 알려져 있으며 보고서에서 함유금구(銜留金具)가 없다고 표현되어 있다.

70 보고서의 표현에 따르면 다음과 같다. 재갈멈추개는 하연(下緣)이 내만한 평면 타원형으로서 제작은 두께 0.3㎝의 철판을 재단하여 본체를 만든 다음 주연(周緣)은 외측으로 폭 0.3㎝ 정도 둥글게 접었다. 함유금구(銜留金具)는 없으며 둥근 횡장방형(橫長方形)의 함공(銜孔)을 통하여 함 외환이 외측으로 돌출되었다. (중략) 함과 재갈멈추개, 인수의 연결방법은, 재갈멈추개는 함유금구를 통하여 함에 끼워졌으며 함 외환과 인수 내환은 유환을 매개로 하여 연결된 함-유환(遊環)-인수의 간접연결법을 취하고 있다(경상대학교박물관, 1998).

이와 같이 관통식에는 봉상과 판상의 재갈멈추개가 공존하고 있으며 시기적으로는 5~6세기대가 중심인 것을 알 수 있다.

2) 일체식(一體式)

함 외환과 재갈멈추개를 같이 붙여 고정·제작한 것으로 '일체식(一體式)'이라고 한다. 유례가 적은 편에 속하며 재갈멈추개의 형태는 판상(板狀)과 봉상(棒狀)이 공존한다(도 37).

보통 일체식은 함 외환이 재갈멈추개의 바깥쪽에 위치하고 있으며 재갈멈추개와 같이 붙어 하나로 제작되어 있기 때문에 관통식이 간략화된 것으로도 생각할 수 있다. 이러한 유례는 루리스탄지역에서 확인되고 있으며 재갈멈추개의 형태가 봉상으로 말 모양인 것도 있다(馬の博物館, 2001). 말머리를 위로 한 상태에서 봉상 중간에 구멍이 두 개 있고 두 구멍 사이에 함 외환이 위치하는 형상이다(도 37-②). 즉, 재갈멈추개인 마형 봉상과 함 외환이 동시에 주조되었다고 생각된다.[71]

지리적으로 서아시아·중앙아시아에 가까운 내몽골지역은 영성현(寧城縣) 남산근(南山根) 101호묘·102호묘 등의 출토품이 있으며 이것은 기원전 9세기~7세기로 알려져 있다(東京國立博物館, 1997). 101호묘 예는 함과 재갈멈추개가 가동식(可動式)으로 조합된 형태로 주조품이다. 함 양쪽은 재갈멈추개에 걸쳐져 탈락되지 않게 끝이 작은 원판으로 되어 있고 안쪽에

71 또 다른 예를 소개하면 재갈멈추개가 함과 하나로 주조가 되어 있어 움직이지 않는다고 하였다(高浜秀·林俊雄·雪嶋宏一 編, 1992).

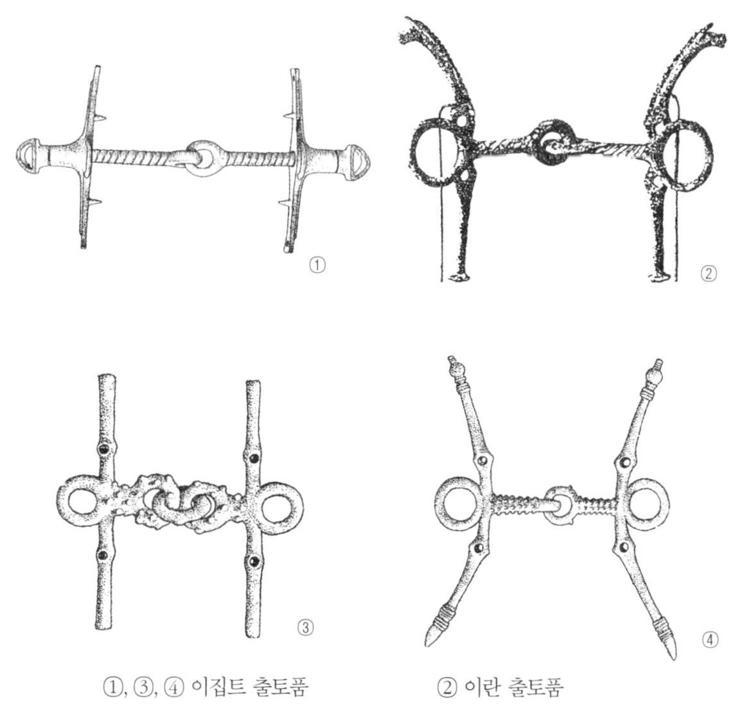

①, ③, ④ 이집트 출토품　　② 이란 출토품

〈도 37〉 일체식의 유례 (축척부동)

작은 원주형(圓柱形) 돌기가 만들어져 있다. 재갈멈추개는 十자형을 띠며 끝은 갈고리모양으로 안쪽에 돌출되어 있다. 이 유형은 관통식이 변형된 것으로 생각된다.[72] 그리고 원형에 가까운 재갈멈추개 안쪽에 작은 못처럼 돌기가 있는 것은 이집트에서 발견된 예와 유사하다(岡野正男, 2000). 한편, 102호묘 출토품은 관(管)처럼 된 'く'자형 재갈멈추개를 가진 것으로

72 이것과 유사한 형태가 스키타이지역에서 확인되고 있으나 삽입식(揷入式)으로 표현되어 있다(M. A. LITTAUER AND J. H. CROUWEL, 2002). 실물을 견학하지 않은 상태이므로 삽입식일 가능성도 배제할 수 없다.

함 양쪽은 작은 원판으로 되어 있다. 함 외환과 재갈멈추개가 T자형을 이루고 외측에 3개의 구멍을 가진 예는(岡野正男, 2000), 도면상의 판단이지만 일체식(一體式)일 가능성이 있다.

현재까지 우리나라에서 일체식으로 추정되는 유례는 발견되지 않고 있다.

3) 결합식(結合式)

재갈멈추개 자체에 뚫린 구멍 혹은 고리(環)에 함 외환을 연결시킨 것으로 '결합식(結合式)'이라고 한다. 예를 들면 재갈멈추개에 구멍을 뚫은 경우, 함유금구(銜留金具)가 부착되어 있어 함 외환과 연결시킬 수 있다. 재갈멈추개의 외형(형태)은 판상(板狀), 봉상(棒狀), 환상(環狀) 등이 알려져 있다(도 38-①~④).

현재 러시아 연방인 카라차이체르케시아공화국의 쿠반강 하류를 중심으로 한 북(北)카프카스지방에서 러시아공화국의 드네프르강 유역에 이르는 스텝지대 및 삼림(森林) 스텝지대에 많이 발견되고 있는 재갈이 있다. 주로 스키타이민족이 제작·사용하였던 것으로 추정되고 있어 일명 '스키타이식 재갈'이라고 불린다. 그 연대는 기원전 9세기~4세기경에 해당되는 것으로 알려져 있다(山本忠尙, 1972). 스키타이식 재갈에는 결합식(結合式)과 삽입식(挿入式)이 확인되고 있다.

이 가운데 봉상의 재갈멈추개에 고리(環)가 부착되어 있거나 구멍(孔)이 뚫려 있는 예가 있다. 구멍(孔) 또는 고리(環)가 3개 부착된 금속제가 특징적이며 이것을 '삼환식(三環式)', '삼공식(三孔式)'이라고 한다(도 38-①, ②).

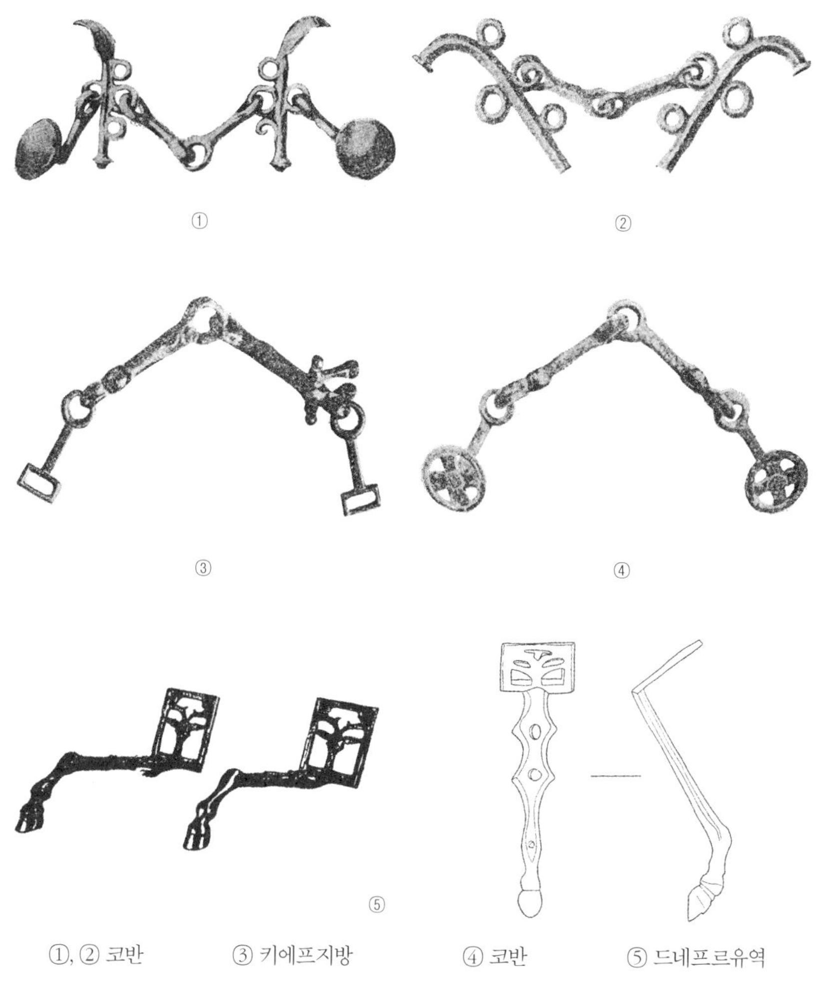

①, ② 코반　　③ 키에프지방　　④ 코반　　⑤ 드네프르유역

〈도 38〉 스키타이지역 출토 재갈의 유례 (축척부동)

함 외환 역시 2개가 연접해 있는 이른바 '2연접외환(二連接外環)'함(銜)을 동반하는 경우도 있다(도 38-③, ④).

2연접외환의 함과 삼환식·삼공식의 결합방식은 함과 봉상 재갈멈추개가 직접 연결, 혹은 끈이나 띠로 서로 연결하였을 것으로 추정되고 있다. 그리고 2연접외환 중 남은 구멍 혹은 고리 하나에는 인수가 장착되었을 것이다. 결합식 중에서 가장 이른 단계에 속한다고 할 수 있다. 2연접외환의 함에 봉상 재갈멈추개를 동반하는 것과 재갈멈추개 없이 확인되는 예가 차지하는 비율이 거의 비슷하다. 또한 형태가 다른 함에서도 재갈멈추개가 동반되지 않는 것이 전체 수의 50% 정도를 나타내고 있어 유기질제 봉상 재갈멈추개가 존재하였을 가능성이 생각된다(山本忠尙, 1972).

봉상 재갈멈추개 중에서 구멍(孔) 혹은 고리(環) 3개를 가진 것은 재갈멈추개 중앙과 양쪽에 등간격으로 구멍 또는 고리를 배치한 것과 중앙에 3개를 집중시킨 것이 있다. 전자는 현재 러시아공화국의 돈·도네츠강 유역의 카미세바후, 이즈요무, 러시아공화국의 드네프르강 유역의 보루세이베로제류카 등에서, 후자는 러시아공화국 도네프르강 유역의 자보친 524호묘, 스타루샤-야묘지 1호묘, 에미체카 375호묘 등에서 그 유례가 알려져 있다. 같은 그룹 내에서의 시기적인 차이는 확언하기 어렵지만 대체로 기원전 6세기경에 속하는 것으로 추정되고 있다.

한편, 시야를 우리나라로 돌리면 봉상의 재갈멈추개 중 결합식에 해당되는 것에는 금속제 봉상 재갈멈추개 중앙에 구멍을 가진 예가 있다. 이런 유형에 주목한 김두철은 구멍 개수가 2개인 것과 1개인 것으로 구분하고 전자에서 후자로 변천한다고 생각하였다(이난영·김두철, 1999). 시기에 대해 전자는 삼한시대 목관묘이며 김해 양동리 162호묘 단계인 3세기 이전, 후자는 삼한시대 목곽묘 단계이며 4세기대 전후로 추정되고 있다.

여기서는 구멍이 하나인 것을 1공(孔)식, 구멍이 2개인 것을 2공(孔)식으로 표현하고자 한다. 이 가운데 1공식의 결합방식에 대해 일반적으로 구멍(孔)에 함이 걸쳐졌다고 생각되지만 구멍에 남겨진 단편(斷片)에서 구멍과 함을 별개의 고리(環)로 연결한 것도 있다.[73] 유례는 경주 황성동 1호분·46호분, 울산 하대 1호 목곽묘·43호 목곽묘, 포항 옥석리 113호 목곽묘 등에서 출토되었다(도 39-①, ②).

재갈멈추개의 형태가 판상(板狀)인 결합식은 김해 대성동 41호분, 마산 현동 43호분, 부산 복천동 95호분, 경주 월성로 가13호분 등의 출토품이 있다. 이들은 입문(立聞)을 가진 타원형 혹은 사각형의 재갈멈추개에 함유금구가 만들어져 있어 함과 연결되고 금속제 인수를 동반하고 있다. 이러한 판상 재갈멈추개는 5세기 전엽 이후에 증가하는 추세를 보인다. 또한 현재까지 알려진 도면에서, 특히 타원형의 재갈멈추개에 함유금구가 표현되어 있지 않아 관통식으로도 추정할 수 있으나 실제로는 그렇지 않다.[74] 예를 들면 경주 황남대총 북분 출토품의 경우, 실측도와 사진 등에서는 함유금구를 확인할 수 없으나 실물을 관찰하면 함유금구를 가진 결합식이다.[75]

또한 '2연접외환(二連接外環)'을 가진 함(銜)은 판상 재갈멈추개를 동반하고 있다. 익산 입점리 1호분, 해남 월송리 조산고분 등의 예가 알려져 있으며 이들은 5세기 후반 이후에 속한다.

73 울산 하대 1호분 출토 예를 들 수 있다.

74 경주 황남대총 북분·천마총·식리총·금령총·노서동 138호분·은령총·황남동 151호 석실분, 창녕 교동 7호분·11호분, 대구 내당동 55호분, 남원 월산리 M1-A호분 등 다수의 예가 결합식에 해당될 것으로 생각된다.

75 이 외에 천마총 출토품에서도 확인할 수 있었다.

4) 삽입식(揷入式)

기존에 표비로 알려진 대부분의 것이 여기에 속하며 함 외환에 재갈멈추개(鑣)를 통과시킨 것이다. 여기서는 '삽입식(揷入式)'이라고 한다. 재갈멈추개의 외형(형태)은 봉상(棒狀)이 주류를 이루며 재질은 금속제와 유기질제가 있다.

먼저 스키타이식 재갈 중 삽입식은 봉상(棒狀) 재갈멈추개 본체 중앙에 구멍 2개를 가진 것으로 두 구멍 사이의 재갈멈추개 폭은 다른 부위, 즉 양 끝의 재갈멈추개 폭보다 얇게 만들어져 있다. 재질은 청동제 또는 철제이다. 이 가운데 S자형으로 구부러진 봉상(棒狀) 재갈멈추개의 양끝에 맹수 발을 표현하거나 2개의 발톱을 소용돌이처럼 묘사한 예도 있다(增田精一, 1964). 봉상(棒狀) 재갈멈추개 본체 중앙에는 구멍 2개가 뚫려 있다(도 38-⑤). 시기적으로는 기원전 5세기~4세기경에 해당하는 것으로 알려져 있다(山本忠尙, 1972).

또한 이토 아키오(伊藤秋男)가 지적한 금속제 '표(鑣)'를 사용한 표비와 같이 봉상 재갈멈추개에 입문(立聞)을 부착한 유례는 중앙아시아에서 동유럽에 걸쳐 넓게 분포하고 있다. 기원전 4세기·3세기로 추정되는 돈강 하류의 도뉴로후카 9호분을 비롯한 중부 우랄산맥 서쪽의 피에루무시 네브오리노 48호분, 마찬가지로 남부 우랄산맥 서쪽의 우할시 비루스크 2호분 등 전자는 6세기, 후자는 4세기~5세기의 예로 오랫동안 광범위한 지역에서 사용되었던 것으로 추정된다(伊藤秋男, 1974).

우리나라의 경우, 삽입식에는 금속제 봉상 재갈멈추개를 가진 것과 현존하지 않는 유기질제 봉상 재갈멈추개가 사용된 예가 있다. 먼저 금

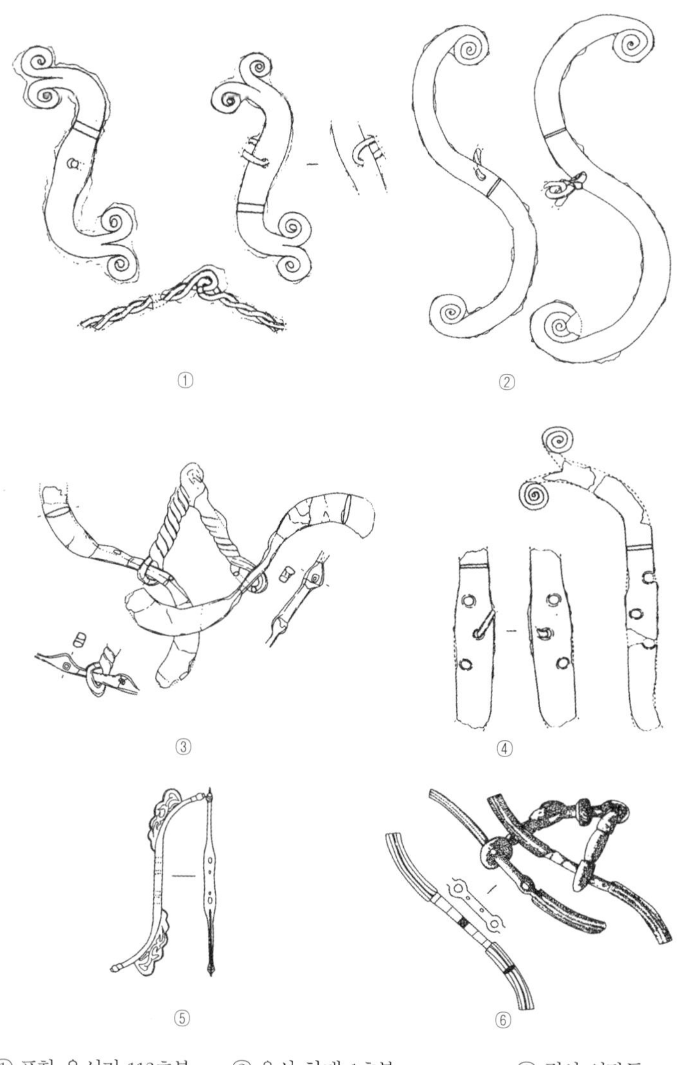

① 포항 옥성리 113호분　② 울산 하대 1호분　③ 경산 임당동 A-I-96호분
④ 포항 옥성리 115호분　⑤ 평양 석암리 219호 목곽묘　⑥ 평양 석암리 9호 목곽묘

〈도 39〉 우리나라 출토 재갈의 유례 (축척부동)

속제 봉상의 재갈멈추개를 가진 것은 평양 석암리 9호 목곽묘·194호 목곽묘·219호 목곽묘, 평양 대동군 상리, 평양 정백동 37호 목곽묘 등의 예가 알려져 있다. 재갈멈추개 양쪽 끝에 고사리문양을 장식하고 중앙보다 폭을 넓게 한 것, 구멍(孔)이 없는 예로 함 외환에 삽입되는 중앙을 가늘게 만들고 양쪽 끝을 두껍게 한 것 등이 보인다. 평양 석암리 219호 목곽묘에서는 화분형토기, 광구단경호, 차마구, 농공구, 칠기, 청동용기 등이 출토되었으며 다카쿠 겐지(高久健二)의 분류에 의하면 정백동 2호분, 정백동 17호분, 정백동 37호분 등과 같은 시기에 해당된다. 정백동 37호분에서 地節4年(기원전 66년), 정백동 2호분에서 永始3年(기원전 14년)의 기년명이 있으므로 기원전 1세기 후반대로 추정되고 있다(도 39-⑤)(樂浪漢墓刊行會, 1975; 高久健二, 1995).

또한 김해 양동리 162호묘, 창원 다호리 69호분·70호분, 대구 평리동, 경산 임당동 A-I-96호분·A-I-139호분·A-I-145호분 등의 유례가 알려져 있다(도 39-③). 이 가운데 대구 평리동은 세형동검을 비롯한 동과, 십자형(十字形)검파두식(劍把頭飾), 전한 말기의 훼용문경(虺龍文鏡), 한국제 방제경 등이 출토되어 심봉근의 분류에서 영천 어은동유적과 함께 한국식동검기 제4기에 해당된다. 이 단계는 대략 기원전 1세기 말엽에서 기원 1세기대로 추정되고 있다(尹容鎭, 1981; 沈奉謹, 1999).

구멍(孔)이 있는 봉상 재갈멈추개는 구멍이 2개인 것과 함께 4개인 것도 있다.[76] 앞에서 서술한 김두철이 주목한 2공(孔)을 가진 금속제 봉상

76 포항 옥성리 115호분과 같이 구멍이 3개인 것도 있다(도 39-④). 이에 대해 김두철은

재갈멈추개도 삽입식에 속하며 함 외환은 봉상 재갈멈추개 본체 중앙의 두 구멍 사이에 가늘게 만들어진 부분에 걸쳐지게 된다.

여기서는 봉상(棒狀) 재갈멈추개 본체 중앙에 4개의 구멍(孔)을 뚫은 것에 주목하고 싶다. 본래 삽입식(揷入式)에서 확인되는 2개의 구멍(孔)은 면계와 연결하기 위한 것으로 추정되나, 4개의 구멍은 함 외환이 재갈멈추개에서 빠지는 것을 방지하기 위한 기능도 첨가된 것으로 생각된다. 예를 들면 봉상 재갈멈추개 중앙에 4공(孔)이 있는 출토품(도 39-⑤, ⑥)은 구멍 4개 가운데 2개의 구멍은 함 외환의 탈락을 방지하기 위해 끈 등을 이용하여 함 외환을 고정하고 나머지 구멍 2개는 면계와의 연결에 사용되었던 것으로 추정된다.

함 외환을 고정하는 구멍의 기능은 삽입식에서 금속제 봉상 재갈멈추개를 가진 것, 입문(立聞)과 재갈멈추개가 일체형(一體形)으로 된 것, 혹은 별개의 고리(環)를 이용하여 함 외환을 고정하는 것 등과 관련이 있을 것으로 생각된다. 금속제 봉상(棒狀) 재갈멈추개에 입문(立聞)을 가진 예는 부산 복천동 38호분·60호분, 김해 대성동 2호분, 경주 내남면 탑리, 천안 두정동 5호분 등의 자료가 알려져 있다. 신경철은 복천동 60호분과 대성동 2호분 출토품과 같이 재갈멈추개의 형태가 S자형인 것은 중국 길림성

양쪽 두락 연결구멍 2개를 생략하고 중앙의 함 연결구멍 1개만을 남기는 형식으로 정형화되어 간다고 하였다. 또한 함 연결구멍 1개가 폭 중앙에 뚫려 있는 것에 반해, 옥성리 115호분의 3개는 모두 측연쪽에 치우쳐 뚫려 있는 것도 변화과정을 나타내는 주요 요소로 판단하고 있다. 하지만 필자는 3개의 구멍 크기가 거의 유사한 점 등에서 구멍 1개인 것과 공존하면서 3개의 구멍을 만들었지만 양쪽 구멍 2개가 본래의 기능을 상실한 것으로 추정된다.

유수노하심(楡樹老河深) 중층(中層) 56호묘 예와 유사하다고 지적하며 낙동강하류지역 초기마구의 직접적인 계보로 추정하고 있다(신경철, 1997). 연대는 대략 4세기~6세기로 이른 시기의 것은 4세기 중엽부터 출현한다고 추정되고 있다.[77]

한편, 유기질제 봉상(棒狀) 재갈멈추개는 입문용금구(立聞用金具)가 그 기능, 즉 함 외환이 재갈멈추개에서 빠지지 않게 고정하고 면계와 연결하는 기능을 한다고 생각된다. 유기질제 봉상 재갈멈추개를 가진 것은 입문용금구만 잔존하는 경우가 일반적이다. 이토 아키오(伊藤秋男)가 지적한 것과 같이, 녹각 등의 봉상 재갈멈추개를 함 외환에 통과시킨 뒤 U자형 혹은 교구형(鉸具形) 금구의 양쪽 다리 사이에 함 외환을 걸치고 금구(金具) 선단(先端)을 봉상(棒狀) 재갈멈추개에 관통시켜 함 외환이 재갈멈추개로부터 탈락되는 것을 방지하였다고 생각된다. 입문용금구는 부산 복천동 69호분·71호분 등에서 출토되고 있으며 그들의 시기는 동반되는 파수부노형기대, 원저호 등에서 38호분은 4세기 전엽, 60호분과 69호분은 4세기 중엽에 속한다고 할 수 있다.

77 경주 내남면 탑리 예의 연대에 대해 이상률은 재질(材質)을 비롯하여 표(鑣)의 형태가 단면 원형(圓形)의 봉상인 점에서 기원전 1세기에서 기원후 1세기대의 낙랑목곽묘에서 출토된 한식(漢式) 표비와 유사한 형태를 띤다고 하였다. 다른 한편으로는 표가 함 외환에 삽입되지 않고 함신(銜身)에 별도로 환(環)을 만들어 삽입시킨 점, 유환의 존재, 표 중앙에 부착한 입문(立聞) 역할의 금구 등에서 4세기대에 속할 가능성도 시사하였다(이상률, 1996). 필자는 이 출토품을 실견하지 못해 도면으로 판단하여 착오를 범할 수 있겠지만, 함 내환과 함 외환 사이에 표가 위치하고 있는 점에서 일체식(一體式)일 가능성도 배제할 수 없을 것 같다.

이상과 같이 4형식 중 발생학적 면에서는 관통식(貫通式)과 일체식(一體式)이 결합식(結合式)과 삽입식(挿入式)보다는 앞서고 있는 것을 알 수 있다. 우리나라의 경우, 결합식과 삽입식이 관통식과 일체식보다 이른 시기에 집중하고 있다. 이 가운데 기존의 표비로 알려진 재갈은 결합식과 삽입식에 해당된다는 것을 알 수 있다.

이제까지 '표비(鑣轡)'로 일괄되어 온 봉상(棒狀) 재갈멈추개는 함과의 결합방식이라는 면에서 다양한 종류의 결합식과 삽입식이 분포하고 있어 우리나라 독자적인 형태로의 발전도 확인되고 있다.

3. 동아시아 출토 표비의 분포와 전개

4형식 가운데 우리나라 출토 표비의 대다수를 차지하는 결합식과 삽입식을 중심으로 지역적으로는 주변의 중국과 일본에서의 출토상황 및 표비의 전개과정을 살펴보고자 한다.

1) 분포

① 삽입식

중국의 경우, 중원지역인 호북성(湖北省) 광화오좌분(光化五座墳) 3호 목곽묘, 낙양소구(洛陽燒溝) 1038호 전실묘, 북경대보태묘(北京大葆台墓) 등에서 재갈이 출토되고 있다(도 40-⑤, ⑥). 재갈멈추개 외형은 봉상(棒狀)으로 양쪽 끝에 고사리문양 등을 장식하고 있어 봉상(棒狀) 중앙보다 양쪽 끝의 폭이 넓은 것도 있다. 그리고 봉상(棒狀) 재갈멈추개에 스키타이식 재

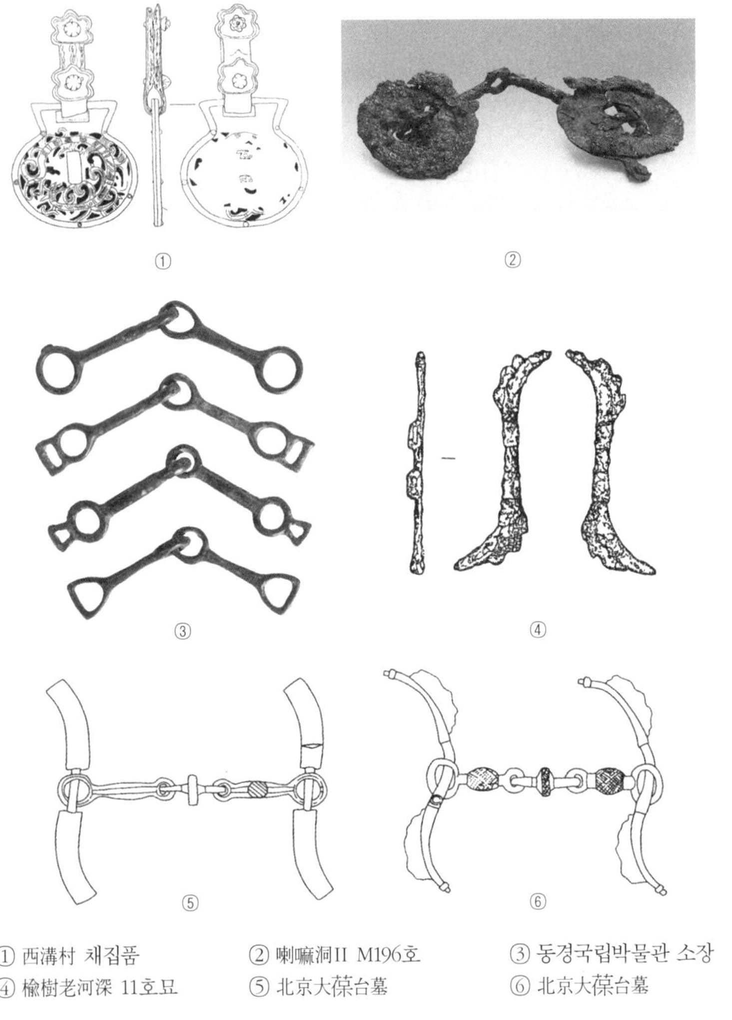

① 西溝村 채집품　② 喇嘛洞II M196호　③ 동경국립박물관 소장
④ 榆樹老河深 11호묘　⑤ 北京大葆台墓　⑥ 北京大葆台墓

〈도 40〉 중국 출토 재갈의 유례 (축척부동)

갈에 보이는 구멍이 없는 예도 있다. 이것은 함 외환을 통과한 봉상(棒狀) 재갈멈추개는 중앙을 가늘게 하고 양쪽 끝을 중앙보다 두껍게 만들어 함

외환에서 탈락되는 것을 방지하였다고 생각된다. 함은 2연식 이외에 3연식도 보인다. 이상과 같은 특징을 가진 재갈을 이상률은 한대(漢代) 중원에서 등장·유행한 '한식표비(漢式鑣轡)'라고 정의하고 있다. 이들은 기원전 2세기~1세기에 해당된다고 하였다(이상률, 1996).

그리고 길림성 유수노하심(楡樹老河深) 1호묘·11호묘·56호묘·103호묘 등의 예가 있다(도 40-④). 이 가운데 56호묘 출토품은 골제(骨製)로 생각되는 봉상 재갈멈추개를 동반하고 있다. 1호묘와 103호묘의 유례는 스키타이식 재갈과 유사한 금속제 봉상 재갈멈추개로 중앙에는 2개의 구멍이 있으며 두 구멍 사이의 몸체 폭은 양쪽 끝보다 가늘게 만들어져 있다. 또한 11호묘 출토품은 2개의 구멍(孔) 대신 2개의 고리(環)를 부착한 특이한 예로서 스키타이식 재갈 유례에서는 알려지지 않은 것이다. 선비(鮮卑)의 묘로 시기는 2세기 정도로 추정되고 있다(穴澤和光, 1990).

한편, 일본의 삽입식 중 가장 오래된 것은 후쿠오카(福岡)현(縣) 아사쿠라(朝倉)시 이케노우에(池の上) 6호분 출토품이다. 유기질제 봉상 재갈멈추개를 삽입한 것으로 4세기 후엽까지 올라가는 것으로 추정되고 있다. 그 후 5세기에 들어서도 호쿠부규슈(北部九州)지역 외에 긴키(近畿)지역·세토우치(瀨戶內)지역 및 중부고지(中部高地)지역 등에서 분포가 확인되고 있어 일본 마구 초현기에 유기질제 봉상 재갈멈추개의 비중이 높았던 것을 엿볼 수 있다. 함과 함께 동반되는 입문용금구의 출토상황에서 녹각 등 유기질제 봉상 재갈멈추개를 삽입식으로 연결한 것이 '표비'의 주체를 이루고 있다고 생각된다. 또한 금속제 봉상 재갈멈추개를 가진 삽입식에는 우리나라와 달리 일본에서는 출현이 늦어 나가노(長野)현(縣) 오카야

(岡谷)시 고우모리즈카(コウモリ塚)고분 등 7세기 후반부터 보인다(도 42-③). 이들은 단면(斷面) 각상(角狀)의 철봉을 f자형으로 구부린 재갈멈추개 중앙에 교구형(鉸具形)의 입문(立聞)이 단접되어 있다. 입문 다리에 해당되는 곳에 구멍을 설치하고 있으며 함 외환 안에 봉상 재갈멈추개를 통과시키고 있다. 이런 유형의 금속제 봉상 재갈멈추개는 우리나라에서도 7세기 이후에 유행하는 것으로 알려져 있다.

② 결합식

'2연접외환'의 함은 앞에서 서술한 바와 같이 스키타이식 재갈에서 자주 확인되고 있다. 중국에서는 영하(寧夏)의 영하회족자치구(寧夏回族自治區) 중녕현(中寧縣) 관제향(關帝鄕), 중위현(中衛縣) 랑와자갱(狼窩子坑), 고원현(固原縣) 석라촌(石喇村), 하북성(河北省) 회래현(懷來縣) 감자보(甘子堡), 장가구시(張家口市) 소재의 토광묘, 산서성(山西省) 혼원현(渾原縣) 이욕촌(李峪村) 소재묘 등에서 2연접외환을 가진 함이 알려져 있다. 이 유형의 함(銜)은(도 40-③) 스키타이지역의 것과 유사하다. 이 가운데 원평상욕(原平峠峪) 출토품은 2연접외환의 함이지만 고리 안쪽은 두 개가 연결되어 하나의 구멍으로 통하고 있다(增田精一 1996). 2연접외환을 가진 함은 스키타이식 재갈에서 3공(孔) 또는 3환(環)이 달린 재갈멈추개와 함께 동반되는 예가 많은 것에 비해 이들 출토품은 재갈멈추개로 추정되는 유물이 보고되어 있지 않다. 이러한 정황에서 유기질제 봉상 재갈멈추개의 존재를 유추할 수 있다.

그리고 스키타이지역의 봉상 재갈멈추개는 3환(環) 혹은 3공(孔)을 가지고 있지만 하나의 본체에 고리(環)와 구멍(孔)은 병용하지 않는다. 이에 비해 중국 출토품은 하나의 봉상 재갈멈추개 중앙에 고리(環)를, 그 양쪽에 구멍(孔)을 같이 배치하여 만든 것도 있다.

또한 요령성 조양현(朝陽縣) 현성십이대영사(縣城十二台營子) 제1호묘, 요령성 금서오금당소재묘(錦西烏金塘所在墓) 등의 출토품이 알려져 있다. 십이대영자 제1호묘는 세형동검이 출토된 횡혈식석실묘로 춘추 말~전국 초기 즉, 기원전 6세기~5세기라는 연대가 추정되고 있다.[78] 여기서 출토된 재갈은 함이 알려져 있지 않은데 이러한 유형에 대해 마쓰다 세이이치(増田精一)는 봉상(棒狀)금구(金具)를 말의 뺨 양쪽에 장착하고 금구의 한쪽 구멍에는 말 비혁(鼻革)에 해당되는 굴레를 통과시키고 방향이 다른 가운데 구멍에는 귀 뒤를 두른 굴레, 아랫구멍에는 턱 아래를 지나 고삐를 이루는 굴레가 되는 함(銜)을 사용하지 않은 복원안을 제시하고 있다. 이러한 유례(도 41)는 우리나라와 일본에서 발견되고 있지 않아 스키타이지역 재갈의 영향 아래에 있으면서도 중국이 독자적으로 변화시킨 것임을 알 수 있다.

그 외에 판상(板狀)의 재갈멈추개를 가진 안양 효민둔 154호묘 출토품 등이 알려져 있다. 이것은 입문(立聞)을 가진 타원형 재갈멈추개에 금속제 인수가 조합되어 있으며 연대는 4세기대로 생각되고 있다. 도면의 표현은 관통식(貫通式)에 가깝지만 재갈멈추개의 함유금구(銜留金具)에 함 외환이 걸쳐져 있는 것처럼 되어 있기 때문에 결합식 범주에 넣을 수 있을 것이다(도 40-①, ②).

---

78 제1호분에서는 방향이 다른 구멍 3개를 가진 길이 12cm의 봉상금구(棒狀金具) 6점이 출토되었다고 한다(増田精一, 1996).

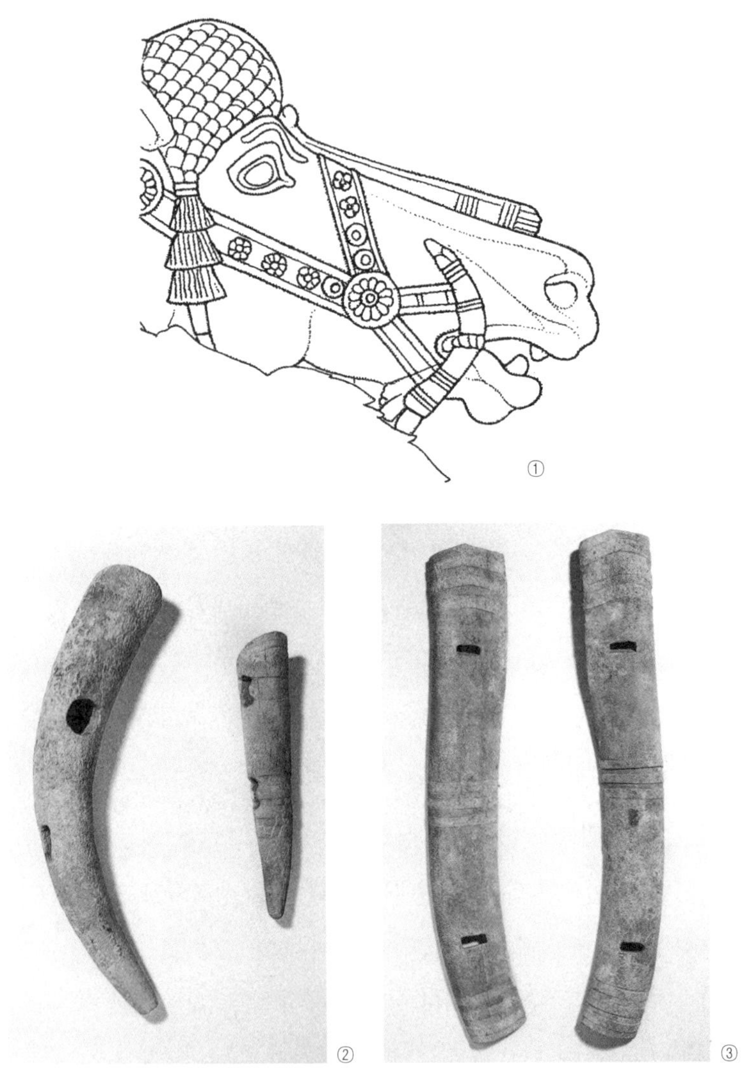

②③ 일본 텐리(天理)대학 부속 텐리(天理)참고관 소장

〈도 41〉 유기질제 봉상 재갈멈추개(함이 동반되지 않은 유례)

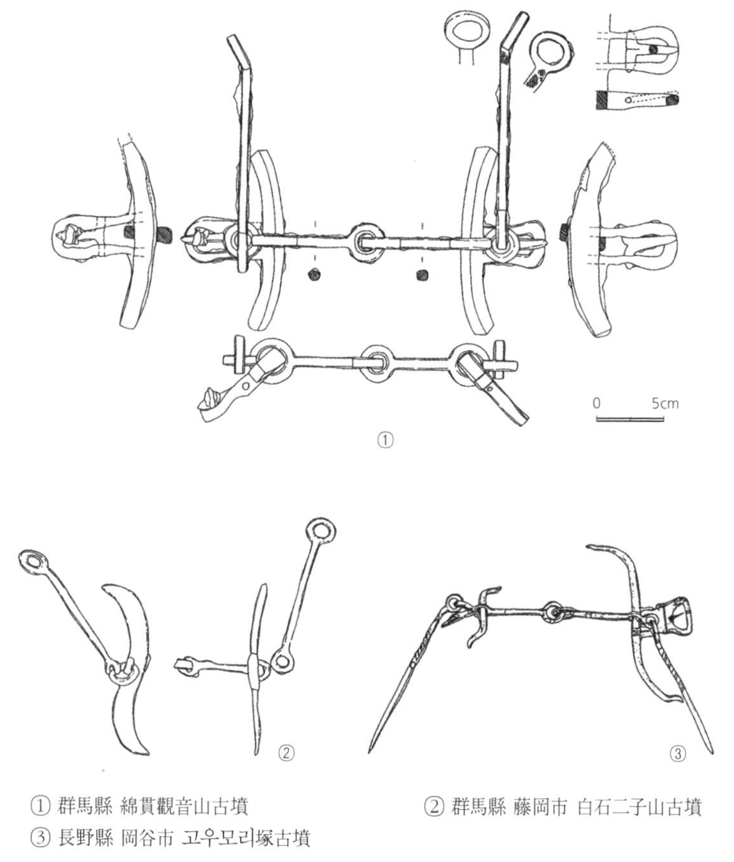

① 群馬縣 綿貫觀音山古墳　② 群馬縣 藤岡市 白石二子山古墳
③ 長野縣 岡谷市 고우모리塚古墳

〈도 42〉 일본 출토 재갈의 유례 (축척부동)

한편, 일본에서 결합식은 판상의 재갈멈추개가 주류를 이루며 형태는 방형, 타원형, f자형, 화형(花形), 하트형, 자엽형(刺葉形) 등 다양하다. 이들 유례를 보면 오사카(大阪)부(府) 하비기노(羽曳野)시(市) 혼다마루야마(譽田丸山)고분(방형), 시가(滋賀)현(縣) 릿토우(栗東)정(町) 신카이(新開) 1호분, 교토(京都)부(府) 교토(京都)시(市) 고쿠즈카(穀塚)고분(타원형), 오사카(大阪)부(府) 후지데라(藤井寺)시(市) 나가모치야마(長持山)고분(f자형), 와카야마(和歌山)현(縣) 와카야마(和歌山)시(市) 오오타니(大谷)고분, 도치기(栃木)현(縣) 가와치(河內)군(郡) 가와치(河內)정(町) 오오츠카신덴(大塚新田)고분(하트형), 미야자키(宮崎)현(縣) 고유(兒湯)군(郡) 다카나베(高鍋)정(町) 모치다(持田) 56호분(하트형), 교토(京都)부(府) 후쿠치야마(福知山)시(市) 호우안즈카(奉安塚)고분(자엽형) 출토품 등이 알려져 있다. 판상의 재갈멈추개에 2연접외환을 가진 함은 후쿠오카(福岡)현(縣) 이즈카(飯塚)시(市) 미야노와키(宮脇)고분, 나가노(長野)현(縣) 이이다(飯田)시(市) 기타혼죠(北本城)고분 등에서 보인다. 그리고 구멍(孔) 혹은 고리(環)를 가진 봉상의 재갈멈추개가 결합식으로 결합된 예가 보이지 않아 일본 자체의 특징으로 간주할 수 있을 것이다.

2) 전개

지금까지 서아시아를 출발하여 일본까지 각 지역의 '표비(鑣轡)'자료를 중심으로 함·재갈멈추개의 결합방식에 주목하여 형식분류를 실시하고 각 지역의 출토상황을 살펴보았다. 여기에서는 '표비'의 기술(함·재갈멈추개의 결합방식)과 형태(봉상 재갈멈추개)가 어떻게 결합되어 동쪽으로 전해져 왔는지 복원해 보고자 한다.

우선 동아시아 마구의 기원지라고 할 수 있는 루리스탄지역을 포함한 서아시아와 스키타이지역에서 함·재갈멈추개의 결합방식을 보면 서로가 전혀 다른 계보의 재갈이 전개되고 있다. 예를 들면 루리스탄지역은 관통식과 일체식, 스키타이지역은 결합식과 삽입식이 존재한다. 재갈멈추개의 경우, 루리스탄지역에서는 동물모양을 한 판상(板狀)의 재갈멈추개를 즐겨 쓴 것에 대해 스키타이지역에서는 금속제 봉상(棒狀) 재갈멈추개가 주류를 이루고 이와 함께 녹각 등의 유기질제 봉상 재갈멈추개가 사용되었을 가능성이 높다. 이러한 현상은 처음부터 의식적으로 행해졌는지는 확언할 수 없지만 재갈멈추개의 형태를 봉상으로 사용하는 지향(志向)은 명확하게 스키타이에서 강했던 것으로 생각된다.

중국에서 재갈멈추개의 형태를 살펴보면 은주시대(殷周時代) 이후 알(鑣), 즉 판상의 재갈멈추개에 대한 지향이 전통적으로 강했던 것으로 추정된다. 이것이 전국시대(戰國時代)부터 한대(漢代)에 걸쳐 서쪽 유목 여러 민족의 영향을 강하게 받아 표, 봉상 재갈멈추개가 성행하게 되었다고 할 수 있다. '표비'는 중국 내에서도 차이를 보이고 있다. 예를 들면 지리적으로 서아시아·중앙아시아에 가까운 내몽골지역에서는 루리스탄지역과 스키타이지역의 요소가 혼재하고 있다. 관통식과 일체식이 각각 존재하고 있지만 고지(故地)의 전형적인 형태는 아니다. 일례로 중국에서는 스키타이지역의 요소인 2연접외환을 가진 함이 금속제 재갈멈추개를 동반하지 않는 예가 있어 독자적인 변용(變容)과 개량(改良)의 흔적을 발견할 수 있다.

중국의 중원지역에서는 삽입식의 봉상 재갈멈추개의 형태도 다양하다. 스키타이지역에서 많이 보이는 S자형 봉상 재갈멈추개를 기본으로 하면서 봉 양쪽 끝에 장식을 붙이거나 봉 중앙의 일정부분을 가늘게 하는 등 독자적인 특색이 확인되고 있다. 또한 2연식의 함과 함께 스키타이지역에는 없는 3연식의 함과도 조합되고 있음을 알 수 있다. 이들은 스키타이지역의 영향을 받으면서도 중국 특유의 색채를 가미하여 승화시킨 것으로 평가할 수 있다.

한편, 중국 동북지방에서는 결합식 예로 판상의 재갈멈추개 중앙에 구멍을 뚫어 손잡이모양을 한 함유금구를 부착시키고 거기에 함 외환을 걸치는 결합방식도 보이고 있다. 또한 타원형을 띤 판상 재갈멈추개까지 포함하여 이들은 중국에서 독자적으로 고안한 형태로 추정할 수 있다. 그리고 봉상 재갈멈추개는 대부분 결합식을 채용하고 있어 스키타이지역의 봉상 재갈멈추개라는 형태를 사용하면서도 결합할 때 고리(環)·구멍(孔) 등의 독특한 요소를 매치시키고 있다. 여기에 함이 출토되지 않는 것도 있어 스키타이지역과는 다른 것을 알 수 있다.

이상과 같은 사실을 정리하면 중국은, 서아시아와 중앙아시아의 영향을 바탕으로 관통식과 판상의 재갈멈추개, 삽입식·결합식과 봉상의 재갈멈추개라는 결합방식의 원칙을 확인할 수 있다. 즉, 루리스탄지역의 관통식, 스키타이지역의 삽입식·결합식이라는 결합방식에서 사용되던 각각의 재갈멈추개 형태를 그대로 이용하고 있어 그 전통이 남아있다고 할 수 있다. 그러나 스키타이지역에서는 유기질제 및 금속제 봉상의 재갈멈추개가 결합식에 주로 사용하던 형태였던 것에 비해 중국에서는 결합식에 판상의 재갈멈추개를 조합시킨 예가 증가한다. 또한 2연접외환을 가진 함과 결합된 봉상 재갈멈추개의 재질이 금속제보다 유기질제(녹각 등)를 사용하는 비율이 높게 나타난다. 이러한 현상에서 중국은 고지(故地)의 중앙아시아에서 봉상 재갈멈추개를 사용한 결합방식을, 판상으로 재갈멈추개를 전환한 흔적과 선학들도 지적한 바와 같이, 전체적으로는 중국 전통의 판상 재갈멈추개에 대한 지향이 강하고 특히, 금속제 봉상 재갈멈추개가 판상 재갈멈추개에 비해 높은 비중을 차지하는 일은 없었던 것으로 추정된다.

다음은 우리나라 정황을 살펴보면 지리적으로 중국과 근접한 북부지역은 삽입식·결합식과 봉상 재갈멈추개라는 결합방식이 지속적으로 확인되고 있다. 그리고 재갈멈추개의 형태 중 특히 타원형이 많은 점 등에서 중국과의 유사성을 지적할 수 있다. 한편, 남부지역 역시 북부지역과 마찬가지로 삽입식·결합식과 봉상 재갈멈추개의 결합방식이 보인다.

결합식에 사용된 금속제 봉상 재갈멈추개는 스키타이지역과 중국의 영향 아래에 있지만 봉상 재갈멈추개 중앙에 구멍을 하나만 뚫은 것은 우리나라 독자적인 특징으로 생각할 수 있다. 삽입식은 4세기 이전에 금속제 봉상 재갈멈추개가 많이 알려져 있으며 프로펠러처럼 생긴 것이나 고사리문양 등 독자적인 장식을 집중적으로 사용하는 것에서, 금속제 봉상 재갈멈추개로의 지향은 현재 알려진 출토 수와 그 비율에서 판단하면 중국보다도 강하다. 그리고 유기질제 봉상 재갈멈추개를 삽입식으로 이용한 예도 5세기 이후에 많아지고 함과 재갈멈추개를 고정하기 위한 입문용금구는 우리나라 내에서도 다양한 공정과 개량이 인정되고 있어 활발하게 사용되었던 것으로 생각된다. 이렇게 우리나라에서는 전체적으로 봉상 재갈멈추개에 대한 지향이 매우 강하게 유지되었던 상황을 엿볼 수 있다. 그리고 현재 판상의 재갈멈추개로 분류되고 있는 'f자형' 재갈멈추개의 조형(祖形)을 봉상 재갈멈추개로 한다면 'f자형' 재갈멈추개는 우리나라 혹은 일본적으로 변형시킨 금속제 '표비'로 간주할 수도 있을 것이다.

일본에서는 루리스탄지역의 관통식과 일체식, 스키타이지역의 결합식과 삽입식 모두 존재한다. 우리나라에서는 알려지지 않고 중국에서도 희귀한 일체식의 예가 일본에서 발견되고 있어 주목된다. 앞으로 우리나라와 중국에서도 유례가 증가할 것으로 추정된다. 그리고 2연접외환을 가진 함에 입문을 갖춘 봉상 재갈멈추개가 삽입식으로 결합된 것도 우리나라와 공통된다.

한편, 구멍(孔) 혹은 고리(環)를 가진 봉상 재갈멈추개가 결합식으로 연결된 예가 보이지 않아 일본 자체의 특징으로 간주할 수 있을 것이다. 그리고 결합식에 사용된 판상 재갈멈추개에는 방형, 타원형, f자형, 화형(花形), 하트형, 자엽형(刺葉形) 등 다양한 형태가 확인되고 있어 주목된다. 또한 입문용금구의 출토상황에서 녹각 등 유기질제 봉상 재갈멈추개를 삽입식으로 연결한 것이 '표비'의 주체를 이루고 있다고 생각된다.

이와 같이 일본에서 판상 재갈멈추개는 금속제, 봉상 재갈멈추개('표비')는 유기질제이라는 점에서 재갈멈추개의 형태와 재질 사이에 거의 완전한 대응관계가 확립되어져 있던 것으로 추정된다. 6세기 후엽이 되면 금속제 봉상 재갈멈추개가 증가하고 봉에 방울을 부착한 삽입식 예도 유행하게 된다. 또한 재갈멈추개의 형태가 봉상에서 판상으로 변용된 듯한 형태인 'f자형' 재갈멈추개의 출토 수도 급증한다. 이것은 결합식에서 5세기 후엽부터 확인되고 6세기대에는 일본 전체로 확산되고 있다. 일본의 '표비'가 다른 지역에 비해 판상의 재갈멈추개와 구별되는 특별한 존재였을 가능성도 엿볼 수 있다.

이상과 같은 사실을 정리하면 함과 재갈멈추개의 결합방식으로 살펴본 재갈 제작기술은 그 연원(淵源)인 서아시아·중앙아시아에서 중국을 거쳐 우리나라·일본까지 거의 완전한 형태로 전해졌다고 해도 과언은 아니다. 전파과정 속에서 중국·우리나라 등 모든 지역에 다양한 기술적 공정(工程)과 계통이 상호 접촉하는 복잡한 움직임을 확인할 수 있었다.

재갈멈추개의 형태를 봉상으로 하는 지향은 발상지로 볼 수 있는 서아시아·중앙아시아에서 전파 종착역이라고 할 수 있는 일본까지 약 1500년의 시공(時空)을 초월하여 이어지고 있지만 그 정도와 구체적인 내용은 지역과 시대에 따라 달리하고 있다. 예를 들면 중국에서는 전국시대 이전은 봉상의 재갈멈추개보다 판상의 재갈멈추개에 대한 지향이 강하게 느껴졌던 것에 비해 기원후 4세기~5세기대 우리나라 남부지역에서는 봉상의 재갈멈추개에 대한 지향이 강했다고 할 수 있다. 그리고 일본에서는 오직 '유기질제'라는 재질과 거의 배타적으로 결합된 특이한 형태로 봉상이 받아들여지고 있는 한편 6세기대에는 금속제 봉상이 증가하고 봉(棒)에 방울을 부착한 것도 종종 보인다.

제 4 장

한·일 기마문화의 전개와 정치사회의 형성

| 머리말 |

동아시아 마구의 연원(淵源)은 기원전 1000년경 이란의 루리스탄지방 혹은 기원전 9~4세기경 중앙아시아(이른바 스키타이계통)에서 유행하던 마구에서 찾을 수 있을 것이다.

우리나라에서는 3세기 이후 삼국으로 발전하는 정치권력이 생겨나고 지역적으로 각기 다른 마구의 제작기술과 기마문화가 전개되었다. 그리고 일본에서도 대륙의 변동에 조금씩 관계를 가지는 위치에 있었다. 일본 고분시대는 우리나라 삼국시대에 해당되며 그 가운데 중기(中期)라는 시기를 특징짓는 갑주와 마구 등은 도래(渡來)문화의 요소로 규정되고 있다. 또한 전방후원(방)분이라는 특유의 묘제와 거기서 출토된 부장품은 기나이(畿內)지역을 중심으로한 각 지역과 각 수장 간의 정치적 관계를 말해주는 자료로서 사용되고 있다.

중국을 포함한 우리나라, 일본 등 동아시아의 마구는 각 지역이 가지는 마구 제작기술의 질(質)과 수준에 따라 여러 형태로 존재할 뿐만 아니라 사회적·정치적 환경의 차이에 따라 마구의 사용방법과 사회적으로 취하는 의미 또한 다양할 것으로 추정된다. 여기에서는 마구 중에서도 재갈과 등자를 중심으로 제작기법에 중점을 둔 검토를 근거로 동아시아 특히 우리나라와 일본의 각 지역에 있어서 부장품으로서 마구 사용법에 따른 차이를 살펴보고자 한다. 그리고 각 지역의 기마(騎馬)와 마구(馬具)에 대한 생각의 차이를 파악함으로써 문화적 측면으로서의 기마의 전개 과정을 그릴 수 있을 것으로 추정된다.

1. 연구사

우리나라와 일본 양 지역 고분에서 출토된 마구의 부장양상을 주된 테마로 언급한 연구는 거의 전무하다고 할 수 있다. 이에 반해 우리나라와 일본의 마구연구는 각 지역 자료의 계보를 찾기 위해 중국 자료를 이용하는 경우가 많다. 이러한 움직임은 1970년대 히구치 다카야쓰(樋口隆康), 아나자와 와코(穴澤咊光)·마노메 쥰이치(馬目順一) 등을 중심으로 진행되었다. 그 가운데 히구치(樋口)는 등자가 승마에 익숙하지 않은 중국인이 말을 탈 때 발걸이로 고안되어 처음에는 한쪽에만 부착하였던 것으로 추정하였다(樋口隆康, 1972). 이것을 바탕으로 아나자와(穴澤)·마노메(馬目)는 1965년 중국 요령성 북표현(北票縣) 서관영자(西官營子)에서 발견된 풍소불묘(馮素弗墓) 출토 등자에 주목하였다(穴澤咊光·馬目順一, 1984a). 전장(全長) 23㎝의 목심금동장(木心金銅張)으로 한 쌍이 존재하는 것과 평면형이 삼각형을 띠고 있어 진대(晉代) 등자와[78] 유사하고 행엽이 동반되지 않는 것에서 등자가 보급된 직후의 고식(古式) 마구의 실례(實例)로 생각하였다.

풍소불묘(馮素弗墓) 출토 윤등(輪鐙)은 병부가 2장의 철판으로 만들어진 것에서 오사카(大板)부(府) 사카이(堺)시(市) 시치칸(七觀)고분 예에 가깝고 병부의 굵기는 경주 황남동 109호분 3·4곽에 유사하며 병(柄)과 윤(輪)의 기부(基部)에 삼각형 쐐기를 삽입한 점은 신카이(新開)고분 등과 일치하고 있다. 그리고 풍소불묘(馮素弗墓)의 출토품과 같이 병부가 짧고 단면이 태형(台形)인 것에서 발전한다고 가정한다면 짧은 병과 윤의 단면이 제형(梯形)인 황남동 109호분 3·4곽과 신카이(新開)고분 출토품은 시치칸(七觀)고분과 같이 약간 긴 병부에 장방형 단면(斷面)을 가진 것보다 이른 시기의 특징을 나타낸다고 생각하였다(穴澤咊光·馬目順一, 1973). 1973~1974년 발굴된 하남성(河南省) 안양(安陽) 효민둔(孝民屯) 154호묘에서 길이 27㎝의 금동제 윤등이 1개만 출토되었다. 이것에 대해 아나자와(穴澤)·마노메(馬目)는 초기 등자는 연대가 내려감에 따라 병부가 짧아지는 경향이 있다고 하였다(穴澤和光·馬目順一, 1984b). 그리고 효민둔 등자가 호족계(胡族系) 묘장(墓葬)에서 확인된 것은 등자가 북방 기마민족 사이에서 발명되었을 가능성을 시사한다고 하였다.

이들 연구는 자료가 빈약한 상태에서 도용(陶俑)을 포함한 부장품에 표현된 등자와 실제 유물을 연결시켜 마구의 발전과정을 설명하고 있다. 우리나라 마구연구에서는 최병현이 신라의 장병계·단병계 등자를 중국

79 호남성(湖南省) 장사시(長沙市) 금분령(金盆嶺) 21호 진묘(晉墓) 출토 기마용은 302년, 남경시(南京市) 상산(象山) 7호묘 출토 토도용(土陶俑)은 322년으로 각각 등자를 표현하고 있다.

의 진대 자료와 연결시켜 관계를 추정하였다(최병현, 1992). 호남(湖南) 장사(長沙) 금분령(金盆嶺) 21호묘, 남경(南京) 상산(象山) 7호묘 등의 도용(陶俑)자료에 표현된 예와 풍소불묘, 효민둔 154호묘, 소양(朝陽) 원태자묘(袁台子墓) 등 실제 출토품과 비교하여 양 지역 등자의 유사점을 강조하였다. 또한 신라 장병계(長柄系) 등자의 성격을 북방 호족(胡族)적인 것으로 추측하고 이 등자와 적석목곽분의 출현을 연결시켜 생각하였다.

신경철은 김해 대성동고분군과 부산 복천동고분군에서 출토된 초기 마구의 자료를 이용하여 우리나라 남부지방에 있어서 기승문화(騎乘文化)의 이입시기, 경로, 계보 등에 대해 고찰하였다(신경철, 1994). 먼저 복천동 69호분 예의 복조인수(複條引手) 형태에 주목하여 중국 동북지방 부여분묘로 추정되는 유수노하심(楡樹老河深) 중층(中層) 56호묘 출토품과의 유사성을 지적하고 가야 초기마구의 계보가 부여 마구문화에 있다고 생각하였다. 그리고 대성동 3호분 출토 행엽의 제작기법에 주목하여 중국 동북지방과의 관련성을 서술하고 복조인수가 19㎝ 정도 길게 되는 것은 고구려 마구문화의 영향을 추정하였다. 또한 김해·부산지역 등 낙동강유역에 한정해서 4세기대에 제1차 마구파급이 있었고 그것은 부여의 영향을, 제2차 마구파급은 고구려의 영향을 주장하였다.

김두철은 판비(板轡)를 중국 북방 호족, 특히 선비족(鮮卑族)에 의해 5호(胡)16국(國)시대에 창안된 것으로 긴 인수의 재갈을 동북아시아지역의 특징이라고 하였다(이난영·김두철, 1999). 효민둔 154호묘과 원태자동진묘(袁台子東晋墓) 출토품이 4세기대 호족계(胡族系) 판비(板轡)를 대표하고 이들이 가진 특징은 고구려를 경유하여 경주 월성로 가 13호분으로 연결된다고 추정하였다. 그리고 삼국시대 표비(鑣轡)는 한대 표비에서 전해져 삼한시대 표비와 중앙아시아의 면계 연결과 다르고 이러한 제작기법 및 기능 변화는 호족계 판비로부터의 영향이라고 서술하였다.

이제까지 마구 부품을 중심으로 한 연구와는 달리 마장(馬裝) 전체에 주목하여 고찰한 것은 치가 히사시(千賀久)이다. 치가 히사시는 고구려 자료를 중심으로 그 마장의 특징과 중국과의 관계에 대해 언급하고 남쪽의 고신라(古新羅)지역에 어떠한 영향을 주었는지에 대해 검토하였다(千賀久, 1985). 일본 후쿠오카(福岡)현(縣) 야메(八女)시(市) 이와토야마(岩戶山)고분 출토 석마(石馬)에 보이는 마장법(馬裝法)이, 일본에서 주로 확인되는 기법인 운주를 중심으로 혁대를 방사선상으로 배치하는 고계(尻繋)와는 차이가 있어 중국 내에서도 북방민족을 중심으로 받아들여진 기법이라고 추정하였다.

동아시아라는 넓은 지역에 대한 전반적인 기마문화를 파악하는 것은 현재 알려진 마구 자료를 이용하여 형태가 서로 유사한 유물이 존재하는 것으로 각 지역 간의 관계를 지적하는 단계이다. 즉, 마구의 외형(外形)에 주목하여 인간과 물건, 정보가 이동한 결과로 각 지역 간의 교류를 서술하는 것이 현재 상태이다. 마구 형태의 유사성이나 독특한 제작방식의 차이를 언급하기 이전에, 일정한 형식의 마구가 존재하는 것을 각 지역에 있어서 마구 사용방법과 그 의미에 차이를 두고 있기 때문에 분포에도 다양성이 나타난다고도 생각할 수 있을 것이다. 따라서 여기에서는 이제까지 검토해 온 마구의 기술적 부분을 바탕으로 우리나라와 일본 각 지역에 있어서 고대사회의 발전과정 중에서 마구가 가지는 의미에 대해서 살펴보고자 한다.

2. 우리나라 지역별 부장양상

각 지역 마구의 부장형태를 파악하기 위해 발굴·보고된 고분군 중에서 마구가 출토된 것을 중심으로 구체적인 사례를 검토하고자 한다. 이제까지와 마찬가지로 (제1기) 부산 복천동 21·22호분 이전 단계까지로 4세기대~5세기 초두, (제2기) 부산 복천동 10·11호분 단계에서 합천 옥전 M1호분까지 5세기 전엽~중엽, (제3기) 합천 옥전 M3호분 이후의 단계로 5세기 후엽 이후로 시기를 설정하고자 한다.

1) 김해지역

이 지역은 대성동·양동리 고분군을 중심으로 마구의 부장형태를 알아보고자 한다. 먼저 대성동고분군에서 마구는 제1기의 것으로 1호분·2호분·3호분·8호분·11호분·14호분·20호분·24호분·39호분·41호분·42호분 등에서 확인되었다. 여기서 42호분을 제외하면 모두 묘광의 길이가 5m 이상의 대형 목곽묘이다. 이 가운데 철도(鐵刀)와 함께 옥류(玉類), 갑주(甲冑)가 세트를 이루어 부장하는 경우가 많으며 여기에 마구를 동반하고 있는 것은 41호분 1예이다. 그 외에 마구가 출토된 유구에서 철도류가 함께 동반되는 것은 별로 없고 철검(鐵劍)이 2예 알려진 정도이다. 이러한 현상에서 반드시 대형 목곽분 내에서 피장자의 신분에 차이가 있다는 것과 마구가 확인된 유구가 최고 높은 계층에 해당된다고는 단정할 수 없다.

양동리고분군에서는 지금까지 공개된 자료 중에서 마구는 78호분·107호분·162호분·196호분·229호분·304호분·321호분·340호분·429호분 등에서 출토되었다. 대도(大刀)와 검(劍)이 세트로 보이는 것은 162호분·200호분·235호분·280호분 등으로 목곽 길이가 5m 이상의 대형에 해당된다. 여기에는 판상철부형(板狀鐵斧形) 철정(鐵鋌)도 함께 출토되었다. 이러한 부장양상을 보이는 유례들 가운데 마구가 확인된 것은 162호분뿐이다. 그 외에 마구와 함께 대도가 출토된 것은 167호분·304호분이며 마구와 검이 부장된 것은 55호분과 78호분 등이다. 이러한 부장양상에서 알 수 있는 것은 마구가 출토된 유구는 도·검이 세트로 알려진 유구보다 피장자의 신분이 약간 낮은 것으로 생각되어 이 고분군 내에서 최고 신분의 피장자라고는 말할 수 없을 것이다. 갑주의 경우, 도·검과 함께 출토되는 유례는 확인되지 않지만 마구를 동반하는 것은 78호분, 107호분, 340호분 등으로 갑주·마구가 부장된 비율은 매우 높은 편이라고 할 수 있다.

한편 재갈, 등자, 행엽 등은 각각 단품(單品)으로 출토되는 경우가 많아 말 전체를 장식하는 하나의 기능적 세트를 이루고 있지 않았을 가능성에 대해 주목하고 싶다. 그 중 재갈의 종류는 표비(鑣轡)와 환상형(環狀形) 재갈멈추개가 대부분이기 때문에 마구 재질로 피장자의 신분을 파악하기는 어려운 상태이다. 또한 중국 동북지방과 일본 등에서 제작된 것으로 주장되고 있는 유물 즉, 장거리를 이동한 유물이 종종 함께 출토되고 있어 피장자는 다른 지역과의 교섭에 관여했던 인물로 추정할 수 있다.

2) 부산지역

이 지역에서는 복천동고분군을 들 수 있다. 마구 중에서는 재갈, 특히 표비의 점유비율이 높지만 그와 함께 환상형·판상(板狀) 등 다양한 형태가 존재한다. 제1기에는 마구와 함께 갑주·대도가 세트로 출토되는 예로서 21·22호분, 69호분, 71호분 등이 알려져 있으며 피장자의 신분이 가장 높은 것으로 추정된다. 이 단계에 속하는 다른 유례를 보면 마구 중에서도 특히 재갈이 많은 편이다. 그 가운데 표비가 주류를 이루며 마구의 종류와 재질에는 그다지 차이가 보이지 않는다. 그리고 마구를 부장한 유구 중 동반유물에서 차이가 확인되어 계층의 분화를 생각할 수 있다. 제2기를 대표하는 유구는 복천동 10·11호분, 39호분, 53호분 등이 있다. 이 시기 복천동고분군 중에서 마구 부장이 감소하는 경향이 보인다. 유례는 적지만 제1기에 보이는 갑주, 대도, 마구(馬具)라는 조합은 계속 발견되고 있다. 또한 금동제 관(冠)과 금제 세환이식 등도 함께 출토되어 최고 높은 신분을 나타내고 있다. 그리고 제2기는 신라로부터의 영향을 생각할 수 있지만 마구의 재질과 부장양상에는 그다지 현저한 변화가 보이지 않는다. 이 지역에서 마구에 대한 의미는 부장의 유무(有無)에도 관계가 있는 것으로 생각된다. 제3기는 복천동 23호분으로 대표되며 이 시기는 마구의 유례도 적어진다.

3) 합천지역

이 지역에서 마구가 많이 출토된 곳은 옥전고분군이다. 마구 중 목심윤등(木心輪鐙)은 5세기가 되면 형식이 다양하게 분화·발달된 양상을 보여 여러 지역과의 관계를 추정할 수 있다. 마구와 함께 출토된 토기가 낙동강 이동(以東)의 창녕지역과 낙동강 이서(以西)의 고령지역 것이 확인되어 주변 지역과의 관계를 엿볼 수 있다.

부장품 중에서 마구의 위치를 구체적으로 보면, 제1기에 속하는 유구는 옥전 23호분, 67-A호분, 67-B호분, 68호분 등이 알려져 있다. 이 시기 마구가 부장된 유구는 갑주와 대도 내지 검이 함께 출토되어, 앞에 서술한 부산지역과 유사하지만 금동제 관과 이식이 같이 확인되고 있어 최고 높은 신분을 가진 것으로 추정된다. 그리고 환상형의 재갈멈추개와 목심윤등이 기본 세트를 이루고 그 외 안금구(鞍金具), 행엽, 운주 등이 함께 출토되는 경우가 많다. 철지금동장(鐵地金銅裝)행엽이 알려져 있어 마구 재질에 차이가 있었던 것으로 추정된다. 제2기가 되면 대표적으로 옥전 28호분, M1호분 등이 축조되며 맹주적인 M1호분에서는 마갑(馬甲)·마주(馬冑)가 재갈, 등자 3세트와 함께 확인되었다. 도굴은 당했지만 갑주와 대도의 부장량이 많고 철모(鐵鉾), 다량의 철촉 등이 발견되었다. 마구 재질의 다양성(多樣性)과 다량성(多量性)에서 계층 분화가 심화되었던 것으로 추정된다. 제3기에는 옥전 M3호분, 70호분, 82호분, M6호분 등이 확인되며 이 중 M3호분에서 3세트의 재갈과 등자가 출토되었고 역시 갑주와 다량의 대도, 소도(小刀) 및 철촉 등이 검출되었다. 마구가 출토된 고분에서 대부분 재갈과 등자가 한 세트를 이루는 것에 대해 맹주적인 고분에서는 재갈과 등자의 세트가 복수(複數)로 확인되고 있어 마구 부장량(副葬量)에 따라 피장자의 신분이 정해졌을 가능성이 시사된다. 그리고 제1기부터 맹주적인 고분에는 마갑(馬甲)·마주(馬冑)가 출토되는 경우가 많아 말 방어구에도 기승자의 신분이 표시되었던 것으로 생각된다.

4) 고령지역

이 지역의 지산동고분군에서는 제2기부터 마구 부장이 보이는데 지산동 32호분, 35호분 등이 알려져 있다. 여기서는 안금구(鞍金具), 재갈, 목심윤등이라는 조합이 확인되고 금동제 관(冠)과 함께 철제대도, 표비 등이 출토되었다. 제3기에는 주석실(主石室) 44호분에서 판상의 재갈멈추개와 목심윤등이 발견되었다. 이러한 조합이 주석실 주변에 배치된 소석곽(小石槨) 중 25호분에서도 알려져 있다. 재갈 중 판상의 재갈멈추개가 가진 장식적 혹은 상징적인 의미에서 보면 마구의 종류와 재질 등이 반드시 피장자의 신분과 반드시 결부되었던 것은 아니라고 생각된다.

5) 상주지역

이 지역에서 마구가 많이 알려진 고분군은 신흥리고분군이다. 이 고분군은 전체적으로 부장품의 양이 적은 편이다. 먼저 제1기에는 나 66호분, 나 39호분 등에서 확인되고 있으며 나 39호분에서는 마구와 갑주 외에 토기 3점이 출토되었을 뿐이다. 그 외 철제무기의 부장량도 그다지 많지 않다. 마구에 있어서는 표비의 비중이 높고 목심윤등에 철판을 보강한 예도 많지 않다. 제2기에는 가 57호분, 다 7호분, 라 89호분 등에서 목심윤등과 함께 각각 환상형 재갈멈추개, 표비 등이 출토되었다. 행엽도 제3기의 라 28호분에서 확인되지만 수가 적다. 철제무기 출토량(出土量) 등의 차이에 따른 계층 표현은 이 지역에서 뚜렷하지 않고 마구의 부장형태도 그리고 피장자의 신분도 직결시키기 어렵다고 추정된다.

6) 청주지역

이 지역은 신봉동고분군에서 마구 부장이 집중되어 있다. 제1기의 유례로서 91호분에서는 재갈이 발견되었다. 제2기에 속하는 것은 71호분, 72호분, 74호분, 80-2호분, 97-1호분 등이 알려져 있다. 제3기에는 B지구 1호분 등이며 전반적으로 마구를 부장한 무덤은 주로 소규모의 토광묘군(土廣墓群)을 이루고 있다. 마구는 모두 실용적인 표비이고 목심윤등은 함께 출토되지만 행엽 등의 장식적인 부품은 거의 없다. 이것에서 실용적인 기마군단의 묘역(墓域)이었던 것으로 생각된다.

7) 경주지역

우리나라에서 경주지역의 적석목곽분의 분구(墳丘) 잔존상태는 다른 유구에 비해 좋은 편에 해당된다. 이러한 상황에 주목하여 경주지역에서 분구의 크기와 마구 부장의 관계를 축으로 조금 상세하게 검토해보면 다음과 같다.

적석목곽분은 그 분구의 규모가 당시의 권력을 일부 반영한다고 추정되고 있다. 그러나 현재 잔존하는 적석목곽분은 봉토의 대부분이 유실(流失) 혹은 인위적으로 파괴되는 등 원상태(原狀態)를 유지하고 있는 것은 극히 드물다. 따라서 분구의 크기만을 분류하는 것에는 한계가 있지만 직경(直徑)의 복원이 가능한 것을 선택하여 2개의 그룹, 즉 분구의 직경이 25m 이하의 것과 25m를 넘는 것으로 구분하였다. 전자를 소형분(小型墳), 후자를 대형분(大型墳)으로 부르고자 한다. 먼저 소형분에는 황남동 109호분·110호분·82호분·83호분, 황오리 4호분·5호분·14호분, 54호분 갑총·을총, 황오동고분, 금령총, 노서리 138호분, 호우총, 은령총, 인왕동 20호분, 미추왕릉 제9지구 A호 파괴고분 등이 있다. 대형분에는 황남대총 남분·북분, 금관총, 식리총, 황오리 1호분, 서봉총, 천마총, 검총, 노서리 제125호분 등이 알려져 있다. 이들 중 마구가 출토된 고분에는 특징적인 경향이 보인다. 예를 들면 관모(冠帽)와 환두대도(環頭大刀)를 동반하는 유례가 많다. 그리고 수식부이식(垂飾付耳飾), 식리(飾履) 등의 금과 금동의 장식구가 출토되는 것이 종종 있다. 물론 이들 부장품의 조합에는 시기적인 차이를 무시할 수 없지만 계층적인 경향을 반영하는 것도 있을 것이다.

제1기에 마구의 부장은 주로 소형분에서만 확인되며 대표적으로 황남동 109호분 3·4곽(지름 13m)이 있다. 제2기에는 대형분이 출현하고 소형분과 함께 공존한다. 이 시기의 대형분에는 황남대총 남분(지름 80m)·북분(지름 80m), 황오리 1호분(복원 지름 30m) 등이 있고 소형분에는 황남동 82호분(지름 20.8m), 미추왕릉 제9지구 A호 파괴고분(지름 15~17m) 등이 해당된다. 제3기에는 대형분으로 금관총(복원 지름 45m), 식리총(복원 지름 30m), 천마총(지름 47m) 등이 있고 소형분에는 금령총(복원 지름 18m), 호우총(복원 지름 16m), 은령총(복원 지름 16m) 등이 있다.

경주지역에서는 이른 단계부터 표비와 함께 장식성이 풍부한 판상의 재갈멈추개도 많이 확인되고 있다. 제1기에는 안금구, 재갈, 등자 등 세트를 이루는 것이 많고 재질은 철제(鐵製)가 중심을 이룬다. 제2기가 되면 묘제에서 전단계(前段階) 이후 소형분 외에 대형분이 등장한다. 마구도 철제 세트와 함께 투조(透彫), 금동제 등 장식성이 강한 마구 세트가 출토된다. 대형분에서는 마구 세트가 복수로 부장되는 예가 많고 다양한 재질의 차이에서 그 사용방법이 달랐던 것으로 추정된다. 철제는 실제 전장(戰場)에서의 사용품, 금동제는 피장자의 신분을 나타내는 장식 마구라는 역할 분담의 차이가 있었을 가능성이 생각된다. 금동제 마구에 관모(冠帽), 수식부이식, 식리, 환두대도가, 금과 금동의 장신구와 함께 출토되는 경우가 많아 그 생각을 검증할 수 있다.

3. 일본의 지역별 부장형태

1) 규슈(九州)지역

제1기의 마구부장 예로서 후쿠오카(福岡)현(縣) 아사쿠라(朝倉)시(市) 이케노우에(池の上) 6호분은 원형(圓形) 주구묘(周溝墓)이다. 안금구와 함 외에 이환(耳環), 철도(鐵刀), 철부(鐵斧), 도자(刀子), 꼬은금구(捩金具) 등이 알려져 있다.

제2기에는 마구부장에 관한 자료 수가 증가한다. 후쿠오카(福岡)현(縣) 우키와(うきは)시(市) 츠키오카(月岡)고분은 전장(全長) 80m의 전방후원분으로 수혈식석실에 장지형석관(長持形石棺)을 동반한다. 금동제 안금구, 재갈, 목심윤등 등의 마구와 함께 금동제 대금구(帶金具), 삼각연이신이수경(三角緣二神二獸鏡), 다수의 도검(刀劍)과 철촉이 출토되었다. 그 중 목심윤등은 단면 오각형이고 파편이지만 윤부 전후면 반 정도까지 철판을 보강

한 것으로 생각된다.[80] 사가(佐賀)현(縣) 오기(小城)시(市) 마루야마(圓山)고분은 직경 46m, 높이 6.5m 2단 축성의 원분이고 매장주체부는 전체 길이 5.4m의 횡혈식석실이다. 유물은 도굴의 피해를 입었지만 마구 출토가 알려져 있다. 같은 현(縣)의 미야키(みやき)정(町) 히가시오오츠카(東尾大塚)고분은 직경 27m, 높이 4.2m의 원분이고 현실(玄室)의 길이가 1.8m인 횡혈식석실에서 재갈과 함께 변형된 오수경(五獸鏡), 횡신판병류단갑(橫矧板鋲留短甲), 직도(直刀) 등이 확인되었다.

제3기에는 마구가 부장된 고분의 수는 더욱 증가하고 있다. 모든 고분을 열거하는 것은 어렵고 대표적인 것으로 후쿠오카(福岡)현(縣) 구루메(久留米)시(市) 마에하타(前畑)고분, 같은 현(縣)의 다가와(田川)시(市) 세스돈(セスドン)고분과 미야코(京都)군(郡) 간다(苅田)정(町) 반즈카(番塚)고분·무나카타(宗像)시(市) 츠야자키(津屋崎) 10호분·우키와(うきは)시(市) 츠칸도(塚堂)고분·가호(嘉穗)군(郡) 게이센(桂川)정(町) 쥬메이오즈카(壽命王塚)고분, 사가(佐賀)현(縣)의 다케오(武雄)시(市) 시오미(潮見)고분과 사가(佐賀)시(市) 이시즈카(石塚) 1호분 등이 있다. 이 가운데 후쿠오카(福岡)현(縣) 아사쿠라(朝倉)시(市) 오다차우쓰즈카(小田茶臼塚)고분은 전장 65m의 전방후원분으로 매장주체부인 횡혈식석실이 반 정도 파괴되었다. 재갈, 환령(環鈴)과 함께 유리옥, 충각부주(衝角付冑), 견갑(肩甲), 횡신판병류단갑(橫矧板鋲留短甲), 철모(鐵矛), 철겸(鐵鎌), 철촉(鐵鏃) 등이 출토되었다. 유물 중 재갈은 잔존상태가 양호한 것으로 직선의 함과 유환은 남아 있지만 재갈멈추개는 보

80 등자 전체에 철판을 보강한 것도 존재할 가능성은 배제할 수 없다.

이지 않는다. 그리고 반즈카(番塚)고분, 츠야자키(津屋崎) 10호분, 츠칸도(塚堂)고분, 쥬메이오즈카(壽命王塚)고분 등 4개의 고분은 전방후원분이고 나머지는 원분에 해당된다. 이 시기 마구 출토고분의 대다수는 소형 원분이다. 특이한 예로서 미야자키(宮崎)현(縣)의 히가시모로카타(東諸縣)군(郡) 쿠니토미(國富)정(町) 무츠노바루(六野原) 10호 지하식횡혈묘·미야자키(宮崎)시(市) 시모키타카타(下北方) 5호 지하식횡혈묘·에비노(えびの)시(市) 고키바루(小木原) 3호 지하식횡혈묘 등 미나미규슈(南九州) 고유의 지하식 횡혈묘 외에 후쿠오카(福岡)현(縣) 무나카타(宗像)시(市) 오키노시마(沖ノ島) 7호 제사유적이 있다.

규슈(九州)지역의 상황을 정리하면 제1기에는 적은 수의 예가 있지만 원형 주구묘에서 마구의 존재가 확인되고 있다. 분형 자체는 상위계층에 해당되지 않지만 마구가 부장되지 않은 고분에 비해서는 약간 상위에 속한다고 할 수 있다. 이식과 철도 등이 함께 출토되는 것에서도 그것을 검증한다고 할 수 있다.

제2기에는 마구가 출토된 전방후원분과 원분이 거의 비슷한 비율로 확인되고 있다. 같은 전방후원분 내에서도 마구의 조합과 재질에 차이를 보이지만 유례도 적고 고분의 계층과 부장된 마구의 내용이 비례하는지에 대해서는 확실하지 않다.

제3기가 되면 마구는 전방후원분에서 지하식 횡혈묘까지 넓은 범위의 묘제에서 출토되어 마구가 보편적으로 사용되었던 것을 알 수 있다. 그 중 전방후원분인 쥬메이오즈카(壽命王塚)고분에서는 추가장이 이루어졌던 것으로 추정되며 타원형 판상(板狀) 재갈멈추개 2, f자형 판상(板狀)

재갈멈추개 1, 목심호등(木心壺鐙), 철제윤등(鐵製輪鐙) 등 복수의 세트가 확인되었다. 같은 전방후원분인 반즈카(番塚)고분에서는 5종류의 소찰(小札), 철도(鐵刀), 철모(鐵矛), 다량의 철족, f자형 판상(板狀) 재갈멈추개, 목심윤등, 검릉형행엽 등이 알려져 있다. 전방후원분에서 출토된 재갈은 표비보다 판상(板狀) 재갈멈추개로 종류도 많고 다양하다. 또한 원분(圓墳)의 세스돈(セスドン)고분에서는 다량의 도검(刀劍), 철촉과 함께 방울 달린 판상(板狀) 재갈멈추개, 영부행엽(鈴付杏葉) 등이 함께 발견되었다. 세스돈(セスドン)고분은 원분이지만 수장급 규모와 부장품 내용을 가지고 있으며 출토된 마구의 질도 약간 높기 때문에 원분 중에서도 계층 분화가 이루어졌던 것으로 추정된다. 그것은 제3기의 소형 원분에서 실용적인 마구가 보편적으로 확인되는 현상에서도 알 수 있다.

한편 미나미규슈(南九州) 고유의 지하식 횡혈묘에서도 'X자형' 환상형(環狀形) 재갈멈추개와 f자형 판상(板狀) 재갈멈추개, 표비, 목심윤등, 검릉형행엽 등이 출토되었지만 철제품이 많다. 그리고 규슈(九州) 남부에서는 대형의 전방후원분에 대한 조사예가 거의 없어 불명확한 점이 많지만 고분에서 출토된 유물 중 금동제도 포함되어 있기 때문에 묘제에 의한 계층 차이가 존재한다고 생각할 수 있다. 또한 제사유적으로 유명한 오키노시마(沖ノ島)에서 금동제 마구 세트가 알려져 본래 말을 타기 위한 도구로서 가지는 마구의 기능적 의미 외에 마구가 사용되고 있는 것을 알 수 있는 좋은 예이다.

이상과 같이 규슈(九州)지역은 크게 북부와 남부로 나눌 수 있으며 북부에서는 마구 도입의 최초 단계인 제1기부터 마구가 부장되고 있는 것에 대해 남부에서는 제3기에 해당되는 것이 대부분이다. 그리고 남부의 마구부장이 북부보다 늦은 것은 마구의 입수경로(入手經路)가 다를 가능성을 시사하고 있는지도 모른다. 남부에서 늦은 시기까지 고식(古式)의 전방후원분이 잔존하고 있는 것과 관계가 있을 것으로 추정된다.

2) 세토우치(瀨戶內)지역

제1기의 마구부장 예로 효고(兵庫)현(縣) 가코가와(加古川)시(市) 교자즈카(行者塚)고분이 있다. 전장 약 100m 정도인 전방후원분이다. 주된 매장시설로 3기의 점토곽이 확인되었다. 이들 점토곽이 속한 묘광 서벽 주변과 중앙 등 2군데에서 부장품을 넣은 상자가 놓여 있었다. 중앙의 부장품 상자에서 재갈 3점이 금동제 용문대금구(龍文帶金具), 통형동제품(筒形銅製品), 주조철부 등과 함께 출토되었으며 서쪽 부장품 상자에는 파형동기(巴形銅器)와 다량의 무기, 농공구 등이 매납되어 있었다.

제2기에는 마구부장의 유례가 증가한다. 우선 하리마(播磨)지역의 효고(兵庫)현(縣) 히메지(姬路)시(市) 미야야마(宮山)고분은 직경 30m의 원분이고 3개의 주체부가 확인되었다. 그 중 제2주체부에는 결합식 상형목관(箱形木棺)이 사용되었다. 유물 출토위치에는 불명확한 부분이 있지만 재갈을 비롯한 마구, 금환(金環), 수식부이식(垂飾付耳飾), 소환두(素環頭) 및 금은상감환두대도를 포함한 대도 40점, 철촉 등이 알려져 있다. 그리고 제3주체부에도 결합식 상형목관이 있고 목관 안에서 화문대신수경(畵文帶神獸鏡), 금제(金製) 수식부이식 등이 출토되었다. 목관 밖에서 갑주, 철촉, U자형 인선(刃先), 마구 등이 부장되었다. 이외에도 오카야마(岡山)현(縣) 츠야마(津山)시(市)

잇칸니시(一貫西) 3호분이 있는데 이것은 방분(方墳)이다.

다음으로 제3기에는 세토우치(瀨戶內) 중~서부도 포함되며 마구부장의 유례가 급증하고 있다. 먼저 전방후원분인 효고(兵庫)현(縣) 가고가와(加古川)시(市) 이케지리(池尻) 2호분을 들 수 있다. 길이 4.5m, 폭 1.8m의 수혈식석실 안에 결합식목관이 있고 목관 안에서 철검, 목관 밖에서는 표비, 목심윤등, 행엽 등의 마구와 함께 갑주류, U자형 인선, 철촉 등이 출토되었다. 그 가운데 표비는 유환과 입문용금구를 동반하고 있으며 목심윤등은 답수부에 못이 없고 철판으로 측면만 보강한 형태이다. 또한 오카야마(岡山)현(縣) 세토우치(瀨戶內)시(市) 츠키야마(築山)고분은 전장 82m의 전방후원분으로 수혈식석실에 가형석관(家形石棺)을 안치하였다. 석관 밖에서 왕씨작명신인용호화상경(王氏作銘神人龍虎畵像鏡), 철검(鐵劍), 철모, 철촉, 검릉형행엽 등이 발견되었다. 그리고 같은 현(縣)의 소자(總社)시(市) 주이안(隨庵)고분은 전장 40m의 범립패식(帆立貝式) 전방후원분이고 수혈식석실에는 할죽형목관(割竹形木棺)이 잔존하고 있다. 목관 안에 부장된 유물로는 활석제 구옥(臼玉), 위지삼공경(位至三公鏡) 등이 있고 목관 밖에서는 마구를 비롯한 단갑(短甲), 창 등이 알려져 있다. 마구는 직선의 함(直銜)과 유환을 동반하는 표비와 등자 전체를 철판으로 덮은 목심윤등 등이 확인되었다. 그 외 아카이와(赤磐)시(市) 쇼자키(正崎) 2호분은 직경 20m의 원분으로, 중앙에는 점토 위에 목관을 놓고 접합부에는 점토를 발라 마무리하였다. 목관 밖에서 직도(直刀), 검(劍), f자형 판상(板狀) 재갈멈추개, 삼환령(三環鈴) 등이 출토되었다. 히로시마(廣島)현(縣) 미요시(三次)시(市) 미타마오오즈카(三玉大塚)고분은 전장 41m의 범립패식(帆立貝式) 전방후원분이다. 수혈식석실에서의 출토상황은 불명확하지만 유물은 재갈의 인수호(引手壺) 외에 변형문경(變形文鏡), 주문경(珠文鏡), 활석제 구옥(臼玉), 통형동기(筒形銅器), 철도(鐵刀) 등이 알려져 있다. 그 외 제3기의 대표적인 마구부장 예로서 오카야마(岡山)현(縣) 구라시키(倉敷)시(市) 텐구야마(天狗山)고분, 같은 현(縣)의 츠야마(津山)시(市) 나가우네야마기타(長畝山北) 3호분, 가가와(香川)현(縣) 젠츠우지(善通寺)시(市) 오하카야마(王墓山)고분·사누키(さぬき)시(市) 가와카미(川上)고분·오야가와(綾川)정(町) 오카노미도(岡の御堂) 1호분 등이 있다. 그 중 텐구야마(天狗山)고분, 오하카야마(王墓山)고분 등은 전방후원분이고 나가우네야마기타(長畝山北) 3호분, 가와카미(川上)고분, 오카노미도(岡の御堂) 1호분 등은 원분에 해당된다. 중소(中小)고분의 마구는 전체적으로 장식성이 낮은 간소한 것이 많은 편이다.

세토우치(瀨戶內)지역 중 하리마(播磨)지역에는 이른 시기에 속하는 마구부장의 예가 있다. 제1기에는 전방후원분의 교자즈카(行者塚)고분에서 재갈 3점이 출토되었으며 모두 철제이다. 제2기의 유례 역시 하리마(播磨)지역에 한정되어 있고 마구의 부장형태를 보면 원분(圓墳)의 미야야마(宮山)고분도 맹주적인 존재로 표비를 포함한 마구와 함께 금환(金環), 수식부이식(垂飾付耳飾) 등 풍부한 장신구, 환두대도 등 다량의 무기가 함께 확인되었다. 더욱이 주체부는 우리나라 가야지역의 수혈식석실과 관계가 있고(白石太一郎, 1985; 龜田修一, 1993) 수식부이식은 우리나라로부터 도래인에 의해 가져갔다고 생각되고 있다(高田貫太, 1998). 다만 이 지역에서는 이 단계까지 안금구(鞍金具)를 포함한 마구 일식(一式)을 갖춘 유례가 알려져 있다. 제3기 마구의 부장형태를 보면 전방후원분 내에서도 차이가 보인다. 예를 들면 주이안(隨庵)고분에서는 표비가 출토되었는데 텐구야마(天狗山)고분에서는 f자형 판상(板狀) 재갈멈추개와 검릉형행엽이 확인되었다. 그리고 원분에서도 f자형 판상(板狀) 재갈멈추개가 부장되어 같은 묘제 중에서도 계층 분화가 이루어졌던 것으로 추정된다. 규슈지역과 마찬가지로 제3기 이후 실용적인 마구를 부장하는 소형고분이 증가하는 것이 주목된다.

3) 긴키(近畿)지역

이 지역에서 제1기에 속하는 마구부장의 유례는 확인되지 않고 있으며 제2기 이후 유례가 알려져 있다. 먼저 오사카(大阪)부(府) 사카이(堺)시(市) 시치칸(七觀)고분 예가 있다. 모즈이시즈가오카(百舌鳥石津丘)고분의 후원부(後圓部)쪽에 위치하는 배총(陪冢)으로 생각되는 원분이다. 마구는 서곽(西槨)의 관 밖에서 안금구, 환상형(環狀形) 재갈멈추개, 목심윤등, 환령(環鈴) 등이 출토되었고 동반유물은 충각부주(衝角付冑), 삼각판혁철단갑(三角板革綴短甲), 직도(直刀) 등이 알려져 있다. 그리고 오사카(大板)부(府) 후지데라(藤井寺)시(市) 구라즈카(鞍塚)고분이 있다. 직경 35m의 원분으로 목관을 안치하였다. 목관 안의 유물은 동경(銅鏡), 삼각판병류충각부주(三角板鋲留衝角付冑 : 三尾鐵을 장착), 삼각판혁철단갑, 도검 등이 출토되었다. 목관 밖에서는 철제 안금구, 판상(板狀) 재갈멈추개, 목심윤등 등의 마구와 철도, 평근식(平根式) 철촉 등이 확인되었다. 그 중 목심윤등 1쌍을 이루는 2개체의 형태가 다르다. 또한 시가(滋賀)현(縣) 릿토우(栗東)정(町) 신카이(新開) 1호분은 직경 36m의 원분이고 목관 밖에서 철제 안금구, 투조(透彫) 판상(板狀) 재갈멈추개, 목심윤등, 환령, 마탁(馬鐸) 등이 출토되었다. 함께 출토된 유물은 변형신수화상경(變形神獸畵像鏡), 미비부주(眉庇付冑), 충각부주(衝角付冑), 단갑(短甲), 도검 등이 있다.

구라즈카(鞍塚)고분과 신카이(新開)고분보다 약간 늦은 시기에 해당되는 오사카(大板)부(府) 토요나카(豊中)시(市) 오시시즈카(御獅子塚)고분은 전장 55m의 전방후원분이고 주체부의 점토곽과 그 아래 유물매납용 상형목관(箱形木棺)이 검출되었다. 점토곽의 관 안에서 출토된 유물은 소찰병류충각부주(小札鋲留衝角付冑), 삼각판병류단갑(三角板鋲留短甲), 철검 등이다. 안금구, 행엽(杏葉), 운주(雲珠) 등의 마구와 점토곽의 관 밖에서 발견되었다. 상형목관에서는 소찰병류미비부주(小札鋲留眉庇付冑), 삼각판혁철단갑, 철도, 철촉 등이 알려져 있다. 그리고 오사카(大板)부(府) 센난(泉南)군(郡) 미사키(岬)정(町) 니시코야마(西小山)고분은 직경 40m의 원분이고 수혈식석실에서 목심윤등과 함께 소찰병류미비부주, 삼각판횡신판병용병류단갑(三角板橫矧板倂用鋲留短甲), 찰갑(札甲), 직도(直刀) 24점, 다량의 철촉 등이 발견되었다.

제3기에는 마구 부장의 예가 갑자기 증가한다. 모든 유례에 대해 열거하기 어렵기 때문에 대표적인 것 중심으로 서술하고자 한다. 먼저 오사카(大板)부(府) 후지데라(藤井寺)시(市) 가라토야마(唐櫃山)고분은 전장 53m의 전방후원분이고 길이 3.6m×1.1m 수혈식석실이 설치되어 있다. 가형석관(家形石棺)과 석실 단벽쪽 사이 공간에서 f자형 판상(板狀) 재갈멈추개, 유금구(留金具) 등의 마구와 소찰병류충각부주, 삼각판병류단갑, 철촉 등이 출토되었다. 석관은 도굴되었지만 다량의 유리소옥이 확인되었다. 교토(京都)부(府) 교토(京都)시(市) 고쿠즈카(穀塚)고분은 전장 45m 전방후원분으로 주구를 가지고 있다. 매장주체부인 수혈식석실은 길이 5.5m, 폭 2.7m으로 1914년 공사 때, 그리고 그 후 수차례에 걸쳐 유물이 발견되었다. 재갈, 목심윤등, 영행엽(鈴杏葉) 등의 마구와 화문대신수경(畵文帶神獸鏡), 금농제 대금구, 도, 철촉 등이 알려져 있다. 그리고 오사카(大板)부(府) 후지데라(藤井寺)시(市) 나가모치야마(長持山)고분은 직경 40m의 원분이고 수혈식석실에 가형석관(家形石棺)이 사용되었다. 석실 내 석관 북쪽에서는 안금구, 타원형 판상(板狀) 재갈멈추개, f자형 판상(板狀) 재갈멈추개, 목심윤등, 검릉형행엽(劍菱形杏葉) 등의 마구와 함께 횡신판병류충각부주(横矧板鋲留衝角付冑), 찰갑, 도(刀), 철촉 등이 확인되었다.

또한 교토(京都)부(府) 우지(宇治)시(市) 후타고야마(二子山)고분의 남분은 직경 20m 원분이고 목관에서는 f자형 판상(板狀) 재갈멈추개, 목심윤등, 검릉형행엽, 삼환령 등의 마구와 함께 삼각판병류단갑(三角板鋲留短甲), 횡신판병류단갑(横矧板鋲留短甲)·주(冑), 찰갑, 철도, 철검 등이 출토되었다. 이외에 대표적인 것으로 오사카(大板)부(府)의 이바라키(茨木)시(市) 미나미즈카(南塚)고분·미나미가와치(南河內)군(郡) 가난(河南)정(町) 칸코우지(寬弘寺) 75호분·사카이(堺)시(市) 토우즈카(塔塚)고분, 나라(奈良)현(縣)의 야마토고리야마(大和郡山)시(市) 누카타베키츠네즈카(額田部狐塚)고분·사쿠라이(櫻井)시(市) 다마키야마(珠城山) 1호분·다마키야마(珠城山) 3호분·가쓰라기(葛城)시(市) 후타츠카(二塚)고분·고죠(五條)시(市) 미나미아다오오츠카야마(南阿田大塚山)고분, 카시하라(橿原)시(市) 니자와센즈카(新澤千塚) 166호분·니자와센즈카(新澤千塚) 510호분·이코마(生駒)군(郡) 이카루가(斑鳩)정(町) 후지노키(藤ノ木)고분·우다(宇陀)시(市) 우시로데(後出) 3호분 등이 있다. 이 가운데 미나미즈카(南塚)고분, 누카타베키츠네즈카(額田部狐塚古墳), 다마키야마(珠城山) 1호분·3호분, 후타츠카(二塚)고분, 미나미아다오오츠카야마(南阿田大塚山) 고분 등은 전방후원분이다. 그리고 칸코우지(寬弘寺) 75호분, 니자와센즈카(新澤千塚) 166호분·510호분, 후지노키(藤ノ木)고분, 우시로데(後出) 3호분 등은 원분(圓墳)이고 토우즈카(塔塚)고분은 방분(方墳)이다. 여기에 열거하지 않은 소원분(小圓墳)도 다수 있다.

긴키(近畿)지역의 상황을 정리하면 먼저 지적할 수 있는 것은 제1기·제2기라는 이른 단계에 속하는 마구 부장(副葬)의 유례가 다른 지역보다도 많다는 것이다. 그래도 대형 전방후원분보다 이른바 배총으로 불리는 원분에서 많이 출토되었다. 다만 제1기와 제2기의 것은 안금구, 재갈, 등자 등의 조합은 확인되지만 우리나라 사례와 마찬가지로 모든 마구 부품의 조합이 변칙적으로 보여 그 입수처가 일정하지 않고 또한 동시에 하나의 루트를 통해서 직접적 들어왔다고는 할 수 없을 것으로 추정된다(高橋克壽, 1997). 이것은 초기마구의 입수(入手)가 장거리교역을 매개로 한 것을 시사하고 있다. 그리고 대형 전방후원분의 조사예가 거의 없기 때문에 불명확하지만 모든 고분에 마구가 부장된 것은 아닐 것이다.

제2기가 되면 목심윤등(a-②형식의 제2타입)의 생산이 이 지역에서 시작된 것으로 추정된다. 그러나 마구출토 고분은 전체에서 보면 한정되어 있고 마구 일식(一式)을 갖춘 유례도 드물다. 이 단계 고분은 다량의 갑주와 철제무기가 함께 출토되는 현상이 눈에 띄지만 마구 출토가 보편적이라고는 할 수 없다. 역시 국내외의 교역을 매개로 한 신기한 물건으로서 취급받았을 가능성을 엿볼 수 있다. 이러한 점은 우리나라 김해·부산 등의 지역과 마찬가지이며 마구 형태 그 자체가 이들 지역과의 관련성을 상정할 수 있는 것도 흥미롭다.

제3기에는 마구부장의 유례가 급증하여 분형(墳形)에 관계없이 마구가 확인된다. 전방후원분과, 후지노키(藤ノ木)고분과 같이 유력한 대형 원분에서 다양한 금동제 마구를 비롯한 복수의 세트가 출토되는 것에 비해 소원분(小圓墳)에서는 등자 혹은 재갈 등 단품(單品)으로, 그것도 장식성이 적은 것이 부장된 경우가 많다. 이것은 피장자의 신분을 표시하는 도구의 하나로서 마구가 취급되었을 가능성을 시사하고 있다. 이러한 경향은 규슈(九州)지역과 세토우치(瀨戶內)지역에서는 명확하게 두드러지지 않던 것이 긴키(近畿)지역에서는 확연하게 볼 수 있다.

4) 중부(中部)지역

이 지역에서는 제1기의 예가 아직 발견되지 않았고 제2기 이후 마구부장의 유례는 알려져 있다. 기후(岐阜)현(縣) 이비(揖斐)군(郡) 이케다(池田)정(町) 나카야와타(中八幡)고분은 전장 43m의 전방후원분이다. 공사 중에 주체부가 완전히 파괴되었지만 수혈식석실이 있었던 것으로 추정된다. 유물은 철제 안금구, 목심윤등을 비롯하여 단갑(短甲), 철도(鐵刀), 철검(鐵劍), 철촉 등이 출토되었다.

제2기에 속하는 유례는 많지만 대표적인 것으로 먼저 아이치(愛知)현(縣) 나고야(名古屋)시(市) 시다미오오츠카(志段味大塚)고분이 있다. 전장 31.5m의 범립패식 전방후원분으로 매장주체는 점토곽이 있었던 것으로 추정되고 있다. 유물에는 타원형 판상(板狀) 재갈멈추개, 목심윤등, 오령

행엽(五鈴杏葉) 외에 벨트상의 금동제 금구, 다량의 찰갑편과 도(刀), 철촉 등이 알려져 있다. 재갈은 청동제 타원형 판상(板狀) 재갈멈추개를 가지고 재갈멈추개 주위에 5개의 방울과 함께 하나로 주조되어 있으며 연부(緣部) 위에 못을 모방한 돌기가 있다. 목심윤등은 등자 전체에 철판을 보강한 것이며 답수부의 폭은 윤부보다 넓고 못을 가진 형식으로 긴키(近畿)지역에서는 보이지 않는 형태이다. 그리고 야마나시(山梨)현(縣) 고후(甲府)시(市) 카이차즈카(甲斐茶塚)고분은 분형·규모 등은 불명확하지만 동서 20m, 남북 25m의 원분으로 추정된다. 전장 4.5m·폭 1m의 수혈식석실에서는 재갈, 목심윤등, 삼환령 등의 마구와 대금구, 금동제 소찰(小札) 1점, 철제 소찰, 철모, 철촉 등이 알려져 있다. 재갈은 함과 인수의 파편, 목심윤등은 등자 전체에 철판을 보강한 것으로 답수부에 못을 가지고 폭은 윤부와 그다지 다르지 않은 형식이다. 또한 시즈오카(靜岡)현(縣) 이와타(磐田)시(市) 고시키즈카(甑塚)고분은 직경 약 26m의 원분으로 내부 주체는 현실 길이 6m·폭 3m의 횡혈식석실에 조합식(組合式) 상형석관(箱形石棺)을 안치하였다. 유물로는 변형방격규구경(變形方格規矩鏡), 이환(耳環), 찰갑, 철모, 철촉 등과 함께 안금구, f자형 판상 재갈멈추개 2종 3대, 철제 타원형 판상 재갈멈추개, 소환(素環)의 재갈멈추개, 목심호등(木心壺鐙), 철제윤등, 삼엽문투조(三葉文透彫) 타원형행엽, 삼령부행엽, 검릉형행엽 등 풍부한 마구가 확인되었다.

이 외에도 후쿠이(福井)현(縣) 와카사(若狹)정(町) 마루야마즈카(丸山塚)고분·오오타니(大谷)고분, 이시카와(石川)현(縣) 노우미(能美)시(市) 와다야마(和田山) 2호분, 아이치(愛知)현(縣) 나고야(名古屋)시(市) 오오쓰후타고야마(大

須二子山)고분·차우쓰야마(茶臼山)고분, 기후(岐阜)현(縣) 카가미하라(名務原)시(市) 오오마키(大牧) 1호분, 시즈오카(靜岡)현(縣) 시즈오카(靜岡)시(市) 시스하타야마(賤機山)고분·신묘우야마(神明) 4호분, 야마나시(山梨)현(縣) 고후(甲府)시(市) 이나리즈카(稻荷塚)고분 등이 있다. 이 가운데 오오쓰후타고야마(大須二子山)고분, 차우쓰야마(茶臼山)고분 등 두 고분은 전방후원분이고 나머지는 원분이다.

먼저 중부지역의 상황을 개관하면 제1기의 유례는 그다지 알려지지 않았고 제2기의 예도 수가 적다. 나카야와타(中八幡)고분의 목심윤등은 긴키(近畿)지역에서 확인된 초기 단계의 것과 매우 유사하다(內山敏行·岡安光彦, 1997). 그리고 함께 출토된 단갑(短甲)은 삼각판병류단갑(三角板鋲留短甲)으로 병류기술(鋲留技術)의 도입기로 보이는 '특수단갑(特殊短甲)'에 연결되는 특징이 있고 호쿠부규슈(北部九州)지역과 우리나라의 관련성이 시사되고 있다(鈴木一有, 2005). 제3기가 되면 전방후원분과 함께 원분에서 출토된 마구 부장이 두드러지고 분형(墳形)에 따른 마구 부장량(副葬量)에도 차이가 확인된다. 그리고 다량의 마구가 출토된 고분 중 철제무기의 부장량에도 차이가 인정된다. 피장자는 먼저 분형으로 신분을 나타내고 갑주와 무기의 질·양의 차이로 계층을 표현했다고 생각되지만 그 구체적인 양상은 명확하지 않다. 중부고지(中部高地)에서는 기마전 혹은 마필생산(馬匹生産)의 전문집단 직업의 표시로 마구가 부장되었을 가능성이 있는 것에 최대의 주의를 기울이고 싶다. 이것은 긴키(近畿) 이서지역에서는 그다지 알려져 있지 않지만 우리나라 청주지역의 상황과 유사하다.

중부지역에서 주목할 만한 것은 나가노(長野)현(縣)을 중심으로 한 중부고지지역의 마구부장고분이다. 이들 대부분은 실용적인 마구를 가진 소형(小形) 고분으로 오카야쓰 미츠히코(岡安光彦)가 지적한 것과 같이 실전적(實戰的)인 기마군단의 존재를 반영한다고 생각된다(岡安光彦, 1986). 또한 목장과 관련된 일에 종사한 도래계 마필생산집단이 있었을 가능성도 배제할 수 없다.

5) 관동(關東)지역

이 지역에서는 제1기와 제2기의 유례는 거의 알려져 있지 않다. 마구부장이 급증하는 것은 제3기 이후이다. 대표적인 예를 들면 사이타마(埼玉)현(縣) 교다(行田)시(市) 사키타마이나리야마(埼玉稻荷山)고분은 전장 120m의 전방후원분이다. 후원부(後圓部) 정상에서는 역곽(礫槨 : 제1주체부), 점토곽(제2주체부) 등 두 개의 매장시설이 설치되어 있었다. 제1주체부의 유물에는 금동제 대금구, 찰갑, 다수의 도검, 다량의 철촉과 함께 안금구, f자형 판상(板狀) 재갈멈추개, 등자, 영행엽(鈴杏葉) 등이 발견되었다. 제2주체부에서는 찰갑편, 철도편 등이 확인되었다. 군마(群馬)현(縣) 다카사키(高崎)시(市) 와타누키칸논야마(綿貫觀音山)고분은 전장 97m의 전방후원분으로 내부 주체는 현실(玄室) 길이 8.12m·폭 3.95m인 횡혈식석실이다. 거기에서 금동제 안금구, 청동제·철제 재갈, 등자, 금동제 투조행엽(透彫杏葉), 금동제 보요부운주(步搖付雲珠) 등이 출토되었다. 그 외 금동제 영부대대(鈴付大帶), 금환(金環), 은환, 찰갑, 은장환두대도(銀裝環頭大刀), 금동장두추대도(金銅裝頭椎大刀), 철도, 철모, 철촉 등이 함께 검출되었다. 전방후원분의 유례로서는 사이타마(埼玉)현(縣) 하부(羽生)시(市) 요우메이지(永明寺)고분과 같은 현(縣)의 교다(行田)시(市) 사키타마쇼군야마(埼玉將軍山)고분·와카오우지(若王子)고분, 치바(千葉)현(縣) 이치카와(市川)시(市) 호우오우즈카(法皇塚)고분과 같은 현(縣)의 가도리(香取)시(市) 젠쇼우지야마(禪昌寺山)고분·죠우야마(城山) 1호분·기사라즈(木更津)시(市) 긴레이즈카(金鈴塚)고분 등이 있다. 또한 군마(群馬)현(縣) 마에바시(前橋)시(市) 긴칸즈카(金冠塚)고분과 함께 다이니치즈카(大日塚)고분, 같은 현(縣)의 이세자키(伊勢崎)시(市) 고죠우이나리야마(古城稻荷山)고분·라이덴진자(雷電神社)고분·다카사키(高崎)시(市) 야와다(八幡)정(町) 간논즈카(觀音塚)고분·안나카(安中)시(市) 야나세후타고즈카(梁瀨二子塚)고분·후지오카(藤岡)시(市) 쓰와진자(諏訪神社)고분 등이 알려져 있다.

그리고 원분(圓墳)에는 사이타마(埼玉)현(縣) 가와고시(川越)시(市) 도우만즈카(どうまん塚)고분과 같은 현(縣)의 아사카(朝霞)시(市) 이치야즈카(一夜塚)고분·교다(行田)시(市) 고하리요로이즈카(小針鎧塚)고분, 군마(群馬)현(縣)에서는 오오타(太田)시(市) 사와노무라(澤野村) 63호분·다카사키(高崎)시(市) 야마나하라구치(山名原口) II-2호분·후지오카(藤岡)시(市) 히라이치구(平井地區) 1호분 등이 있다. 그 외에도 도쿄(東京)도(都) 오오타(大田)구 츠카고시(塚越) 14호 횡혈묘와 군마(群馬)현(縣) 다카사키(高崎)시(市) 시모시바(下芝)고분·야츠(谷ッ)고분 등의 방분(方墳)이 있다.

이 지역은 제3기에 해당되는 고분이 특히 많다. 그 중에서도 전방후원분이 점유하고 있는 비율이 다른 지역에 비해 높은 편이다. 갑주와 다량의 철제 무기와 함께 복수의 마구 세트 중에서 금동제가 많이 포함되어 있지만 마구 한 세트만 부장된 것도 있어 분형으로 표시되는 피장자의 신분과 마구의 질·양 등이 서로 관계가 있는 것처럼 보이나 구체적인 양상을 파악하기는 어려운 상태이다. 이러한 현상은 원분 혹은 방분에도 해당되어 다량의 복수 세트를 동반하는 것과 한 세트만을 부장한 예가 있다. 더욱이 재갈 등 단품(單品)이 출토된 대부분의 유례는 중부고지(中部高地) 지역과 마찬가지로 말과 관련된 전문집단의 존재를 반영할 가능성도 추정된다.

4. 일본 마구부장형태의 지역적 특색

이상과 같이 일본 각 지역에 있어서 마구의 부장형태를 비교, 검토하였다. 이를 바탕으로 일본에서 마구부장이 가지는 의미와 마구에 대한 사회적 관념에 대해 생각해 보고자 한다.

일본에서는 전방후원분이라는 거대한 건조물을 구축하는 것에 의해 잉여(剩餘)의 많은 부분을 의례적·종교적 활동에 투입하는 독특한 이데올로기체계를 가지고 있었으며(新納泉, 1997) 집단의 동일성(同一性)과 서열(序列)을 나타내는 활동이 동아시아의 어느 지역보다도 활발하게 이루어지고 있었다. 이러한 사회적 시스템 중 마구는 초기 단계에 우리나라와의 교역에서 입수한 선진문물로서 부장되는 형태를 취하고 있으며 상기(上記)의 의례(儀禮)에 포함되었던 것으로 추정된다. 그것은 초기단계의 마구가 완전한 세트를 이루지 않은 유례가 대부분이고 재갈 등 제품에서 기원지(起源地)로 추정되는 우리나라에서도 확인되지 않는 변칙적인 조합이 존재하는 것 등에서도 엿볼 수 있다. 예를 들면 오카야마(岡山)현(縣) 츠야마(津山)시(市) 잇칸니시(一貫西) 3호분과 나가우네야마키타(長畝山北) 3호분 등의 유례에서도 발견할 수 있다. 이 장거리 교역이라는 맥락에서 유력자의 부장에 사용되는 상황은 우리나라에서 이른 단계의 마구가 출토되는 김해·부산지역과 매우 유사하다.

이러한 움직임의 중심에 긴키(近畿)지역이 있었던 것은 제1기, 제2기 등 이른 시기의 마구가 집중하는 현상에서도 알 수 있다. 마구가 출현하는 시기보다 빠른 3~4세기부터 긴키(近畿)지역은 전방후원분 발달의 중심이 됨과 동시에 위신재(威信財)로 거울, 동촉(銅鏃), 벽옥(碧玉)제품, 갑주 등을 사용하여 정치적 연합체제의 중추를 이루려는 전략을 취해 왔다. 김해·부산지역 혹은 상주지역과의 관계를 기본으로 한 초기 마구의 유입도 그러한 정치적 전략의 하나로 진행되었을 가능성이 있다. 다만 긴키(近畿)지역에서는 마구가 대형의 전방후원분보다 이른바 배총으로 불리는 원분에서 많이 출토되는 경향이 있지만 이 지역에 있어서 대형 전방후원분을 조사한 예가 거의 없는 것에도 주의할 필요가 있다.

제1기의 마구 부장양상을 살펴보면, 상기에 서술한 바와 같이 대형 전방후원분에 부장된 것보다 소위 배총인 원분에서 많이 출토되었다. 마구의 종류는 안금구, 재갈, 등자라는 조합은 보이지만 김해·부산 혹은 상주지역과의 관계를 바탕으로 하면서 우리나라 특정지역과 일원(一元)적인 관계로 단순화할 수 없는 복잡한 양상이 확인된다. 이에 대해 호쿠부규슈(北部九州)와 세토우치(瀨戶內)지역에서는 소수의 예이지만 전방후원분에서 마구 부장이 알려져 마구의 위상에도 차이가 있었던 것으로 생각된다.

제2기가 되면 대형 전방후원분을 정점(頂點)으로 중·소형 전방후원분·범립패형고분·방분·원분 등에서 마구가 출토되어 분형과 규모에 따른 계층의 표시는 최고조에 달한다. 위신재로서 새롭게 갑주 등이 사용되지만(松木武彦, 1996) 마구는 그것만큼 보편적으로 취급되지는 않았다. 다량의 갑주 및 철촉에 비해 안금구, 재갈, 등자, 행엽, 운주 등 마구 일식(一式)을 갖추어 부장된 예는 적고 재질의 다양성도 인정되지 않아 그 부장량으로 피장자의 신분을 표시하는 물건으로서 갑주와 같은 위신재로는 정착되지 않았던 것으로 추정된다. 예를 들면 대표적인 예로 오사카(大阪)부(府) 후지데라(藤井寺)시(市) 노나카(野中)고분에서는 단갑(短甲)이 10령(領), 도검(刀劍)과 철촉을 포함한 다량의 무기가 부장되었지만 마구는 알려지지 않았다.

한편 이 단계부터 긴키(近畿)지역에서는 등자 생산이 시작된다. 다른 부품에 대해서는 불확실하지만 이 시기에 명확하게 독자적인 생산을 시작한 것은 긴키(近畿)지역뿐이다. 그러나 호쿠부규슈(北部九州)·세토우치(瀨戶內)·중부·관동지역 등 다른 지역에서는 긴키(近畿)지역에서 제작되었다고 생각되는 제품과, 긴키(近畿)지역에 많이 분포하는 형식이 그다지 확인되지 않고 있다. 재갈과 등자의 검토를 통해서 추측할 수 있었던 것처럼 경주지역을 포함한 긴키(近畿)지역과는 다른 루트로 우리나라 각 지역들과의 관계를 통해서 독자적으로 마구를 도입하는 것이 성행했던 것으로 추정된다. 특히 호쿠부규슈(北部九州)와 중부지역에서는 긴키(近畿)지역과는 대조적으로 등자의 경우, 전체를 철판으로 보강한 형식의 목심윤등과 철제윤등이 출토되어 등자 구조에서 철을 중시하는 방향성을 나타내는 등 마구제작에 있어서 긴키(近畿)지역과는 이질적인 지향을 보이는 흔적들이 확인된다. 다만 부장할 때, 마구 사용이 긴키(近畿)지역과 다른 지역 혹은 상호간에 서로 어떻게 달랐는지에 대해서는 명확하지는 않다.

제3기의 재갈과 등자를 살펴보면 긴키(近畿)지역에 분포하는 형식과 규슈, 중부(中部) 이동에 분포하는 형식의 차이는 제2기에 이어서 명확해 진다. 예를 들면 제2기에 철제윤등이 출토된 구바라이치구(久原1區) 1호분·이이즈나샤(飯綱社)고분 등이 있고 제3기가 되면 시모키타카타(下北方) 5호 지하식횡혈묘, 카이차즈카(甲斐茶塚)고분 등이 알려져 있다. 그리고 군마(群馬)현(縣) 겐사키나가토로니시(劍崎長瀞西)유적의 X자형 환상형(環狀形) 재갈멈추개, 후쿠이(福井)현(縣) 와카사(若狹)정(町) 니시즈카(西塚)고분에서 금동(金銅)을 사용한 목심윤등, 후쿠오카(福岡)현(縣) 호나미(穗波)정(町) 오바세니시(小正西)고분에서 출토된 철봉(鐵棒)으로 보강한 목심윤등이 확인되었다. 이것은 적어도 일본 내에서 마구의 수입·생산·유통체계가 일원적인 것이 아니었던 것을 나타내고 있다. 또한 부장형태를 보면 일본 전체적으로 군집분(群集墳)이라고 불리는 소규모적인 원분에서 실용적인 마구의 부장이 증가하고 있다. 이것은 니이로 이즈미(新納泉)가 지적한 것처럼(新納泉, 1983) 장식대도(裝飾大刀)를 부장한 계층을 정점으로 하는 군사적 계층편성을 나타내고 있을 가능성이 높다. 그것을 전제로 하면 앞에 서술한 것과 같이 긴키(近畿)지역의 전방후원분과 상위의 대형 원분에 부장된 마구는 장식성이 강한 우수한 품질의 것으로 신분표상을 나타내는 의미로 사용되었던 것으로 생각된다. 이러한 상황은 우리나라 경주지역과 합천지역에서 제2기 이후 보이는 현상과 매우 유사하다. 한편, 중부고지(中部高地) 등의 지역에서는 우리나라 청주지역에서 확인되는 것과 같이 말과 관련된 전문집단을 나타내는 매장표시로 간소(簡素)한 마구부장이 이루어지고 있었던 것으로 추정된다.

이제까지 살펴본 일본의 마구와 그 부장양상을 정리하면 긴키(近畿)지역이 우리나라와의 교류에 있어서 반드시 중심적으로 혹은 주도적인 역할을 하였다고는 말하기 어려운 현상들이 확인되고 있다. 그리고 마구 도입을 통해 본 우리나라와 일본 내의 각 지역 간 교류에 있어서도 긴키(近畿)지역이 결코 독점적인 주도권을 가지고 있었던 것은 아니고 각각 독자적으로 활발하게 이루어졌던 것을 파악할 수 있다. 이것은 일본 내에서도 긴키(近畿)지역, 호쿠부규슈(北部九州)지역, 관동지역 등 각 지역마다 마구에 대한 의미와 사용방법이 달랐을 가능성이 엿보이며 그것에서 고분시대(古墳時代) 일본 내의 정치·사회체제 등 구체적인 재고(再考)로 연결될 것이며 금후의 과제이기도 하다.

| 맺음말 |

중국에서는 북방 기마민족과의 접촉에 의해 일찍부터 기마전단(騎馬戰團)의 실전적인 마구가 배포되고 통상의 도구로 사용되어 오면서 4~5세기경 분묘 등에 부장되는 것이 적어지게 된다. 우리나라 내에서도 이러한 현상이 확인되는 것이 백제지역이다. 중국과의 교류를 통해서 그곳의 선진(先進)사상을 유입하였기 때문이라고 추정된다. 이 지역에서는 마구를 부장하는 것에 의해 유력자(有力者)의 권위를 나타내는 것이 아니고 기마집단의 무덤에 묻히는 정도이다. 이에 반해, 우리나라 남부 그 중에서도 김해·부산지역에서는 4세기경 장거리(長距離) 교역에 의해 입수된 희소한 문물(文物)이라는 맥락에서 수장급의 무덤에 부장되게 된다. 합천·경주지역에서는 마구제작(馬具製作)과 기마의 실용화에 의해 5세기 이후 그것을 총괄한 피장자의 신분을 표상하는 도구로서 부장되는 것이 성행한다. 그리고 제3기 이후 6세기에는 피장자의 신분, 군사편성, 전문적인 기마집단 등 복잡한 매장 표시로서 국가적인 신분질서 형성에 커다란 역할을 하였다고 할 수 있다.

한편, 일본에서는 제2기에 해당되는 4세기 말에서 5세기 전반경 김해·부산지역의 영향을 바탕으로 마구부장(馬具副葬)이 시작되지만 처음에는 우리나라와 마찬가지로 멀리서 온 희소한 물건이라는 의미를 가지며 부장사례도 일반적이라고 할 수 없다. 제3기의 5세기 후엽 이후 피장자의 신분과 군사적인 지위 등을 나타내는 유물로서 부장되고 있다.

전반적으로 제3기 이후 6세기 후반 우리나라에서는 사회진화에 의해 백제지역뿐만 아니라 다른 지역에서도 마구부장은 적어진다. 이에 반해 일본에서는 6세기 말에서 7세기 초두 마구부장은 최고조에 이르고 7세기 중엽에는 마구부장도 종말을 고하고 있다.

출전

1장

張允禎, 「韓國における馬具硏究の成果」, 『古代武器硏究』 6, 古代武器硏究會, 2005, pp.16~31

張允禎, 「韓半島における馬具硏究の流れ」, 『馬具硏究のまなざし—硏究史と方法論』, 古代武器硏究會·鉄器文化硏究會連合硏究集会行行委員會, 2005, pp.65~90

2장 1절

張允禎, 「韓半島三國時代における鐙の展開と地域色」, 『岡山大學大學院文化科學硏究科紀要』 第12號, 2001, pp.286~306

張允禎, 「삼국시대 등자의 展開와 地域色」, 『마사박물관지』 2005, 마사박물관, 2006, pp.44~70

2장 2절

張允禎, 「日本列島の鐙にみる地域間関係」, 『考古學硏究』 第51卷 第3號, 2004, pp.73~92

張允禎·金宰賢, 「木心輪鐙にみられる地域色」, 『第13回姉妹大學間 定期 學術交流 東亞大—兵庫大 國際學術 Seminar』, 東亞大學校工科大學·生産技術硏究所, 2005, pp.40~43

3장 1절

張允禎, 「청주 신봉동고분군 출토 鑣轡에 관한 연구」, 『先史와 古代』 24, 한국고대학회, 2006, pp.367~395

張允禎, 「韓半島三國時代の轡の地域色」, 『考古學硏究』 第50卷 第2號, 2003, pp.85~104

3장 2절

張允禎, 「古代 韓·日 출토 유기질제 鑣轡에 대한 연구」, 『문물연구』 제16호, 동아시아문물연구학술재단, 2009

3장 3절

張允禎, 「동아시아 鑣轡의 구조적 분석과 전개」, 『문물연구』 제18호, 동아시아문물연구학술재단, 2010

4장

張允禎, 「韓·日 고분출토 마구 부장양상을 통해 본 지역적 특색」, 『海東文化論叢』 창간호, 해동문화재연구원, 2011

〈한국자료〉

姜裕信, 1987, 『新羅·伽倻古墳 出土 馬具에 대한 硏究—金銅製杏葉·雲珠·鐙子를 中心으로—』, 嶺南大學校大學院碩士學位論文.

姜裕信, 1995, 「嶺南地方의 騎乘文化 受容과 発展에 대하여」, 『伽耶古墳의 編年 硏究 Ⅲ—甲冑와 馬具—』 第4回 嶺南考古學會學術發表會, 嶺南考古學會.

姜裕信, 1997, 『新羅·加耶의 馬具硏究』, 嶺南大學校大學院博士學位論文.

姜裕信, 1997, 「韓國의 馬具」, 『馬事博物館誌 1997』, 馬事博物館.

姜裕信, 1999, 『韓國 古代의 馬具와 社会—新羅·加耶를 中心으로—』, 學硏文化社考古學叢書21, 學硏文化社.

姜裕信, 2002, 「韓半島南部 古代馬具의 系統」, 『悠山姜仁求教授停年紀念 東北亞古文化論叢』, 韓國精神文化硏究院.

高田貫太, 2002, 「考察 3)馬具」, 『鶴尾里古墳』, 慶北大學校博物館.

權度希, 2004, 『百済馬具에 대한 硏究—轡와 鐙子를 中心으로—』, 崇實大學校大學院碩士學位論文.

金基雄, 1968, 「三國時代의 馬具小考」, 『白山學報』 第5號, 白山學會.

金基雄, 1985, 「武器와 馬具—高句麗」, 『韓國史論』 15, 國史編纂委員會.

金基雄, 1985, 「武器와 馬具—百済」, 『韓國史論』 15, 國史編纂委員會.

金基雄, 1985, 「三國時代의 武器와 馬具」, 『古墳美術』, 韓國의 美22

金基雄, 1987, 「韓國古代의 馬銜考」, 『三佛金元龍教授停年退任紀念論叢—考古學篇』, 一志社.

金基雄, 1995, 「武器와 馬具」, 『高句麗考古學』, 民族文化社.

金基雄, 1995, 「武器와 馬具」, 『百済考古學』, 民族文化社.

金斗喆, 1991, 『三國時代 轡의 硏究—轡의 系統硏究를 中心으로—』, 慶北大學校碩士學位論文.

金斗喆, 1992, 「新羅와 加耶의 馬具—馬装을 中心으로」, 『韓國古代史論叢』 3, 韓國古代社會硏究所編 駕洛國史蹟開發硏究院.

金斗喆, 1993, 「三國時代 轡의 硏究」, 『嶺南考古學』 13, 嶺南考古學會.

金斗喆, 1995, 「嶺南地方의 騎乘文化 受容과 發展」, 『伽耶古墳의 編年 硏究 Ⅲ—甲冑와 馬具—』 第4回 嶺南考古學會學術發表會, 嶺南考古學會.

金斗喆, 1996, 「韓國과 日本의 馬具—両國間의 編年調律」, 『4·5世紀の日韓考古学』, 嶺南考古學會·九州考古學會, 第2回合同考古學大會.

金斗喆, 1997, 「前期加耶의 馬具」, 『加耶와 古代日本』, 第3回 加耶史國際學術會議, 金海市.

金斗喆, 1998, 「前期加耶의 馬具」, 『加耶史論集』1, 金海市.

金斗喆, 1998, 「新羅馬具研究의 몇 課題」, 『新羅古墳研究의 現況과 課題』 第17回新羅文化學術會議.

金斗喆, 1998, 「新羅馬具研究의 몇 課題」, 『新羅文化』 15, 東國大學校新羅文化研究所.

金斗喆, 2000, 「馬具를 통해 본 加耶와 百済」, 『加耶와 百済』 第6回 加耶市國際學術會議, 金海市.

金斗喆, 2000, 『韓國 古代馬具의 研究』, 東義大學校大學院文學博士學位論文.

金斗喆, 2001, 「三國時代의 戦団構成과 戦闘形態」, 『古代의 戦争과 武器』第5回 釜山廣域市立福泉博物館學術發表大會, 釜山廣域市立福泉博物館.

金斗喆, 2003, 「武器·武具 및 馬具를 통해 본 加耶의 戦争」, 『加耶 考古学의 새로운 照明』, 釜山大學校 韓國民族文化研究所編, 民族文化學術叢書 27, 혜안.

金龍星, 1989, 「慶山·大邱地域 三國時代 古墳의 階層化와 地域集團」, 『嶺南考古學』 6, 嶺南考古學會.

金龍星, 1997, 『大邱·慶山地域 高塚古墳의 研究』, 嶺南大學校大學院博士學位論文.

金昌鎬, 1987, 「古新羅 積石木槨墳의 400年 上限說에 대한 의문」, 『嶺南考古學』 4, 嶺南考古學會.

金泰植, 1991, 「가야사 연구의 시간적·공간적 범위」, 『韓國古代史論叢』 2.

金泰植·宋桂鉉, 2003, 『韓國의 騎馬民族論』, 馬文化研究叢書Ⅶ, 韓國馬事會·馬事博物館

桃崎祐輔, 2004, 「倭の出土馬具からみた国際環境―朝鮮三国伽耶·慕容鮮卑三燕との交渉関係―」, 『加耶, 그리고 倭와 北方』 第10回 加耶史國際學術會議, 金海市.

東潮/高田貫太 訳, 2003, 「中國 東北地域과 高句麗文物의 比較研究」, 『高句麗考古學의 諸問題』 第27回 韓國考古學全國大會, 韓國考古學會.

柳昌煥, 1992, 「馬具―鐙子에 대하여」, 『陜川玉田古墳群Ⅲ』, 慶尚大學校博物館調査報告 第7輯, 慶尚大學校博物館.

柳昌煥, 1994, 『伽耶古墳 出土 鐙子에 대한 研究―木心鉄板被輪鐙을 中心으로―』, 東義大學校碩士學位論文.

柳昌煥, 1995, 「伽耶古墳　出土　鐙子에 대한 研究」, 『韓國考古學報』 33, 韓國考古學會.

柳昌煥, 2000, 「"馬具를 통해 본 加耶와 百済"에 대한 討論 要旨」, 『加耶와 百済』第6回 加耶市國際學術會議, 金海市.

柳昌煥, 2000, 「環板轡의 編年과 分布」, 『伽倻文化』 第13號, (財)伽倻文化研究院.

柳昌煥, 2000, 「大伽耶圈 馬具의 變化와 画期」, 『鶴山金廷鶴博士頌寿紀念論叢 韓國 古代史와 考古學』, 同刊行委員會.

柳昌煥, 2001, 「三國時代의 戦団構成과 戦闘形態에 대하여」, 『古代의 戦争과 武器』 第5回 釜山廣域市立福泉博物館學術發表大會, 釜山廣域市立福泉博物館.

柳昌煥, 2002, 「馬具를 통해 본 阿羅伽耶」, 『古代 咸安의 社会와 文化』, 國立昌原文化財研究所 2002年度學術大會, 國立昌原文化財研究所·咸安郡.

柳昌煥, 2004, 「2號墳 出土 馬具의 年代와 系譜」, 『宜寧景山里古墳群』, 慶尙大學校博物館硏究叢書第28輯, 慶尙大學校博物館.

柳昌煥, 2004, 「百濟馬具에 대한 基礎的 硏究」, 『百済硏究』 40, 忠南大學校百濟硏究所.

朴廣春, 1994, 「伽耶土器의 分類單位 設定과 編年—陝川地域 古墳 出土土器를 對象으로—」, 『伽倻文化』 7.

朴廣春, 1995, 「3~4세기에 있어 伽耶土器 地域色 硏究」, 『韓國上古史學報』 19, 韓國上古史學會.

朴廣春, 1997, 「가야토기의 지역색 연구」, 『韓國上古史學報』 24, 韓國上古史學會.

朴廣春, 1997, 「數理 型式學의 摸索」, 『嶺南考古學』 20, 嶺南考古學會.

朴廣春, 2002, 「馬具를 통해 본 阿羅伽耶 討論要旨」, 『古代 咸安의 社會와 文化』, 國立昌原文化財硏究所 2002年度學術大會, 國立昌原文化財硏究所·咸安郡.

朴美貞, 2001, 『韓國 南部地方 4~5世紀 轡 出土古墳의 性格』, 東亞大學校碩士學位論文.

朴普鉉, 1990, 「心葉形杏葉의 型式分布와 多樣性」, 『歷史敎育論集』 13·14合輯, 歷史敎育會.

朴重均, 2002, 「百濟初期馬具小考—淸州 鳳鳴洞遺蹟 出土 轡을 中心으로—」, 『百濟文化의 몇 問題』, 湖西史學會春季學術發表會資料集, 湖西史學會·公州大學校百濟文化硏究所.

朴重均, 2005, 「百濟 初期 轡 小考—청주 봉명동유적 출토 鑣轡를 중심으로」, 『先史와 古代』 23, 韓國古代學會.

박진욱, 1966, 「三國時期의 馬具」, 『考古民俗』 1966-3, 朝鮮民主主義人民共和國社會科學院考古學·民俗學硏究所.

박진욱, 1986, 「高句麗의 馬具에 대하여」, 『朝鮮考古硏究』 1986-3, 社會科學院考古學硏究所.

박창수, 1977, 「高句麗의 馬具一式이 드러난 地境洞古墳」, 『歷史科學』 1977-3.

裵基同, 1975, 「新羅·加耶出土鐙子考」, 『文理大學報』 通巻29號, 서울大學校文理科大學學報編纂委員會.

成正鏞, 2000, 「騎乘文化의 導入과 展開」, 『中西部 馬韓地域의 百濟領域化過程 硏究』, 서울大學校大學院文學博士學位論文.

成正鏞, 2001, 「傳夫余 扶蘇山麓 出土 青銅鑣轡에 대하여」, 『湖西考古學』第4·5合輯, 湖西考古學會.

成正鏞, 2004, 「漢城期 百濟馬具의 編年과 그 起源」, 『國史館論叢』第101輯, 國史編纂委員會.

成正鏞외, 2007, 「鼓樂山城과 馬老山城 出土 馬具에 대하여」, 『湖南考古學報』제27호, 湖南考古學會.

송태호, 2003, 「三國時期 馬具에 관한 硏究」, 『平壤一帶의 벽돌칸무덤 三國時期 馬具에 관한 硏究』, 白山資料院.

申敬澈, 1985, 「古式鐙子考」, 『釜大史學』 第9輯, 釜山大學校史學會.

申敬澈, 1989, 「伽耶의 武具와 馬具—甲冑와 鐙子를 中心으로—」, 『國史館論叢』 第7輯, 國史編纂委員會.

申敬澈, 1994,「加耶初期馬具에 대하여」,『釜大史學』第18輯, 釜山大學校史學會.

申敬澈, 1997,「福泉洞古墳群의 甲冑와 馬具」,『加耶史 復元을 위한 福泉洞古墳群의 再照明』第1回 釜山廣域市立福泉博物館學術發表大會, 釜山廣域市立福泉博物館.

沈奉謹, 1999,『韓國에서 본 日本彌生文化의 展開』, 學研文化社.

吳永贊, 2001,「樂浪馬具考」,『古代硏究』8輯, 古代硏究會.

尹世英, 1975,「古新羅·伽耶古墳의 編年에 관한 硏究」,『白山學報』17.

尹容鎭, 1981,「韓國青銅器文化硏究—大邱坪里洞出土 一括遺物 檢討—」,『韓國考古學報』제10·11호, 韓國考古學會.

李康烈, 2001,『百濟馬具에 대한 檢討』, 公州大學校大學院碩士學位論文.

李蘭暎·金斗喆, 1999,『韓國의 馬具』馬文化硏究叢書III, 韓國馬事會·馬事博物館.

伊藤秋男, 1979,「公州 宋山里古墳出土의 馬具」,『百濟文化』第12輯, 公州師範大學附設百濟文化硏究所.

李尙律, 1990,「東來福泉洞23號墳과 副葬遺物」,『伽倻通信』第19·20合輯, 伽倻通信編集部.

李尙律, 1993,『嶺南地方 三國時代 杏葉의 硏究』, 慶北大學校大學院碩士學位論文.

李尙律, 1993,「三國時代杏葉小考—嶺南地方出土品을 中心으로—」,『嶺南考古學』13, 嶺南考古學會.

李尙律, 1995,「嶺南地方의 騎乘文化 受容과 擴散에 대하여」,『伽耶古墳의 編年 硏究 III—甲冑와 馬具—』第4回 嶺南考古學會學術發表會, 嶺南考古學會 pp.54~56

李尙律, 1996,「三韓時代의 鑣轡에 대하여—嶺南地方 出土品의 系等을 中心으로—」,『碩晤尹容鎭敎授停年退任紀念論叢』同刊行委員會.

李尙律, 1997,「前期加耶의 馬具에 대하여」,『加耶와 古代日本』第3回 加耶史國際學術會議, 金海市.

李尙律, 1998,「新羅, 伽倻文化圈에서 본 百濟의馬具」,『百濟文化』第27輯, 公州大學校出版部.

李尙律, 1999,「加耶의 馬冑」,『加耶의 对外交涉』第5回 加耶史學術會議, 金海市.

李尙律, 2001,「天安 斗井洞, 龍院里古墳群의 馬具」,『韓國考古學報』45, 韓國考古學會.

李尙律, 2003,「「中國 東北地域과 高句麗文物의 比較硏究」에 대하여」,『高句麗考古學의 諸問題』第27回 韓國考古學全國大會, 韓國考古學會

李尙律, 2008,「삼한시대 표비의 수용과 획기—영남지역을 중심으로」,『韓國上古史學報』제62호, 韓國上古史學會.

李相洙, 1984,「伽倻時代 馬具의 製作手法과 構造에 関한 一考察」,『保存科学硏究』第5輯, 文化財管理局文化財硏究所.

李盛周, 1993,「洛東江東岸樣式에 대하여」,『제2회 영남고고학회학술발표회 발표 및 토론 요지』

李盛周, 1993,「1~3세기 가야 정치체의 성장」,『韓國古代史論叢』5.

李盛周, 1998,『新羅·伽耶社會의 起源과 成長』, 學研文化社.

李熙濬, 1995, 「경주 皇南大塚의 연대」, 『嶺南考古學』第17號, 嶺南考古學會.
李熙濬, 1996, 「慶州 月城路 가-13호 積石木槨墓의 年代와 意義」, 『碩晤尹容鎭教授停年退任紀念論叢』, 同刊行委員會.
李熙濬, 1998, 『4~5세기 新羅의 考古學的 硏究』, 서울大學校大學院博士學位論文.
張允禎, 1995, 『新羅 馬具裝飾에 관한 硏究』, 東亞大學校碩士學位論文.
張允禎, 1999, 「新羅 鐙子 試論」, 『文物硏究』 第3號, 東아시아文物硏究學術財團.
張允禎, 2001, 「韓半島三國時代における鐙の展開と地域色」, 『岡山大學大學院文化科學硏究紀要』第12號, 岡山大學大學院.
張允禎, 2003, 「韓半島三國時代の轡の地域色」, 『考古學硏究』 第50卷第2號, 考古學硏究會.
張允禎, 2004, 「日本列島の鐙にみる地域間關係」, 『考古學硏究』 第51卷第3號, 考古學硏究會.
張允禎, 2005, 「韓半島における馬具硏究の流れ」, 『馬具硏究のまなざし—硏究史と方法論』, 古代武器硏究會·鐵器文化硏究會連合硏究集會實行委員會.
張允禎·金宰賢, 2005, 「木心輪鐙にみられる地域色」, 『第13回姉妹大學間定期學術交流 東亞大-兵庫大國際學術 Seminar』, 東亞大學校工科大學 生産技術硏究所.
張允禎, 2005, 「松鶴洞 1호분 出土馬具에 대하여」, 『石堂論叢』 제35집, 東亞大學校 石堂傳統文化硏究院.
張允禎, 2005, 「韓國固城松鶴洞古墳出土馬具に対する檢討」, 『朝鮮古代硏究』제6호, 朝鮮古代硏究刊行會.
張允禎, 2005, 「韓國における馬具硏究の成果」, 『古代武器硏究』제6집, 古代武器硏究會.
張允禎, 2006, 「삼국시대 등자의 展開와 地域色」, 『馬事博物館誌 2005』, 馬事博物館, pp.44~70.
張允禎, 2006, 「청주 신봉동고분군 출토 鑣轡에 관한 연구」, 『先史와 古代』 24, 韓國古代學會.
張允禎, 2008, 『古代馬具からみた韓半島と日本列島』, ものが語る歷史15, 同成社.
張允禎, 2009, 「古代 韓·日 출토 유기질제 鑣轡에 대한 연구」, 『文物硏究』 제16호, 東아시아文物硏究學術財團.
張允禎, 2009, 「「가야 수장묘 마구의 의의—재갈을 중심으로—」에 대한 토론문」, 『加耶의 수장들』, 김해시.
張允禎, 2010, 「동아시아 鑣轡의 구조적 분석과 전개」, 『文物硏究』 제18호, 東아시아文物硏究學術財團.
張允禎, 2011, 「韓·日 고분출토 마구 부장양상을 통해 본 지역적 특색」, 『海東文化論叢』창간호, 海東文化財硏究院.
趙榮濟, 1992, 「新羅와 伽耶의 武器·武具」, 『韓國古代史論叢』 3.
趙榮濟, 1997, 「玉田古墳群의 階層分化에 대한 硏究」, 『嶺南考古學』 20, 嶺南考古學會.
千賀久, 2003, 「日本列島 初期의 騎馬文化」, 『加耶와 廣開土大王』 第9回 加耶史國際學術會議, 金海市.

崔秉鉉, 1983, 「古新羅鐙考」, 『崇實史学』 第1輯, 崇田大學校史學會.
崔秉鉉, 1992, 「新羅 鐙子의 再考察」, 『新羅古墳研究』, 一志社.
崔鍾澤, 2004, 「峨嵯山 高句麗堡壘 出土 鐵製甲冑와 馬具」, 『加耶, 그리고 倭와 北方』 第10回 加耶史國際學術會議, 金海市.
江原文化財研究所, 2003, 『－강릉 청량-안목간 도로개설공사지역내 유적－柄山洞 古墳群』.
慶南発展研究院歴史文化센터, 2004, 『Ⅰ.함안 말산리 451-1번지 유적II. 함안 말산리 101-2번지 유적 Ⅲ.진주 소곡리 유적』.
慶北大学校博物館, 1966, 『仁同·不老洞·高靈古衙古墳発掘調査報告』.
慶北大学校博物館·慶南大学校博物館·大邱教育大学博物館, 1992, 「安東造塔里古墳群(' 92)」, 『大邱－春川間高速道路建設豫定地域内文化遺蹟発掘調査報告書(軍威－安東間)』.
慶北大学校博物館, 1996, 『大邱－春川間高速道路建設区間内安東造塔里古墳群II(' 94)』.
慶北大学校博物館·義城郡, 2002, 『鶴尾里古墳』.
慶北大学校博物館, 2003, 『大邱花園城山里１号墳』.
慶尚南道, 1977, 『昌寧桂城古墳群発掘調査報告』.
慶尚南道·国立晋州博物館, 1987, 『陜川磻渓堤古墳群』.
慶尚大學校博物館, 1988, 『陜川玉田古墳群Ⅰ－木槨墓－』.
慶尚大學校博物館, 1989, 『晋州加佐洞古墳群－1~4号墳－』.
慶尚大學校博物館, 1990, 『陜川玉田古墳群II－M3号墳－』.
慶尚大學校博物館, 1992, 『陜川玉田古墳群Ⅲ－M1·M2号墳－』.
慶尚大學校博物館, 1993, 『陜川玉田古墳群Ⅳ－M4·M6·M7号墳－』.
慶尚大學校博物館, 1995, 『陜川玉田古墳群Ⅴ－M10·M11号墳－』.
慶尚大學校博物館, 1997, 『陜川玉田古墳群Ⅵ－23·28号墳－』.
慶尚大學校博物館, 1998, 『陜川玉田古墳群Ⅶ－12·20·24号墳－』.
慶尚大學校博物館, 1999, 『陜川玉田古墳群Ⅷ－5·7·35号墳－』.
慶尚大學校博物館, 2000, 『陜川玉田古墳群Ⅸ－67-A·B, 73~6号墳－』.
慶尚大學校博物館, 2003, 『陜川玉田古墳群Ⅹ－88~102号墳－』.
慶尚大學校博物館, 2004, 『宜寧景山里古墳群』.
慶尚北道文化財研究院·高靈郡, 2000, 『大伽耶歴史館新築敷地内 -高靈池山洞古墳群』.
慶尚北道文化財研究院·浦項市, 2002, 『浦項鶴川里遺蹟発掘調査報告書Ⅰ－石棺墓·木槨墓·積石木槨墓－』.
慶尚北道文化財研究院·浦項市, 2002, 『浦項鶴川里遺蹟発掘調査報告書II－竪穴式石槨墓－』.
慶尚北道文化財研究院·慶尚北道浦項市, 2003, 『浦項国道７号線拡張工事区間内浦項玉城里古墳群発掘調査報告書』.
慶尚北道文化財研究院·釜山地方国土管理庁, 2003, 『尚州新上里古墳群Ⅰ·II』.

慶尚北道文化財研究院·釜山地方国土管理庁, 2003,『尚州軒新洞古墳群』.
慶尚北道文化財研究院·釜山地方国土管理庁, 2003,『尚州城洞里古墳群II』.
慶尚北道文化財研究院, 2004,『海平－桃開間国道25号線拡·鋪張工事区間内海平月谷里遺蹟』.
慶尚北道文化財研究院, 2004,『大邱不老洞古墳群発掘調査報告書－91·93号墳－』.
慶星大學校博物館発掘調査團, 1991,『金海大成洞古墳群－第2次発掘調査概要－』.
慶星大学校博物館, 2000,『金海大成洞古墳群 I 』.
慶州博物館, 1990,『固城 栗垈里 2号墳』.
高靈郡, 1979,『大伽倻古墳発掘調査報告書』.
公州大学校博物館·忠清南道公州市, 1995,『公州地域百済古墳調査』.
公州大学校博物館·忠清南道公州市, 1998,『済·羅会盟址就利山』.
公州大学校博物館·天安市経営開発事業所, 2000,『斗井洞遺蹟』.
公州大学校博物館·天安温泉開発·高麗開発, 2000,『龍院里古墳群』.
国立慶州文化財研究所, 1995,『慶州皇南洞106－3番地古墳群発掘調査報告書』.
国立慶州文化財研究所, 1995,『皇南大塚遺物保存処理報告書』.
国立慶州文化財研究所, 2003,『慶州月山里遺蹟』.
国立慶州文化財研究所, 2004,『慶州天官寺址発掘調査報告書』.
国立博物館, 1948,『壺杅塚과 銀鈴塚』.
国立博物館, 1964,『皇吾里四·五号古墳 -皇南里破壊古墳発掘調査報告』.
国立慶州博物館·慶北大学校博物館·慶州市, 1990,『慶州市月城路古墳群』.
国立慶州博物館·浦項市, 2000,『玉城里古墳群II－「カ」地区発掘調査報告－』.
国立慶州博物館, 2002,『慶州隍城洞古墳群II－513·545番地－』.
国立光州博物館·百済文化開発研究院, 1984,『海南月松里造山古墳』.
国立光州博物館, 1999,『国立光州博物館20年』.
国立文化財研究所, 1995,『清原米川里古墳群』.
국립문화재연구소, 2001,『羅州伏岩里３号墳』.
国立文化財研究所·全南大学校博物館·羅州市, 2001,『羅州伏岩里３号墳発掘調査報告書』.
国立扶余文化財研究所, 1999,『扶蘇山城発掘中間報告書III』.
国立木浦大学校·全羅南道·海南郡, 1986,「月松里造山古墳」,『海南郡의 文化遺蹟』.
国立全州博物館, 1994,『扶安竹幕洞祭祀遺蹟』.
国立中央博物館, 2000,『法泉里 I 』.
国立中央博物館·慶尚南道, 2001,『昌原茶戸里遺蹟』.
国立晋州博物館·固城郡, 1990,『固城栗垈里２号墳』.
国立昌原文化財研究所, 1997,『咸安道項里古墳群 I 』.
国立昌原文化財研究所, 1999,『咸安道項里古墳群II』.

国立昌原文化財研究所, 2000, 『咸安道項里古墳群III』.
国立昌原文化財研究所, 2001, 『咸安道項里古墳群IV』.
国立昌原文化財研究所·咸安郡, 2002, 『咸安馬甲塚』.
国立昌原文化財研究所, 2002, 『固城内山里古墳群』.
国立昌原文化財研究所, 2004, 『咸安道項里古墳群V』.
金東鎬, 1972, 『咸陽上栢里古墳群発掘調査報告』.
金載元, 1946, 『慶州路西里壺杅塚과 銀鈴塚』.
金載元·尹武炳, 1962, 『義城塔里古墳』.
金正基外, 1977, 『天馬塚発掘調査報告書』, 文化公報部·文化財管理局.
金正基外, 1985, 『皇南大塚(北墳)』.
金廷鶴外, 1980, 「味鄒王陵第七地区古墳群発掘調査報告」, 『慶州地区古墳発掘調査報告書』 第二輯, 文化財管理局·慶州史蹟管理事務所.
金鍾徹, 1981, 『高靈池山洞古墳群』.
金宅圭·李殷昌, 1975, 『皇南洞古墳発掘調査概報』.
啓明大学校博物館, 1995, 『高靈本棺洞古墳群』.
단국대학교 중앙박물관·이천시, 1999, 『이천 설봉산성 1차 발굴조사 보고서』.
단국대학교 매장문화재연구소·포천시, 2001, 『포천반월산성 5차 발굴조사보고서』.
단국대학교 매장문화재연구소·포천시, 2004, 『포천 반월산성-종합 보고서(II)-』.
大邱大学校博物館, 1987, 『義城郡文化遺蹟地表調査報告』.
東亞大学校博物館, 1972, 『咸陽上栢里古墳群発掘調査報告』.
東亞大学校博物館, 1984, 「東萊福泉洞古墳」, 『上老大島』.
東亞大学校博物館, 1991, 『梁山金鳥塚·夫婦塚』.
東亞大学校博物館, 1992, 『昌寧校洞古墳群』.
東義大学校博物館, 2000, 『金海良洞里古墳文化』.
梅原末治, 1931, 『慶州金鈴塚飾履塚発掘調査報告』 大正十三年度古蹟調査報告, 朝鮮総督府.
목포대학교박물관·익산지방국토관리청, 2000, 「대천고분군」, 『영광 학정리·함평 용산리 유적』.
文化財管理局, 1969, 『慶州皇吾洞1·33号, 皇南里151号古墳発掘調査報告』.
文化財管理局, 1994, 『皇南大塚(南墳)』.
文化財管理局·文化財研究所, 1986, 『皇南大塚 北墳発掘調査報告書』.
文化財管理局·文化財研究所, 1991, 『北韓文化遺蹟発掘概報』.
文化財研究所, 1981, 『安溪里古墳群発掘調査報告書』.
문화재연구소 , 1989, 『익산입점리고분-발굴조사보고서-』.
文化財研究所·翰林大学校博物館, 1990, 『楊州大母山城発掘報告書』.
釜山大學校博物館, 1983, 『東萊福泉洞古墳群 I』.

釜山大學校博物館, 1985,『金海禮安里古墳群Ⅰ』.
釜山大學校博物館, 1986,『咸陽白川里1号墳』.
釜山大學校博物館, 1990,『東萊福泉洞古墳群II』.
釜山直轄市立博物館, 1990,『釜山杜邱洞林石遺蹟』.
釜山直轄市立博物館, 1992,『東萊福泉洞53号墳』.
釜山広域市立博物館福泉分館, 2001,『東萊福泉洞古墳群－52·54号墳』.
社団法人慶南考古学研究所·昌寧郡, 2001,『昌寧桂城新羅高塚群』.
社団法人慶南考古学研究所·咸安郡, 2000,『道項里末山里遺蹟』.
社団法人嶺南埋蔵文化財研究院·高靈郡, 1998,『高靈池山洞30号墳』.
社団法人嶺南埋蔵文化財研究院·浦項市, 1998,『浦項玉城里古墳群II－ナ地区－』.
社団法人郷土文化開発協議会, 1985,『郷土文化遺蹟調査－靈岩郡始終面－』第4巻.
서울대학교 박물관·서울대학교 인문학연구소·구리시·구리문화원, 2000,『아차산 제4보루－발굴조사 종합보고서－』.
서울대학교 박물관·서울대학교 인문학연구소·(주)고려개발, 2001,『龍院里遺蹟 C地区 発掘調査報告書』.
小川敬吉, 1927,『梁山夫婦塚と其遺物』.
沈奉謹, 1991,『梁山金鳥塚·夫婦塚』.
沈奉謹外, 1992,『昌寧校洞古墳群』.
沈奉謹, 1994,「梁山北亭里古墳群」,『考古歴史学志』第10輯.
野守健·小泉顕夫, 1931,「慶尚北道達成郡達西面古蹟調査報告」,『大正11年度古蹟調査報告』.
厳永植·黄龍渾, 1974,『慶州仁旺洞(19·20号)古蹟発掘調査報告』.
嶺南大学校博物館, 1978,『鳩岩洞古墳発掘調査報告』.
嶺南大学校博物館, 1991,『昌寧桂城里古墳群－桂南1·4号墳』.
嶺南大学校博物館, 1991,『慶山北四里古墳群』.
嶺南大学校博物館·韓国土地開発公社慶北支社, 1994,『慶山林堂地域古墳群II造永EIII－8号墳外－』.
嶺南大学校博物館·韓国土地公社, 1998,『慶山林堂地域古墳群－造永ⅠB地区』.
嶺南大学校博物館·大邱広域市都市開発公社, 1999『時至의 文化遺蹟(II)~(VII)』.
嶺南大学校博物館, 1999,『慶山林堂地域古墳群IV－造永CI·II号墳』.
嶺南大学校博物館, 2000,『慶山林堂地域古墳群V－造永E1-1号墳』.
嶺南大学校博物館, 2002,『大邱旭水洞古墳群』.
嶺南大学校博物館, 2002,『慶山林堂地域古墳群VI－林堂2号墳』.
嶺南大学校博物館, 2003,『慶山林堂地域古墳群VII－林堂5·6号墳』.
有光教一, 1935,『慶州皇南里第82号墳』昭和六年度古蹟調査報告.

尹容鎮·金鍾徹, 1979,『大伽耶古墳発掘調査報告書』.
李殷昌, 1975,「味鄒王陵地区第10区域皇南洞第110号墳発掘調査報告」,『慶州地区古墳発掘調査報告書』第一輯.
梨花女子大学校博物館, 1975,『造塔洞古墳発掘調査報告書』.
全北大学校博物館·全羅北道南原郡, 1989,『斗洛里発掘調査報告書』.
全栄莱, 1983,『南原 月山里古墳群発掘調査報告』, 円光大学校 馬韓百済文化研究所.
財団法人百済文化開発研究院·公州大学校博物館, 1994,『論山茅村里百済古墳群発掘調査報告書(II)』.
財団法人嶺南埋蔵文化財研究院, 1999,『慶州舎羅里遺蹟 I－積石木槨墓·石槨墓』.
財団法人嶺南埋蔵文化財研究院, 2001,『慶州舎羅里遺蹟II』.
財団法人嶺南埋蔵文化財研究院, 2001,『慶山林堂洞遺蹟II－G地区5·6号墳』.
財団法人嶺南埋蔵文化財研究院, 2001,『慶山林堂洞遺蹟III－G地区墳墓－』.
財団法人嶺南埋蔵文化財研究院·韓国高速鉄道建設公団, 2001,『金泉帽岩洞遺蹟 I』.
財団法人嶺南埋蔵文化財研究院, 2001,『永川清亭里遺蹟』.
財団法人嶺南埋蔵文化財研究院, 2002,『慶州九於里古墳群 I－積石木槨墓·石室墳』.
財団法人嶺南埋蔵文化財研究院, 2002,『大邱佳川洞古墳群 I』.
財団法人湖南文化財研究院, 2004,『潭陽大峙里遺蹟』.
斎藤忠, 1937,『慶州皇南里第109号墳皇吾里第14号墳調査報告』昭和九年度古蹟調査報告.
朝鮮総督府, 1924,『慶州金冠塚と其遺物』古蹟調査特別報告第3册.
中央文化財研究院·慶州市, 2002,『慶州吾琴里古墳群整備 및 収拾発掘調査報告書』.
中央文化財研究院·釜山地方国土管理庁, 2003,『蔚山－江東間道路拡·鋪装工事区間内蔚山新峴洞遺蹟』.
池健吉·趙由典, 1981,『安渓里古墳群』.
昌原大学校博物館, 1987,『昌原道渓洞古墳群 I』.
昌原大学校博物館, 1990,『馬山縣洞遺蹟』.
昌原文化財研究所, 1996,『咸安岩刻画古墳』.
忠北大學校博物館, 1983,『清州新鳳洞百済古墳群発掘調査報告書－1982年度調査－』.
忠北大學校博物館, 1990,『清州新鳳洞百済古墳群発掘調査報告書－1990年度調査－』.
忠北大學校博物館, 1995,『清州新鳳洞古墳群』.
忠北大學校博物館·韓国住宅公社, 2002,『清州佳景4地区遺蹟』.
韓国文化財保護財団·釜山地方国土管理庁, 1998,『尚州新興里古墳群(I)~(V)』.
韓国文化財保護財団·韓国土地公社, 1998,『慶山林堂遺蹟(I)A~B地区古墳群』.
韓国文化財保護財団·韓国土地公社, 1998,『慶山林堂遺跡(II)C地区古墳群』.
韓国文化財保護財団·韓国土地公社, 1998,『慶山林堂遺跡(VI)E地区古墳群』.

韓国文化財保護財団·(株)韓進重工業, 1998, 『尙州青里遺蹟(Ⅷ)』.
韓国文化財保護財団·(株)韓進重工業, 1999, 『尙州青里遺蹟(Ⅹ)』.
韓国文化財保護財団·韓国道路公社, 1999, 『尙州城洞里古墳群』.
韓国文化財保護財団·韓国土地公社, 1999, 『清原梧倉遺蹟(Ⅰ)~(Ⅲ)』.
韓国文化財保護財団·慶州市, 2000, 『慶州市栗洞1108番地古墳群発掘調査報告書』.
韓国文化財保護財団·忠清北道開発事務所, 2000, 『清原主成里遺蹟』.
韓国文化財保護財団·韓国土地公社慶北支社, 2000, 『大邱漆谷3宅地(2·3区域)文化遺蹟発掘調査報告書(Ⅰ)－3·2-カ区域－』.
韓国文化財保護財団·韓国道路公社, 2001, 『尙州屛城洞·軒新洞古墳群』.
韓国文化財保護財団·慶州市, 2002, 『慶州隍城洞遺蹟－537-1·10, 537-4·535-8, 544-1·6番地発掘調査報告書』.
한국토지공사·토지박물관·광주군, 1999, 『南漢山城行宮址試掘(発掘)調査報告書』.
翰林大学校博物館, 2002, 『양주 대모산성-동문지·서문지-』.
한신大学校博物館, 2002, 『花山古墳群』.
湖巖美術館, 1998, 『華城馬霞里古墳群』.

〈외국자료〉

岡安光彦, 1986, 「馬具副葬古墳と東國舍人騎兵－考古資料と文獻史料による總合的分析の試み－」, 『考古學雜誌』 제71권 제4호.
岡野正男, 2000, 『鐵の古代史－騎馬文化』, 白水社.
諫早直人, 2006, 「付遍 瑞王寺古墳出土馬具再檢討」, 『築後市內遺蹟群IX』, 築後市文化財調査報告書 제73집.
高橋克壽, 1997, 「5世紀の日本と東アジア」, 『王者の武装－5世紀の金工技術』, 京都大學總合博物館.
高久健二, 1995, 『樂浪古墳文化硏究』, 學硏文化社.
高田貫太, 1998, 「垂飾付耳飾をめぐる地域間交涉」, 『古文化談叢』 제41집, 九州古文化硏究會.
龜田修一, 1993, 「考古學からみた渡來人」, 『古文化談叢』 제30집(中), 九州古文化硏究會.
宮代栄一·白木原宜, 1994, 「佐賀県出土馬具の硏究」, 『九州考古學』 第69號, 九州考古學會.
宮代栄一, 1996, 「熊本県出土の馬具の硏究」, 『肥後考古』 第9號, 肥後考古學會.
內山敏行·岡安光彦, 1997, 「下伊那地方の初期馬具」, 『信濃』 제49권 제4·5호, 信濃史學會.
大谷猛, 1985, 「日本出土の『鑣轡』について」, 『論集日本原史』, 吉川弘文館.
桃崎祐輔, 1999, 「日本列島における騎馬文化の受容と擴散－殺馬儀禮と初期馬具の擴散に見る慕容鮮卑·朝鮮三國伽耶の影響－」, 『渡來文化の受容と展開－5世紀における政治的·社會的變化の具體相(2)－』, 第46回埋藏文化財硏究集會.

鈴木治, 1958,「朝鮮半島出土の轡について(附)鑣考」,『朝鮮學報』 제13집.
鈴木一有, 2003,「中期古墳における副葬鏃の特質」,『帝京大學山梨文化財研究所研究報告第11集－古墳時代中期の諸樣相－』, 帝京大學山梨文化財研究所.
鈴木一有, 2005,「中八幡古墳出土短甲をめぐる問題」,『中八幡古墳資料調査報告書』, 池田町教育委員會.
末崎眞澄, 1993,「オリエントの古代銜について」,『馬の博物館 研究紀要』 제6호, (財)馬事文化財團·馬の博物館.
毛利哲久, 1999,「日本の遺跡　福岡県小正西古墳」,『考古學研究』 第44巻 第2號, 考古學学研究會.
尾上元規, 2002,「壺鐙と瓢形円環轡について」,『環瀨戸内海の考古學－平井勝氏追悼論集－』 下, 古代吉備研究會.
服部聡志, 1991,「木心鐵板張輪鐙の分類と二, 三の問題」, 末永雅雄編,『盾塚 鞍塚 珠金塚古墳』.
白石太一郎, 1985,『古墳の知識Ⅰ－墳丘と內部構造』, 東京美術.
白井克也, 2003a,「馬具と短甲による日韓交差編年－日韓古墳編年の平行關係と暦年代－」,『土曜考古』 第27號, 土曜考古學研究會.
白井克也, 2003b,「新羅土器の型式·分布變化と年代觀－日韓古墳編年の並行關係と歷年代－」,『朝鮮古代研究』 第4號, 朝鮮古代研究刊行會.
本村豪章, 1990,「古墳時代の基礎研究稿－資料篇(II)－」,『東京國立博物館紀要』 第26號, 東京國立博物館.
山本忠尙, 1970,「スキタイ動物意匠の起源と展開」,『古代學』 제17권.
山本忠尙, 1972,「スキタイ式轡の系譜」,『史林』 제55권 제5호.
山田良三, 1975,「古墳出土の鐙の形態的變遷」, 橿原考古學研究所論集創立三十五周年記念』, 奈良県立橿原考古學研究所.
小林廣和·里村晃一, 1979,『甲斐茶塚古墳』.
小林正春, 1980,「新井原遺跡發見の飾られた馬具」,『伊那』 4月號.
小林行雄, 1951,「上代日本における乗馬の風習」,『史林』 第34卷 第3號, 史學研究會.
小野昭·春成秀爾·小田静夫·日本第四紀學會編, 1992,『圖解·日本の人類遺跡』, 東京大學出版會.
小野山節, 1966,「日本發見の初期の馬具」,『考古學雜誌』 第52卷 第1號, 日本考古學會.
小野山節, 1990,「古墳時代の馬具」,『日本馬具大鑑Ⅰ古代上』, 日本中央競馬會·吉川弘文館.
松木武彦, 1996,「日本列島の國家形成」, 植木武編,『國家の形成－人類學·考古學からのアプローt 1－』, 三一書店.
松井一明, 1994,「遠江·駿河における初期群集墳の成立と展開について」,『向坂鋼二先生還歷記念論集－地域と考古學－』, 向坂鋼二先生還歷記念論集刊行會.
水野敏典, 2003,「古墳時代中期における日韓鐵鏃の一樣相」,『帝京大學山梨文化財研究所研究報告第11集－古墳時代中期の諸樣相』, 帝京大學山梨文化財研究所.

新納泉, 1983, 「裝飾付大刀と古墳時代後期の兵制」, 『考古學硏究』 제30권 제3호.
新納泉, 1997, 「地域間ヒエラルヒーの形成メカニズムー複合化社會形成科程の理論的硏究(1)」, 『岡山大學文學部紀要』 제28호.
伊藤秋男, 1974, 「韓國における三國時代の鑣轡について」, 『韓』 제25호.
林俊雄ほか, 1993, 「ユーラシア草原における騎馬と馬事の歴史」, 『馬の博物館 硏究紀要』 제6호, (財)馬事文化財團·馬の博物館.
林孝澤, 2001, 「金海良洞里古墳群の調査その成果」, 『金海良洞里古墳文化(일본어판)』, 동의대학교 박물관.
田中晋作, 1981, 「武器の所有形態からみた古墳被葬者の性格」, 『ヒストリア』 第93號, 大阪歴史學會.
田中晋作, 1991a, 「百舌鳥·古市古墳群の鐵鏃」, 末永雅雄編『盾塚　鞍塚　珠金塚古墳』.
田中晋作, 1991b, 「武具」, 『古墳時代の硏究』, 雄山閣.
田中晋作, 2001, 『百舌鳥·古市古墳群の硏究』, 學生社.
佐藤敬美, 1984, 「輪鐙に関する一考察ー日本·朝鮮出土の鐵製輪鐙を中心としてー」, 『史艸』 24.
斎藤弘, 1986, 「古墳時代の壺鐙の分類と編年」, 『日本古代文化硏究』 3, 古墳文化硏究會.
中山清隆, 2001, 「馬具の種類と變遷」, 『季刊考古學』 제76호.
中村潤子, 1985, 「新澤一二六號墳と初現期の馬具」, 『同志社大學考古學シリーズIIー考古學と移住·移動』, 同志社大學考古學シリーズ刊行會.
增田精一, 1964, 「スキタイ系文化の衔留金具」, 『MUSEUM』 159.
增田精一, 1996, 『日本馬事文化の原流』 芙蓉書房出版.
千賀　久, 1985, 「高句麗の馬具と馬裝」, 『考古學と移住·移動』, 同志社大學考古學シリーズII.
千賀久, 1988a, 「日本初期馬具の系譜」, 『橿原考古學硏究所論集』 九, 吉川弘文館.
千賀久, 1988b, 「古墳時代壺鐙の系譜と變遷ー杓子形壺鐙を中心にー」, 『考古學と技術』, 同志社大學考古學シリーズIV.
千賀久, 1994, 「日本初期馬具の系譜2」, 『橿原考古學硏究所論集』 十二, 吉川弘文館.
清水篤, 1988, 「木心鐵板張輪鐙を伴う馬具についてーその細別と系譜に関する硏究ノート」, 『網干善教先生華甲記念考古学論集』.
清喜裕二, 1997, 「福井県西塚古墳出土品調査報告」, 『書陵部紀要』 第49號, 宮內廳書陵部.
阪口英毅, 1998, 「長方板革綴短甲と三角板革綴短甲ー變遷とその特質」, 『史林』 第81卷 第5號.
坂本美夫, 1985a, 『馬具』, 考古學ライブラリー34 ニューサイエンス社.
坂本美夫, 1985b, 「4~5世紀の馬具」, 『考古学ジャーナル』 12, 257.
坂本美夫, 1985c, 「木心鐵板張輪鐙」, 『甲斐考古』 23ー1.
風間榮一, 2003, 「長野市飯綱社古墳出土の鐵鏃ー未報告資料の紹介ー」, 『帝京大學山梨文化財硏究所硏究報告第11集ー古墳時代中期の諸様相ー』, 帝京大學山梨文化財硏究所.
樋口隆康, 1972, 「鐙の發生」, 『青陵』 19.

穴澤和光·馬目順一, 1973, 「北燕·馮素弗墓の提起する問題—日本·朝鮮考古學との關連性—」, 『考古學ジャーナル』 85.
穴澤和光·馬目順一, 1984a, 「安陽孝民屯晉墓の提起する問題(Ⅰ)—「現存最古の鐙」, を含む馬具をめぐって—」, 『考古學ジャーナル』 227.
穴澤和光·馬目順一, 1984b, 「安陽孝民屯晉墓の提起する問題(Ⅱ)—「現存最古の鐙」, を含む馬具をめぐって—」, 『考古學ジャーナル』 228.
穴澤和光, 1990, 「古墳文化と鮮卑文化—楡樹老河深墓地出土冑をめぐって—」, 『季刊考古學』 제33호.
魏存成, 1991,「高句麗馬具的發現興研究」, 『北方文物』 4.
M. A. LITTAUER AND J. H. CROUWEL, 2002, *SELECTED WRITINGS ON CHARIOTS AND OTHER EARLY VEHICLES, RIDING AND HARNESS*, BRILL/LEIDEN·BOSTON·KOLN.

〈일본〉

東北地方

秋田県

奈良修介·豊島昂, 1961, 「秋田県南秋田郡五城目町岩野山古墳」『秋田考古学』 19.

岩手県

岩手県教育委員会, 1963, 『五條丸古墳群』.
田中喜多美·滝口宏, 1951, 「岩手県江釣子村猫谷地古墳群」, 『岩手史学研究』 9.
和賀町教育委員会, 1974, 『長沼古墳群』.

福島県

穴沢和光·中村五郎, 1972, 「福島県真野寺内20号墳に関する考察」, 『考古学研究』 19—1.
いわき市教育委員会, 1977, 『白穴横穴群調査報告』.
平沢一久, 1964, 「表西山横穴群」, 『福島県史』6.
松本友之, 1976, 「八番横穴群遺跡」, 『福島県考古学年報』5.
目黒吉明他, 1964, 『福島県史』6.
渡辺晴雄, 1955, 「福島県相馬郡高松丘陵第1号墳」, 『日本考古学年報』3.

宮城県

『松山町史』, 1980.

工藤雅樹, 1984,『日本の古代遺跡』宮城, 保育社.
仙台市教育委員会, 1972,『仙台市南小泉. 法領塚古墳調査報告書』.
利府町教育委員会, 1977,『川袋古墳群』.

関東地方

茨城県

伊東重敏, 1971,『水戸市埋蔵文化財包蔵地基本調査報告書(応急版)』.
茨城県教育委員会, 1960,『三昧塚古墳』.
茨城県教育委員会, 1970,『宮中野古墳群調査報告』.
大塚初重, 1979,「西大塚古墳群」茨城県史料·考古資料編·古墳時代.
大塚初重他, 1979,『藤田市史』別册II·考古資料編.
大塚初重·小林三郎, 1968,「茨城県舟塚古墳」1·2,『考古学集刊』4−1·4.
大森信英, 1956,『常陸国村松村の古代遺蹟』.
大森信英, 1974,「幡山古墳群」,『茨城県史料』考古資料編·古墳時代.
川崎純徳ほか, 1986,『茨城県大平古墳』, 大平遺跡群調査団.
十王町教育委員会, 1991,『十王町の遺跡 十王町埋蔵文化財包蔵地分布調査報告書』.
豊崎卓, 1975,『玉里村史』.
野中完一, 1898,「常陸国新冶郡瓦会村の古墳」,『東京人類学会雑誌』153.
日立市教育委員会, 1978,『日立市六ツケ塚遺跡発掘調査報告書』.
平沢一久·竹石健二, 1974,「稲荷山古墳」,『茨城県史料』考古資料編·古墳時代.
茂木雅博, 1986,「関城町の歴史」,『鬼怒川中流域における古墳文化の展開』6号.
茂木雅博他, 1988,『関城町史』別册史料編·関城町の遺跡.
吉田章一郎他, 1963,『茨城県水海道市七塚古墳群の調査』.

神奈川県

1986,『緑区史』資料編2.
赤屋直忠ほか, 1962,「塚田古墳」, 南足柄町文化財調査報告書1.
穴沢和光ほか, 1979,「相模出土の環頭大刀の諸問題」,『神奈川考古』6.
石野瑛, 1935,「横浜市磯子区室の木古墳調査記」,『考古学雑誌』25−6.
小野山節, 1979,「鐘形装飾付馬具とその分布」,『MUSEUM』339.
神奈川県教育委員会, 1970,「伊勢原町登尾山古墳」, 埋蔵文化財発掘調査報告1.

群馬県

相川考古館, 1970,『相川考古館開館20周年記念 上毛古文化展解説及び出陣目録』.

相川龍雄, 1930,「佐波郡宮郷村古城古墳とその遺物」,『上毛及上毛人』第160号.
相川龍雄, 1935,「上野国佐波郡の前方後円墳」,『考古学雑誌』25巻 7号.
安中市誌編纂委員会, 1964,『安中市誌』.
安中市教育委員会, 1994,『九十九川沿岸遺跡群』.
池田村史編纂委員会, 1964,『池田村史』.
石川正之助, 1981,「川内天王塚古墳」,『群馬県史』資料編3 原始古代, 群馬県史編さん委員会.
石川正之助, 1981,「前二子古墳」,『群馬県史』資料編3 原始古代3, 群馬県史編さん委員会.
石塚久則·熊倉浩靖·中東耕志, 1986,「群馬県における6世紀後半の古墳出土副葬品－その組成と系譜－」,『群馬県立歴史博物館調査報告書』第3号.
伊勢崎市, 1987,『伊勢崎市史』通史編1 原始古代中世.
井上唯雄, 1972,「稗田古墳」,『古馬牧村史』.
井上唯雄, 1987,「第四章 古墳」,『新田町誌』第2巻 資料編(上), 新田町誌刊行委員会.
井上唯雄, 1990,「第五章 古代国家の成立と発展－古墳時代－」,『新田町誌』第1巻 通史編, 新田町誌刊行委員会.
岩沢正作, 1939,「六. 古墳関係遺物」,『山田郡誌』.
梅沢重昭, 1969,「観音山古墳とその遺物」,『月刊文化財』1月号.
梅沢重昭, 1989,「普賢寺東古墳」,『日本古墳大辞典』.
梅沢重昭, 1981,「観音山古墳」,『群馬県史』資料編3 原始古代3 群馬県史編さん委員会.
梅沢重昭, 1981,「恵下古墳」,『群馬県史』資料編3 原始古代3, 群馬県史編さん委員会.
梅沢重昭, 1995,「奈良ヲ号古墳」,『沼田市史』資料編1 原始古代·中世, 沼田市史編さん委員会.
梅沢重昭, 1995,「七五三木家所蔵奈良古墳群出土遺物」,『沼田市史』資料編1 原始古代·中世, 沼田市史編纂委員会.
大塚昌彦, 1981,『諏訪ノ木遺跡』, 渋川市教育委員会.
大泉町教育委員会, 1986,『古海原前古墳群発掘調査概報』.
大田区立郷土博物館, 1994,『特別展「武蔵国造の乱」図録』.
太田市教育委員会, 1977,『群馬県太田市沢野村63号墳発掘調査概報』.
尾崎喜左雄, 1951,『赤堀村洞山古墳発掘調査概報』, 群馬大学史学研究室.
尾崎喜左雄, 1954,「群馬県邑楽郡稲荷塚古墳」,『日本考古学年報』7.
尾崎喜左雄, 1955,「古墳の分布と塩原塚」,『南橘村誌』, 南橘村誌編さん委員会.
尾崎喜左雄, 1958,「群馬県佐波郡上淵名古墳」,『日本考古学年報』7, 日本考古学協会.
尾崎喜左雄, 1971,「群馬県高崎市上毛古墳綜覧瀧川村第2号古墳」,『日本考古学年報』19, 日本考古学協会.
尾崎喜左雄, 1971,「前二子古墳」,『前橋市史』第1巻, 前橋市.
尾崎喜左雄, 1971,「四戸古墳群及び机古墳発掘調査報告」,『岩島村誌』.

尾崎喜左雄, 1981, 「洞山古墳」, 『群馬県史』 資料編3 原始古代3, 群馬県史編さん委員会.
尾崎喜左雄, 1981, 「簗瀬二子塚古墳」, 『群馬県史』 資料編3 原始古代3, 群馬県史編さん委員会.
尾崎喜左雄, 1981, 「しどめ塚古墳」, 『群馬県史』 資料編3 原始古代3, 群馬県史編纂委員会.
大西雅広, 1989, 「二之宮宮下東遺跡」, 『年報』7, (財)群馬県埋蔵文化財調査事業団.
小野山節, 1983, 「花形杏葉と光背」, 『MUSEUM』 339.
小野山節·本村豪章, 1980, 「上毛野·伊勢崎市恵下古墳出土のガラス玉と須恵器と馬具」, 『MUSEUM』 357号.
金子正人, 1982, 『横俵遺跡群IV』, 前橋市埋蔵文化財調査団.
金子正人, 1988, 『稲荷山古墳』, 前橋市教育委員会.
煥乎堂, 1985, 『目で見る群馬の遺跡 よみがえる古代の文化』.
粕川村教育委員会, 1986, 『深津地区遺跡群』.
粕川村教育委員会, 1982, 『月田古墳群』.
神谷佳明, 1995, 『波志江今宮遺跡』, (財)群馬県埋蔵文化財調査事業団.
川島正一, 1980, 「原始·古代」, 『目にみる邑楽町の自然と歴史』, 邑楽町誌編纂室.
川島正一, 1985, 「古墳時代」, 『明和村誌』.
川場村, 1961, 『川場村の歴史と文化』.
加部二生, 1990, 「後二子古墳の出土遺物と年代観」, 『群馬考古学手帳』 Vol. 1, 群馬土器観会.
加部二生, 1994, 「前二子古墳」, 『前方後円墳集成』 東北·関東編, 山川出版社.
加部二生, 1994, 「後二子古墳」, 『前方後円墳集成』 東北·関東編, 山川出版社.
加部二生, 1994, 「塩原塚古墳」, 『前方後円墳集成』 東北·関東編, 山川出版社.
加部二生, 1994, 「広瀬鶴巻塚古墳」, 『前方後円墳集成』 東北·関東編, 山川出版社.
加部二生, 1994, 「王山古墳」, 『前方後円墳集成』 東北·関東編, 山川出版社.
加部二生, 1994, 「王河原山古墳」, 『前方後円墳集成』 東北·関東編, 山川出版社.
加部二生, 1994, 「穂積稲荷山古墳」, 『前方後円墳集成』 東北·関東編, 山川出版社.
川合 功, 1981, 「萩塚古墳」, 『群馬県史』 資料編3 原始古代3, 群馬県編さん委員会.
箕郷町, 1975, 『箕郷町史』.
北橘村教育委員会, 1987, 『森山遺跡』.
北橘村教育委員会, 1992, 『北橘村の文化財』.
群馬県, 1938, 『上毛古墳綜覧』, 群馬県史跡名勝天然記念物調査報告 第5輯.
群馬県企業局·太田市教育委員会, 1992, 『成塚住宅団地遺跡II-3 ―遺物図版編―』.
群馬県教育委員会, 1963, 『群馬県の遺跡』.
群馬県教育委員会, 1963, 『上野国八幡観音塚古墳調査報告書』.
群馬県教育委員会, 1967, 『上野国綿貫観音山古墳発掘調査概報』.
群馬県教育委員会, 1968, 『上野国綿貫観音山古墳調査概報』.

群馬県教育委員会, 1974,『群馬県遺跡台帳(西毛編)』.
群馬県教育委員会, 1974,『群馬県遺跡台帳(東毛編)』.
群馬県教育委員会, 1982,『史跡観音山古墳』.
群馬県古墳時代研究会, 1996,『群馬県内出土の馬具·馬形埴輪』.
群馬県勢多郡横野村誌編纂委員会, 1956,『群馬県勢多郡横野村誌』.
群馬県史編さん委員会, 1981,「調査古墳一覧」,『群馬県史』資料編3 原始古代3.
群馬県史編さん委員会, 1990,『群馬県史』通史編1 原始古代1.
群馬県立歴史博物館, 1979,『開館記念特別展 群馬のはにわ』.
群馬県立歴史博物館, 1972,『富岡5号古墳』.
群馬県立歴史博物館, 1990,『藤ノ木古墳と東国の古墳文化』.
群馬県立歴史博物館, 1991,『群馬県立歴史博物館所蔵資料目録 考古』.
群馬町教育委員会, 1985,『諸口遺跡III』.
群馬町教育委員会, 1990,『保渡田VII遺跡』.
群馬町教育委員会, 1994,『堤上遺跡(図版編)』.
後藤守一, 1941,「上古時代の杏葉に就いて」,『考古学評論』第4輯.
後藤守一, 1953,「上野國愛宕塚」,『考古学雑誌』第39巻 第1号.
後藤守一, 1958,「古代の桐生」,『桐生市史』上巻, 桐生市史編纂委員会.
小板橋良平, 1954,『九十九史考』, 九十九村教育委員会.
小荷田武·宮田裕紀枝, 1989,「筑波山古墳」,『板倉町誌』別巻9.
小山市立博物館, 1983,『第4回企画展 -古墳時代の乗馬』.
坂爪久純·加部二生, 1985,『笠遺跡·吉田遺跡』, 境町教育委員会.
(財)元興寺文化財研究所, 1986,「出土鉄製遺物」,『昭和60年度国庫補助事業による出土遺物の実体調査報告書』近畿·中部·関東地方編.
(財)群馬県埋蔵文化財調査事業団, 1983,『奥原古墳群』.
(財)群馬県埋蔵文化財調査事業団, 1989,『下佐野遺跡』.
(財)群馬県埋蔵文化財調査事業団, 1990,『本郷的場古墳群』.
(財)群馬県埋蔵文化財調査事業団, 1991,『成塚石橋遺跡II』.
(財)群馬県埋蔵文化財調査事業団, 1992,『神保下條遺跡』.
(財)群馬県埋蔵文化財調査事業団, 1993,『少林山台遺跡』.
篠原実, 1958,「御三社古墳発掘報告」,『郷土部報』, 富岡高等学校郷土部.
柴田常恵, 1910,「上野国八幡村山名の古墳発掘品」,『人類学会雑誌』294.
柴田常恵, 1910,「上野藤岡町の諏訪神社古墳」,『東京人類学雑誌』第25巻 288·289輯.
清水永二, 1936,「郷土資料としての古墳群の研究」,『新上野』第17巻 5号.
清水和夫, 1981,「『綜覧』漏芝根村16号古墳」,『群馬県史』資料編3 原始古代3, 群馬県史編さん委員会.
清水和夫, 1981,「政所京塚古墳」,『群馬県史』資料編3 原始古代3, 群馬県編さん委員会.
高崎市教育委員会, 1979,『引間遺跡』.
高崎市教育委員会, 1981,『石原稲荷山古墳』.
高崎市教育委員会, 1985,『筑縄遺跡群』.
高崎市教育委員会, 1989,『八幡遺跡』.
高崎市教育委員会, 1991,『高崎市内遺跡埋蔵文化財緊急発掘調査報告書』.
高崎市教育委員会, 1991,『山名原口II遺跡』.
高崎市教育委員会, 1995,『図録 観音塚古墳と出土品』.
高崎市観音塚考古資料館, 1994,『第7回企画展・馬具「古墳時代に馬がいた」図録』.
高橋照之助, 1935,「鈴杏葉に就いて」,『上毛及上毛人』第222号.
瀧瀬芳之, 1990,「馬鐸について」,『東川端遺跡』,(財)埼玉県埋蔵文化財調査事業団.
田口一郎, 1975,「藤岡市美九里中学校・美九里小学校所蔵の遺物」,『いぶき』8・9合併号, 埼玉県立本庄高等学校考古学部.
田島桂男, 1971,「高崎市若田古墳群」,『まえあし』7, 東国古文化研究所.
田島桂男, 1981,「観音塚古墳」,『群馬県史』資料編3 原始古代3, 群馬県史編さん委員会.
田島桂男, 1981,「若田大塚古墳」,『群馬県史』資料編3 原始古代3, 群馬県史編さん委員会.
田島桂男, 1981,「若田B号古墳」,『群馬県史』資料編3 原始古代3, 群馬県史編さん委員会.
田島桂男, 1981,「奈良ソ号古墳」,『群馬県史』資料編3 原始古代3, 群馬県史編さん委員会.
田島桂男, 1981,「奈良カ号古墳」,『群馬県史』資料編3 原始古代3, 群馬県史編さん委員会.
田中新史, 1980,「東日本終末期古墳出土の馬具」,『古代探叢』, 早稲田大学出版社.
玉村町教育委員会, 1993,『小泉大塚越遺跡』, 玉村町埋蔵文化財調査報告書 第10集.
寺西典子, 1983,「南山大学所蔵の馬具について」,『南山大学人類学博物館館報』第11号.
天理大学附属天理参考館, 1987,「縄文・弥生・古墳」,『ひと・もの・こころ』.
天理大学附属天理参考館, 1992,『第19回企画展 古墳時代武器・武具・馬具』.
東京国立博物館, 1983,『東京国立博物館図版目録 古墳遺物篇(関東II)』.
徳江秀夫, 1992,「上野地域の船形石棺」,『古代学研究』127, 古代学研究会.
富岡高等学校郷土部, 1981,『かぶら』第13号.
富岡市, 1987,『富岡市史』原始・古代・中世・自然篇.
富沢敏弘, 1981,「金古内林4号古墳」,『群馬県史』資料編3 原始古代3, 群馬県史編さん委員会.
中村富夫, 1981,「御部入10号古墳」,『群馬県史』資料編3 原始古代3, 群馬県史編さん委員会.
中沢悟, 1979,「中之条盆地における古墳の様相」,『金井廃寺遺跡』.
中澤貞治, 1979,『蟹沼東古墳群』, 伊勢崎市教育委員会.
中澤貞治, 1981,『蟹沼東古墳群』, 伊勢崎市教育委員会.

永峰光一・亀井正道・塚越甲子郎・金子量重, 1949, 「群馬県佐波郡采女村上淵名二子山西古墳群発掘報告」, 『上代文化』 第18輯.
新田町教育委員会, 1994, 『下田遺跡』.
新津寿子, 1970, 「横穴式古墳の群集について―御部入古墳群を中心として―」, 『まえあし』 第5号, 東国古文化研究所.
日本馬具大鑑編集委員会, 1992, 『日本馬具大鑑』 第1巻　古代上.
日本窯業史研究所, 1978, 『長久保古墳群発掘調査略報』.
沼田市教育委員会, 1991, 『秋塚古墳群Ⅰ』.
橋本博文, 1989, 「筑波山古墳出土遺物」, 『板倉町誌』 別巻9.
橋本博文, 1994, 「東矢島観音山古墳(九合村50号墳)」, 『前方後円墳集成』 東北・関東編, 山川出版社.
橋本博文, 1994, 「割地山古墳(九合村51号墳)」, 『前方後円墳集成』 東北・関東編, 山川出版社.
榛東村, 1988, 『榛東村誌』.
榛東村教育委員会, 1985, 『榛東村39号墳(雛子遺跡)発掘調査報告書』.
東日本御経営聖業奉讃会・敬神崇祖精神高揚事業期成会・群馬県, 1936, 『奉讃古代文化展覧会目録』.
福島武雄他, 1932, 『八幡塚古墳』, 群馬県史蹟名勝天然記念物調査報告 第2集 群馬県.
富士見村, 1954, 『富士見村誌』.
藤岡一雄, 1981, 「『綜覧』瀬芝根村14号古墳」, 『群馬県史』 資料編3　原始古代3, 群馬県史編さん委員会.
藤岡一雄, 1981, 「『綜覧』芝根村7号古墳」, 『群馬県史』 資料編3　原始古代3, 群馬県史編さん委員会.
藤岡一雄, 1981, 「四戸2号墳」, 『群馬県史』 資料編3　原始古代3, 群馬県編纂委員会.
藤岡一雄, 1981, 「四戸4号墳」, 『群馬県史』 資料編3　原始古代3, 群馬県編纂委員会.
藤岡市教育委員会, 1982, 『A－1堀ノ内遺跡群』.
藤岡市教育委員会, 1989, 『範囲確認調査報告書Ⅳ 皇子塚古墳』.
藤岡市教育委員会, 1991, 『範囲確認調査報告書Ⅵ 七輿山古墳』.
藤岡市教育委員会, 1991, 『株木B遺跡』.
藤岡市教育委員会, 1993, 『範囲確認調査報告書Ⅷ 平井地区1号古墳』.
福島武雄, 1927, 「米野向吹張の一古墳に就て」, 『上毛及上毛人』 第124号.
前原豊ほか, 1992, 「後二子古墳・小二子古墳」, 『大室公園史跡整備事業に伴う範囲確認調査概報Ⅰ』, 前橋市教育委員会.
前原豊・杉山秀宏ほか, 1993, 「前二子古墳」, 『大室公園史跡整備事業に伴う範囲確認調査概報Ⅱ』, 前橋市教育委員会.

松井田町誌編さん委員会, 1985,『松井田町誌』.
増田 修, 1988,『西田·谷津·中道·上新田·今井遺跡発掘調査報告書』, 東京電力株式会社.
松島栄治·笹岡則雄, 1970,「広瀬団地古墳群発掘調査報告」,『前橋市文化財調査報告書』第1集, 前橋市教育委員会.
松村 昭, 1968,『境町上武士の古墳』, 境町教育委員会.
松村一昭, 1969,『佐波郡東村の古墳』群馬県佐波郡東村村誌資料編1, 東村村誌編纂委員会.
松村一昭, 1976,『赤堀村峯岸山の古墳1』, 赤堀村教育委員会.
松村一昭, 1977,『赤堀村峯岸山の古墳2』, 赤堀村教育委員会.
松村一昭, 1981,「雷電神社跡古墳」,『群馬県史』資料編3 原始古代3, 群馬県史編さん委員会.
松村一昭, 1981,「鶴巻古墳」,『群馬県史』資料編3 原始古代3, 群馬県史編さん委員会.
松村一昭, 1981,「寺跡古墳」,『群馬県史』資料編3 原始古代3, 群馬県史編さん委員会.
松村一昭, 1981,「田向2号古墳」,『群馬県史』資料編3 原始古代3, 群馬県史編さん委員会.
松村一昭, 1986,『吉沢峯古墳発掘調査概報』, 赤堀村教育委員会.
右島和夫·津金澤吉茂·羽鳥政彦, 1991,「截石切組積横穴式石室の基礎的研究」,『群馬県史研究』第33号.
妙義町, 1993,『妙義町誌』.
本村豪章, 1991,「古墳時代の基礎的研究稿 資料編(II)」,『東京国立博物館紀要』第26号.
森田秀策, 1981,「原市町3·4·5号古墳」,『群馬県史』資料編3 原始古代3, 群馬県史編さん委員会.
藪塚本町教育委員会, 1983,『向山古墳』.
山本良知, 1981,「上淵名双児山古墳」,『群馬県史』資料編3 原始古代3, 群馬県史編さん委員会.
横塚四郎, 1954,「総社町の古墳」,『上毛史学』第5号, 上毛史学会.
吉井町, 1974,『吉井町誌』.
吉岡村教育委員会, 1986,『七日市遺跡 滝沢古墳 女塚遺跡』.
吉岡村教育委員会, 1986,『大久保A遺跡I区』.
吉岡村教育委員会, 1986,『大久保A遺跡II区』.
米田文孝, 1987,「群馬県藤岡市出土馬具考ー鐘形杏葉を中心にー」横田健一先生古稀記念会編,『文化史論叢』上.
飛田野正佳ほか, 1980,『富田遺跡群·西大室遺跡·清里南部遺跡群』, 前橋市教育委員会.
和田千吉, 1918,「珍しき轡(口絵説明)」,『考古学雑誌』第7巻 第11号.

埼玉県

甘粕健·小泉功他, 1972,「牛塚古墳」,『川越市史』1巻.
金井塚良·小峯啓太郎, 1964,「東松山市冑塚古墳発掘調査報告」,『台地研究』14, 台地研究会.

栗原文蔵·小林重義, 1974,「行田市須加 大稲荷古墳群について」,『埼玉考古』12.
栗原文蔵·塩野博, 1969,「埼玉県羽生市永明寺古墳について」,『上代文化』38輯.
小沢国平, 1963,「古墳文化」,『熊谷市史』前編.
小出義治, 1963,「埼玉県どうまん塚古墳調査の概要」, 國學院高等学校紀要 4.
埼玉県県史編さん室編, 1982,『新編埼玉県史』資料編 2·原始古代.
埼玉県教育委員会, 1980,『埼玉稲荷山古墳』.
埼玉県教育委員会, 1988,『丸墓山古墳·埼玉1~7号墳·将軍塚古墳』, 埼玉古墳群発掘調査報告書 6集.
埼玉県教育委員会, 1982,『埼玉稲荷山古墳辛亥銘鉄剣修理報告書』.
杉崎茂樹, 1986,「行田市若王子古墳について」『古代』82号.
杉戸町教育委員会, 1981,『目沼8·9号墳』.
柴田常恵, 1906,「武蔵北埼玉郡将軍塚」,『東京人類学会雑誌』20－231.
塩野博ほか, 1975,『埼玉県花園村黒田古墳群』, 黒田古墳群発掘調査会.
関義則·宮代英一, 1987,「県内出土の古墳時代の馬具」,『埼玉県立博物館紀要』14.
高木豊三郎, 1936,『史蹟埼玉』, 埼玉村教育会.
塩野博, 1969,「川田谷ひさご塚古墳」,『桶川町文化財調査報告』II, 桶川町教育委員会.
中島利治, 1971,「羽生市の古墳」,『羽生市史』上巻.
東松山市教育委員会, 1970,『諏訪山古墳群』.
松村勝, 1932,「村君村永明寺古墳」,『埼玉史談』3－3.
山口平八, 1963,『行田市史』上.
利根川章彦, 1993,「若王子古墳」,『甲冑出土古墳にみる武器·武具の変遷』, 埋蔵文化財研究会.
『川越市史』1·原始古代編.
『加須市史』通史編.

千葉県

『木更津市史』.
荒川忠俊, 1966,「小見川町城山第1号前方後円墳出土の環頭大刀」,『海上文化』創刊号, 海上文化研究会.
大場磐雄·亀井正道, 1951,「上総国姉ケ崎二子塚発掘調査概報」,『考古学雑誌』37－3.
大場磐雄, 1954,「千葉県君津郡下郡古墳」,『日本考古学年報』2.
金子皓彦·青木豊, 1977,『考古学資料館要覧－関東の古墳時代文化－』, 國学院大学考古学資料館.
亀井正道, 1951v「古墳出土の石枕について」,『上代文化』20輯.
軽部慈恩, 1963,「山武郡蕪木第5号墳」,『日本考古学年報』6.
倉田芳郎·相京建史他, 1978,『千葉·南総中学遺跡』, 駒沢大学考古学研究室.

君津郡市文化財センター, 1985,『高千穂古墳群』.

君津郡市文化財センター, 1991,『請西遺跡群II -鹿島塚古墳群』, 君津郡市文化財センター発掘調査報告書 57集.

君津郡市文化財センター, 1992,『千葉県富津市内裏塚古墳群』, 君津郡市文化財センター発掘調査報告書 67集.

小沢洋, 1984,「木更津市矢那大原古墳出土の二環鈴」,『研究紀要』2, 君津郡市文化財センター.

小沢洋, 1990,『三条塚古墳ー周溝・石室確認調査報告書ー』, 君津郡市文化財センター発掘調査報告書 51集.

小沢洋, 1991,「九条塚古墳の再検討」,『君津郡市文化財センター研究紀要』IV.

小松繁他, 1981,『天神遺跡発掘調査報告書』, 小見川町遺跡調査会.

小見川町教育委員会, 1978,『城山第1号前方後円墳』.

小見川町教育委員会, 1985,『千葉県小見川町埋蔵文化財分布地図 ー史跡・埋蔵文化財包蔵地所在地図ー』.

小林三郎・熊野正也他, 1976,『法皇塚古墳』, 市立市川博物館研究調査報告 第3册.

市毛勲, 1971,「千葉県山武郡成東町経僧塚古墳の調査」,『史観』83, 早稲田大学.

杉山晋作, 1974,「あらたに発見された姉崎二子塚古墳の鏡」,『史館』4号.

杉山晋作・大久保奈奈・荻悦久, 1987,「佐原市禅昌寺山古墳出土遺物の再検討」,『古代』83号, 早稲田大学考古学会.

杉原壮介・大塚初重他, 1971,『市川市史』1巻.

柴田常恵, 1928,「上総君津郡青掘町の平家」,『考古学研究』2ー1.

芝山はにわ博物館, 1975,『下総小川台古墳群』, 芝山はにわ博物館研究報告I.

芝山はにわ博物館, 1975,『関向古墳ー発掘調査概要』, 関向古墳発掘調査団.

市原市教育委員会, 1985,『上総江子田金環塚古墳』.

白石太一郎・杉山晋作, 1987,「千葉県成東町駄ノ塚古墳の調査ー東国の終末期大型方墳をめぐって」, 日本考古学協会第53回総会研究発表要旨.

椙山林継, 1982,「市域内の主要古墳」,『富津市史通史』.

高崎繁雄, 1982,「原始・古代」,『木更津市史』富来田編, 木更津市史編集委員会.

滝口宏, 1956,「千葉県山武郡芝山古墳群調査」古代19・20合併号.

滝口宏, 1967,「富津古墳群」,『千葉県史料』原始古代編・上総国.

滝口宏・久地岡榛雄, 1963,『はにわ』, 日本経済新聞社.

滝口宏・市毛勲・中村恵次, 1966,「富津町稲荷塚古墳」,『千葉県遺跡調査報告書』.

田中新史, 1981,「根田古墳群」,『上総国分寺台発掘調査概報』, 上総国分寺台遺跡調査団.

谷中国樹, 1927,「原史時代又古墳時代」,『千葉県君津郡々誌』上巻.

千葉県, 1927,『史跡名勝天然紀念物調査』4輯.

千葉県教育委員会, 1951,『上総金鈴塚古墳』.
千葉県教育委員会, 1964,「南総町江子田瓢箪塚古墳」,『千葉県遺跡調査報告書』.
千葉県教育委員会, 1986,『千葉県富津市内裏塚古墳群測量調査報告書』.
千葉県教育委員会, 1990,『千葉県所在古墳詳細分布調査報告書』.
千葉県教育庁文化課, 1989,『千葉県重要古墳群測量調査報告書—山武地区古墳群(1)—』.
千葉県教育庁文化課, 1990,『千葉県重要古墳群測量調査報告書—山武地区古墳群(2)—』.
千葉県教育庁文化課, 1990,『千葉県記念物実態調査報告書』II.
千葉県文化財センター, 1984,『市原市雪解沢遺跡』.
千葉県文化財センター, 1984,『千葉ニュータウン埋蔵文化財調査報告』VIII.
東京国立博物館, 1986,『東京国立博物館図版目録　古墳遺物篇(関東III)』.
富津市教育委員会, 1985,『二間塚遺跡群確認調査報告書II—富津古墳群周溝確認調査—』.
富津市教育委員会, 1991,『千葉県富津市内裏塚古墳群発掘調査報告書』.
富津市教育委員会, 1992,『西原古墳』.
中村恵次·沼沢豊·田中新史, 1975,『古墳時代研究II—千葉県市原市六孫王原古墳の調査—』, 古墳時代研究会.
新納泉, 1984,「関東地方における前方後円墳の終末年代」v『日本古代文化研究』 創刊号, 古墳文化研究会.
浜名徳永, 1981,「芝山古墳群」,『探訪日本の古墳　東日本編』, 有斐閣.
浜名徳永·安藤鴻基·福間元他, 1981,『千葉県印旛郡栄町小台遺跡発掘調査報告書』, 小台遺跡調査会.
平岡和夫, 1989,『千葉県九十九里地域の古墳研究』.
平野功, 1992,「大王の世紀を歩く—小見川町の古墳探訪—」,『香取民衆史』6号, 香取歴史教育者協議会.
武田宗久, 1953,「原始社会」,『千葉市誌』.
松尾昌彦, 1988,「上総金鈴塚古墳出土飾履の再検討」,『MUSEUM』446号.
木更津市教育委員会, 1965,『金鈴塚古墳出土品修理報告書』.

東京都

市原寿文, 1953,「武蔵田園調布観音塚古墳発掘調査概報」,『白山史学』1.
梅沢·白石·諸星, 1957,「東京都大田区田園調布荏原古墳群発掘報告」,『武蔵野』 231·232合併号, 武蔵野文化協会.
梅沢·増井·諸星, 1958,「東京都大田区田園調布荏原古墳群第2号·第5号·第7号墳発掘報告」,『武蔵野』237号, 武蔵野文化協会.
大塚初重·梅沢重昭, 1965,「東京都港区内芝丸山古墳群の調査」,『考古学雑誌』51—1.

菊地義次, 1974,『大田区史』資料編·考古1.
小出義治, 1985,「亀塚古墳」,『狛江市史』.
東京都教育委員会, 1960,「葛西地区における考古学的調査」北東低地帯文化財総合調査報告1.

栃木県

相場朋厚, 1896,『足利町織姫山頭古墳発掘明詳図』.
秋元陽光·斎藤弘, 1984,「芳賀郡二宮町大和田富士山古墳について」,『栃木県考古学会誌』8集.
足利市教育委員会, 1991,「文選遺跡第1次発掘調査」,『平成2年度埋蔵文化財発掘調査年報』.
岩船町教育委員会, 1988,『小野巣根古墳群4号墳』.
内山敏行, 1982,「宇都宮市下欠亀塚古墳の埴輪」,『下野考古学』5.
宇都宮市教育委員会, 1976,『竹下浅間山古墳』宇都宮市教育委員会埋蔵文化財調査報告書2集.
大和久震平, 1966,『狼塚古墳発掘調査報告書』鹿沼市埋蔵文化財報告書2册, 鹿沼市教育委員会.
大和久震平, 1969,『雀宮牛塚古墳』, 宇都宮市教育委員会.
大和久震平, 1970,『小山市飯塚古墳群』, 小山市教育委員会.
大和久震平, 1974,『七廻り鏡塚古墳』, 大平町教育委員会.
大和久震平, 1976,「川崎古墳」,『栃木県史』資料編·考古1.
大川清編著, 1989,『川崎古墳石室調査報告書』国士館大学文学部考古学研究室報告甲種第6册.
川島守一, 1952,「足利地方の古墳文化」,『下野史談』29－1.
小森紀男·黒田理史, 1988,「国分寺町山王塚古墳第1~3次発掘調査報告」,『栃木県立しもつけ風土記の丘資料館年報』2号.
小森紀男·黒田理史, 1989,「国分寺町山王塚古墳第1~3次発掘調査報告」,『栃木県立しもつけ風土記の丘資料館年報』3号.
小森紀男·黒田理史, 1990,「国分寺町山王塚古墳第1~3次発掘調査報告」,『栃木県立しもつけ風土記の丘資料館年報』4号.
小森哲也·車崎正彦, 1987,「荒久台古墳群」,『益子町史』1·考古資料編.
高橋健自, 1917,「下野国足利町助戸の古墳及発掘遺物」,『考古学雑誌』3－6.
里見英司他, 1989,「宇都宮市下栗町本郷山古墳墳丘測量調査報告」,『峰考古』7号.
下津谷達男ほか, 1961,『佐野市五箇古墳』, 佐野市文化財保護審議委員会.
高橋鏞吉, 1899,「下野国河内郡豊郷村宮下ノ古墳」,『東京人類学会雑誌』158号.
滝口宏, 1976,「天王塚古墳」,『栃木県史』資料編·考古1.
田代隆·小森哲也, 1984,「横塚古墳」,『石橋町史』1·史料編(上).
坪井正五郎, 1888,「足利古墳発掘報告」,『東京人類学会雑誌』30.
東京国立博物館, 1980,『東京国立博物館図録目録　古墳遺物篇(関東I)』.
栃木県教育委員会, 1972,「西方山古墳群」,『東北縦貫自動車道埋蔵文化財発掘調査報告書』.

栃木県教育委員会, 1973,『栃木県矢板市境林古墳発掘調査報告書』.
栃木県教育委員会, 1974,「下石橋愛宕塚」,『東北新幹線埋蔵文化財発掘調査報告書』.
栃木県教育委員会, 1986,『星の宮神社古墳·米山古墳』.
久保哲二, 1956,「下野益子天王塚古墳調査豫報」,『古代』18.
前澤輝政, 1979,「大山瓢箪塚古墳」,『上三川町史』資料編〈原始·古代·中世〉.
前澤輝政, 1979,「足利の原始·古代」,『近代足利市史』3〈史料編原始·古代, 中世, 近世〉.
村井嵓雄, 1981,「(付)古墳関係遺物17·河内郡河内町大字大塚新田字十三塚出土遺物」,『栃木県史 通史編』1.
八木奘三郎, 1899,「下野国河内郡長岡の古墳」,『東京人類学会雑誌』155号.
山ノ井清人, 1979,「古墳時代」,『宇都宮市史』1.
渡辺晶子·関根穂高, 1986,「宇都宮市瓦谷町宮下古墳及び小円墳群墳丘測量調査報告」,『峰考古』6号.
『宇都宮市史』1 原始·古代編.

中部地方

愛知県

愛知県教育委員会, 1974,『重要遺跡指定促進調査報告』.
愛知県教育委員会, 1981,「馬越長火塚古墳」,『愛知県重要遺跡指定促進調査報告』VI.
安達厚三, 1977, 「名古屋市大須二子山古墳出土の遺物をめぐって」,『名古屋市博物館研究紀要』Vol.1.
伊藤秋男, 1978,「名古屋大須二子山古墳調査報告」,『小林知生教授退職記念考古学論文集』.
伊藤稔, 1976,「古代の豊田」,『豊田市史』1巻.
伊藤稔·加藤安信, 1983,『愛知県重要遺跡指定促進調査報告』VII.
犬塚康博, 1990,「大須二子山古墳の復原的再検討」,『名古屋市博物館研究紀要』Vol.13.
岡崎市教育委員会, 1964,『岩津古墳群』.
岡田啓, 1978,『尾張名所図会附録』, 愛知県郷土資料刊行会.
小栗鉄次郎, 1936,「守山町大字小幡茶臼山古墳」,『愛知県史跡名勝天然記念物調査報告』第14.
斎藤嘉彦, 1981,『経ケ峰1号墳』.
斎藤嘉彦他, 1989,『新編岡崎市史』16·史料考古下.
柴田常恵, 1899,「尾張丹羽郡曽本の古墳」,『東京人類学会雑誌』165号.
高坂稔積, 1982,「法持寺蔵白鳥御陵出土品写生帖模写」,『尾張の遺跡と遺物』27号.
久永春男他, 1963,『守山の古墳』, 守山市教育委員会.
久永春男他, 1966,『豊田大塚古墳』, 豊田市教育委員会.
平出紀男他, 1990,『茶臼山古墳発掘調査報告書』.

芳賀陽, 1973, 「原始」, 『豊橋市史』1巻.
山田鉱一他, 1985, 『熱田区·白鳥古墳』.
山田鉱一他, 1987, 『白鳥古墳第II次発掘調査報告書』.
山田吉昭, 1949, 「名古屋大須二子山古墳」, 『郷土文化』4巻4号.

石川県

石川考古学研究会, 1968, 『能美古墳群調査概要』, 寺井町·辰口町教育委員会.
田嶋明人, 1973, 「山伏山1号墳」, 『羽咋市史』 原始·古代編.
小嶋芳孝, 1984, 「石川県ー山伏山1号墳を中心にー」, 『古代学研究』 105号.

岐阜県

池田町教育委員会, 1970, 『中八幡古墳発掘調査概報』.
池田町教育委員会, 1985, 『中八幡古墳発掘調査報告書』.
宇野治幸·渡辺博人, 1983, 「古墳時代」, 『各務原市史』 考古民俗編·考古.
小川栄一, 1931, 『岐阜県師範学校郷土研究資料』2.
楢崎彰一, 1972, 「古墳時代」, 『岐阜県史』 通史編原始.
楢崎彰一·八賀晋, 1960, 『岐阜県養老郡上石津村牧田古墳群』 岐阜県文化財調査報告書.
長浦淳公, 1987, 『桑原野山1号古墳発掘調査報告書』.
『岐阜県史』 通史編·原始.
『多治見市史』 通史編上巻.

静岡県

足立鍬太郎他, 1930, 『静岡県史』1巻.
内藤晃, 1966, 「東海」, 『日本の考古学』 IV, 河出書房.
小野真一·笹津備洋, 1965, 「長泉町の歴史」, 長泉町郷土誌.
大塚淑夫, 1969, 「横穴式石室の構造」, 『考古学ジャーナル』 29.
後藤守一, 1922, 「遠江国榛原郡初倉村高根村古墳」, 『考古学雑誌』 12−8.
川江秀孝, 1978, 「静岡市半兵衛奥古墳とその遺物」, 月刊文化財.
静岡県教育委員会, 1971, 『掛川市宇洞ヶ谷横穴墳発掘調査報告』 静岡県文化財調査報告書10.
静岡県教育委員会, 1975, 『伊豆柏谷百穴』.
静岡県教育委員会, 1983, 『伊庄谷横穴郡』 県立静岡南高等学校建設用地内埋蔵文化財調査概報.
静岡県教育委員会, 1958v『静岡賎機山古墳』.
静岡県教育委員会, 1962, 『駿河丸山古墳』.
静岡県教育委員会, 1963, 『駿河伊庄谷横穴墳』 静岡考古館研究報告2.

静岡県教育委員会, 1984,『駿河・伊庄谷横穴墳』南谷支群第四次発掘調査.
柴田稔, 1983,「横穴式木芯粘土室の基礎的研究」,『考古学雑誌』68巻4号.
榛原町教育委員会, 1986,『仁田山の埼古墳』.
浜松市教育委員会, 1964,『蛭子森古墳』.
浜松市教育委員会, 1988,『半田山古墳群』.
山口欣次・市川和男, 1951,「三方原瓢箪塚古墳発掘概報」,『上代文化』20輯.
吉岡伸夫・松井一明, 1988,「愛野向山遺跡」,『静岡の原像をさぐる』, 静岡埋蔵文化財調査研究所.
『静岡県史』1.

富山県

富山県立氷見高校歴史クラブ編, 1952,『朝日長山古墳発掘調査報告書』.
斎藤道保・白岩淳雄・奥田直孝, 1973,『富山県氷見市朝日長山古墳発掘調査報告書』.

長野県

岩崎卓也ほか, 1983,「有明古墳群の再調査」,『信濃』35−11.
大沢和夫他, 1983,『長野県史』考古資料編3.
大沢和夫他, 1988,『長野県史』考古資料編4.
小林正春, 1980,「新井原遺跡発見の飾られた馬」,『伊那』4月号.
小林正春, 1989,「長野県における横穴式石室の受容」第10回三県シンポジウム,『東日本における横穴式石室の受容』.
市村咸人他, 1923,「下伊那の古墳」,『長野県史蹟名勝天然紀念物調査報告』1.
市村咸人他, 1923,「雲彩寺古墳」,『長野県史蹟名勝天然紀念物調査報告』1.
市村咸人他, 1955,『下伊那史』2・3巻.
白石太一郎, 1988,「伊那谷の横穴式石室(一)」,『信濃』40巻7号.
須坂市立博物館, 1986,『須坂市の古墳文化』.
関孝一, 1972,「東信濃鳥羽山洞穴における古代祭祀遺跡」,『考古学雑誌』52−3.
竹内恒・土屋長久, 1972,「佐久市岩村田東一本柳古墳緊急発掘調査報告」長野県考古学会誌13.
鳥居龍蔵, 1924,『下伊那の先史及原史時代』.
中川村教育委員会, 1980,『信濃片桐古墳』.
永峯光一・亀井正道, 1959,「長野県須坂市鎧塚古墳の調査」,『考古学雑誌』45−1.
藤森栄一・桐原健ほか, 1966,「岡谷市コウモリ塚古墳」,『松本諏訪地区新産都市地域内埋蔵文化財緊急分布調査報告』, 長野県考古学会.
宮坂光昭, 1973,「茅野市大塚古墳について」,『長野県考古学会誌』7.
森本六爾, 1926,『金鎧山古墳の研究』, 雄山閣.

若林勝邦, 1897,「信濃国下伊那の古墳」,『考古学雑誌』1―19.

新潟県

金子拓男・戸根与八郎ほか, 1977,「伊乎乃郡の古墳」v『南魚沼』, 新潟県教育委員会.
椎名仙卓, 1968,「海辺に築かれた古墳」v『考古学雑誌』53―4.
中川成夫・岡本勇・加藤晋平, 1961,『新潟県魚野川流域古墳群の研究』立教大学文学部史学科調査報告8.
中川成夫, 1970,『新潟県南魚沼郡吉里古墳群の調査』, 立教大学博物館学研究室.
新潟県教育委員会, 1961,『新潟県考古遺跡要覧』上越古墳編.

福井県

青木豊昭, 1985,「越前における大首長墓について」,『福井県立博物館紀要』1.
入江文敏・森川昌和, 1981,「獅子塚古墳」,『探訪日本の古墳』東日本編, 有斐閣.
入江文敏, 1985,「古墳時代」,『高浜町史』.
入江文敏, 1986,「獅子塚古墳」,『福井県史』資料編13・考古.
入江文敏, 1986,「十善の森古墳」,『福井県史』資料編13・考古.
上田三平, 1920,「若狭及び越前における古代遺跡」,『福井県史蹟勝地調査報告』第1册.
上田三平, 1920,「西塚及び其付近の古墳」,『福井県史蹟勝地調査報告』第1册.
上田三平, 1920,「獅子塚古墳」,『若狭及び越前における古代遺跡』.
上中町教育委員会, 1970,「獅子塚古墳」,『若狭上中町の古墳』.
上中町教育委員会, 1970,「西塚古墳」,『若狭上中町の古墳』.
上中町教育委員会, 1970,「十善の森古墳」,『若狭上中町の古墳』.
上中町教育委員会, 1970,「大谷古墳」,『若狭上中町の古墳』.
斎藤優, 1963,「福井県吉田郡松岡町の古墳」,『日本考古学年報』6.
高浜町教育委員会, 1989,『二子山3号墳発掘調査』現地説明会資料.
高浜町教育委員会, 1991,『行峠古墳発掘調査現地説明資料』.
中司照世, 1978,「神奈備山古墳」,『重要遺跡緊急確認調査報告1・福井県埋蔵文化財調査報告2』.
中司照世, 1986,「古墳時代」,『図説発掘が語る日本史』3巻 新人物往来社.
中司照世, 1986,「西塚古墳」,『福井県史』資料編13・考古.
福井県教育委員会, 1971,「横山古墳群」,『福井県文化財調査報告』21集.
福井県教育委員会, 1977,『立洞2号墳・山ノ上2号墳』北陸自動車道関係遺跡調査報告書13
福井県教育委員会, 1979,「十善の森古墳」,『文化財調査報告』27集.
福井県教育委員会, 1980,「六呂瀬山古墳群」,『福井県埋蔵文化財調査報告』4集.
松岡町教育委員会, 1979,『改訂松岡古墳群』.

三重県

伊勢市教育委員会, 1982,『南山古墳発掘調査報告』.

川西宏幸, 1978,「円筒埴輪総論」,『考古学雑誌』64巻2号.

川村輝夫ほか, 1986,『河田古墳群発掘調査報告』4, 多気町教育委員会.

下村登良男, 1983,『河田古墳群発掘調査報告』3.

日本考古学協会秋季大会三重県実行委員会編, 1978,『三重の遺跡』.

三重県教育委員会, 1954,『三重考古図録』.

三重県教育委員会, 1968,『鳥羽·志摩地区遺跡地図』.

三重県教育委員会編, 1971,『三重県埋蔵文化財年報昭和46年度』.

三重県教育委員会, 1985,『三重県埋蔵文化財年報』15.

三重県教育委員会, 1988『井田川茶臼山古墳』.

三重大学歴史研究会原始古代史部会, 1965,「伊勢市高倉山巨古墳」,『ふびと』24.

三重大学歴史研究会原始古代史部会, 1975,「鈴鹿·亀山地域調査報告」,『ふびと』32.

山本雅靖, 1985,「御墓山古墳の検討」,『考古学論集』1.

山本雅靖, 1989,「キラ土古墳の須恵器」,『伊賀盆地研究会会報』No.88.

吉水康夫, 1974,『河田古墳群発掘調査報告』1.

1972,『大山田村史』上巻.

山梨県

坂本美夫, 1971,「寺の前古墳出土遺物集成図」,『甲斐考古』8−1, 山梨県考古学資料館.

野沢昌康ほか, 1976,『天神のこし古墳』, 天神のこし古墳調査会.

山梨県教育委員会, 1978,『山梨県中央道埋蔵文化財包蔵地発掘調査報告書−北巨摩郡双葉町1』.

山梨県教育委員会, 1979,『山梨県中央道埋蔵文化財包蔵地発掘調査報告書−北巨摩郡双葉町2·竜王町』.

山梨県教育委員会, 1979,『甲斐茶塚古墳』.

山梨県埋蔵文化財センター, 1988,『稲荷塚古墳』.

近畿地方

大阪府

一瀬和夫, 1982,『唐櫃山古墳発掘調査概要』.

茨木市教育委員会, 1972,『上寺山古墳』.

梅原末治, 1917,「塚原の群集墳と福井の海北塚」,『考古学雑誌』8−2.

梅原末治, 1934,『大阪府史跡名勝天然紀念物調査報告』5.

梅原末治, 1937, 「摂津福井の海北塚古墳」, 『近畿地方古墳墓の調査』2.
大塚初重, 1977, 「大阪府芝山古墳の出土遺物をめぐる諸問題」, 『考古論集』.
大阪市教育委員会·(財)大阪市文化財協会, 1989, 『よみがえる古代船と5世紀の大阪』.
大阪市立美術館·高石市教育委員会, 1960, 『富木車塚古墳』.
大阪市立美術館等, 1977, 『河内飛鳥古寺名宝』 展図録.
大阪府教育委員会, 1953, 「中河内郡石切町大藪古墳」, 『金山古墳及び大藪古墳の調査』.
大阪府教育委員会, 1968, 『八尾市高安群集墳の調査(第2次)』.
大阪府教育委員会, 1969, 『河南町東山遺跡発掘調査概要』.
大阪府教育委員会, 1977, 『大阪府文化財地名表』.
大阪府教育委員会, 1990, 『陶邑』 VII.
大阪府立泉大津高校地史部, 1955, 「和泉古代文化展出品目録」, 『和泉考古学』2.
川端真治·金関　恕, 1955, 「摂津豊川村南塚古墳調査概報」, 『史林』 38-5.
北野耕平, 1962, 「唐櫃山古墳」, 『大阪府の文化財』.
北野耕平, 1967, 「弁天山D4号墳」, 『弁天山古墳群の調査』 大阪府文化財調査報告17.
北野耕平, 1976, 「唐櫃山古墳」, 『河内野中古墳の研究』.
京都大学文学部, 1968, 『京都大学文学部博物館考古資料目録』.
小林行雄, 1951, 『日本考古学概説』, 東京創元社.
小林行雄, 1961, 『古墳時代の研究』, 青木書店.
小林行雄, 1962, 「南塚古墳の調査」, 『大阪府の文化財』, 大阪府教育委員会.
小林行雄, 1962, 「青松塚古墳の調査」, 『大阪府の文化財』, 大阪府教育委員会.
小林行雄, 1962, 「長持山古墳の調査」, 『大阪府の文化財』, 大阪府教育委員会.
小林行雄, 1963, 「狐塚·南天平塚古墳の調査」, 『大阪府の文化財』, 大阪府教育委員会.
堺市博物館, 1982, 『埴輪と鉄器具が語る巨大古墳とその周辺』.
陳顕明, 1960, 『土保山古墳発掘調査概報』 高槻叢書14.
末永雅雄, 1991, 『盾塚　鞍塚　珠金塚古墳』.
高井健司, 1986, 「長原七ノ坪古墳とその馬具」, 『葦火』1, (財)大阪市文化財協会.
武藤　誠, 1976, 『具足塚古墳発掘調査報告』, 西宮市教育委員会.
田中英夫, 1984, 「大阪府西部」, 『古代学研究』 104.
田代克巳, 1966, 「大阪府茨木市見付山古墳」, 『日本考古学年報』 14.
東京国立博物館, 1956, 『東京国立博物館所蔵品目録』.
豊中市教育委員会, 1986, 『豊中市埋蔵文化財発掘調査概要　1985年度』.
西谷正, 1965, 『塚脇古墳群』 高槻市文化財調査報告書1.
西谷正, 1965, 『藤の森·蕃上山二古墳の調査』, 大阪府水道部.
野上丈助, 1969, 「北天平塚古墳」, 『摂津の古墳』, 古美術鑑賞社.

野上丈助, 1988, 「群集墳研究の一分析視角について」, 『考古学叢考』 中巻.
羽曳野市教育委員会, 1985, 「切戸1·2号古墳」, 『古市遺跡群』 VI.
東大阪市教育委員会, 1973, 『山畑古墳群Ⅰ』 東大阪市文化財調査報告書1.
東大阪市教育委員会, 1989, 「夫婦塚古墳調査」, 『東大阪市埋蔵文化財発掘調査概要-昭和63年度』.
樋口隆康·岡崎敬·宮川　徒, 「和泉国七観古墳発掘報告」, 『古代学研究』 27.
枚方市文化財研究調査会, 1988, 『宇山1号墳現地説明会資料』.
寝屋川市教育委員会, 1984, 『寝屋川市文化財図録』Ⅰ.
村川行弘 1968, 「大阪府高槻市大蔵司古墳群」, 『日本考古学年報』 16.
三日市遺跡調査会, 1988, 『三日市遺跡発掘調査報告書』Ⅰ.
森浩一, 1978, 「古墳文化と古代国家の誕生」, 『大阪府史』1巻 古代編Ⅰ.
森浩一·田中英夫, 1951, 「安威古墳群の問題」, 『古代学研究』5.
森浩一·田中英夫, 1960, 「大阪府堺市塔塚調査報告」 日本考古学協会発表要旨.
山元建, 1986, 「御獅子塚古墳調査概要報告」, 『豊中市埋蔵文化財発掘調査概要』.
藤井直正·都出比呂志他, 1966, 『原始·古代の枚岡』 第1部.
藤井直正·都出比呂志他, 1967, 『原始·古代の枚岡』 第2部.
藤井寺市教育委員会, 1986, 『古市古墳群』.
藤沢一夫, 1962, 「岩坪古墳の調査」, 『大阪府の文化財』, 大阪府教育委員会.
藤原　学, 1986, 「大阪府五反島遺跡」, 『日本考古学年報』 39.
和泉丘陵内遺跡調査会, 1985, 『和泉丘陵内遺跡発掘調査概要』 IV.
和泉丘陵内遺跡調査会, 1989, 『和泉丘陵内遺跡発掘調査概要』 VIII.
『枚方市史』 第1巻.
『河内四條史』2.
『能勢町史』4.
『豊中市史』1.
『吹田市史』8.
『高槻市史』6, 1973.
『西宮市史』7, 1967.
『大阪文化誌』2-2, 1976.
『大阪市立博物館報』3, 1964.
『大阪府史』1.

京都府

秋山浩三·山中 章編, 1988, 『物集女車塚』 向日市埋蔵文化財調査報告書23集.
堤圭三郎, 1965, 「坊主山古墳発掘調査概要」, 『(京都府)埋蔵文化財発掘調査概報』.

宇治市教育委員会, 1968,『宇治二子山古墳』.
梅原末治, 1920,「以久田村群集墳」,『京都府史蹟勝地調査会報告』第2册.
梅原末治, 1920,「松尾村穀塚」,『京都府史蹟勝地調査会報告』第2册.
梅原末治, 1920,「飯ノ岡ノ古墳」,『京都府史蹟勝地調査会報告』第2册.
梅原末治, 1922,「太秦村天家及ビ清水山古墳」,『京都府史蹟勝地調査会報告』第3册.
梅原末治, 1940,「牧の石室墳」,『京都府史蹟名勝天然紀念物調査報告』第20册.
梅原末治ほか, 1933,「吐師七ツ塚古墳群」,『京都府史蹟名勝天然紀念物調査報告』第14册.
京都大学総合博物館, 1997,『王者の武装－5世紀の金工技術－』.
京都大学文学部, 1968,『京都大学文学部博物館考古学資料目録』第2部.
京都大学考古学研究会, 1971,『嵯峨野の古墳時代』.
京都府教育委員会, 1961,「峰山桃谷古墳」,『京都府文化財調査報告』22.
京都府教育委員会, 1967,「青山古墳発掘調査概要」,『埋蔵文化財発掘調査概要』.
黒田恭正, 1982,「綾部市沢3号墳出土の環鈴」,『京都考古』27.
黒田恭正他, 1983,「以久田野古墳群」,『丹波の古墳』I.
杉原和雄編, 1979,「裏陰遺跡発掘調査概報」,『大宮町文化財調査報告』1, 大宮町教育委員会.
杉本宏, 1988,『宇治遺跡群1』宇治市埋蔵文化財発掘調査概報11.
西岡巧次·村川俊明, 1983,「牧古墳群」,『丹波の古墳』I.
中村徹也, 1970,「宇治市二子山南墳出土の短甲と挂甲」,『考古学雑誌』55－4.
中村　浩, 1987,「山城·穀塚古墳出土須恵器について」,『MUSEUM』431.
東京国立博物館, 1988,『東京国立博物館図版目録』古墳遺物編·近畿I.
丸川義広, 1989,「洛西山田の古墳分布について」,『京都考古』51号.

滋賀県

島田貞彦, 1918,「近江国坂田郡の二古墳に就て」,『考古学雑誌』9－4.
島田貞彦, 1925,「近江国坂田郡能登瀬の古墳」,『歴史と地理』15－3.
辻善之助ほか, 1941,『改訂近江国坂田郡志』1.
西田　弘, 1981,「滋賀県下の古墳出土鏡について」(3),『滋賀文化財だより』No. 53.
若林勝邦, 1903,「近江能登瀬の発見品」,『考古界』1.
田中勝弘, 1982,『北陸自動車道関連遺跡発掘調査報告書』VII, 滋賀県教育委員会.
田中勝弘·吉田秀則, 1987,『一般国道8号(長浜バイパス)関連遺跡発掘調査報告書』IV, 滋賀教育委員会.
中川通士, 1987,『近江町内遺跡分布調査報告書』, 近江町教育委員会.
梅原末治·浜田耕作, 1923,「近江国高島郡水尾村の古墳」,『京都帝国大学文学部考古学研究報告』8.

坂井秀弥, 1979,「高島郡高島町鴨稲荷山古墳現状実測調査報告」,『滋賀文化財だより』Ｎo. 22.
白井忠雄, 1981,『鴨稲荷山古墳周湟確認調査』, 高島町教育委員会.
白井忠雄, 1987,『町内遺跡』I, 高島町教育委員会.
用田政晴, 1990,「三つの古墳の墳形と規模」,『紀要』3号, 滋賀県文化財保護協会.
滋賀県教育委員会, 1961,「栗東町安養寺古墳群発掘調査報告」,『滋賀県史跡調査報告』12.

奈良県

伊達宗泰, 1981,「珠城山3号墳」,『磯城・磐余地域の前方後円墳』奈良県史跡名勝天然記念物調査報告42.
伊達宗泰, 1991,『大宇陀町所在前方後円墳実測調査報告書』, 大宇陀町教育委員会.
伊藤雅文, 1988,「当麻町芝塚2号墳」,『奈良県遺跡調査概要1985年度』.
伊藤宗泰, 1966,「小泉狐塚古墳」,『奈良県史跡名勝天然記念物調査報告』23, 奈良県教育委員会.
泉森皎・堀田啓一ほか, 1980,『天理市石上・豊田古墳群1』, 奈良県教育委員会.
泉森皎・河上邦彦ほか, 1981,『天理市石上・豊田古墳群2』, 奈良県教育委員会.
泉森皎, 1982,「南阿田大塚山古墳」,『奈良県遺跡調査概報』第1分册, 奈良県立橿原考古学研究所.
泉森皎他, 1992,『島の山古墳』.
梅原末治, 1922,「大和磯城郡島根山古墳に就いて」,『歴史と地理』10－2.
梅原末治, 1938,「山城飯岡トヅカ古墳」,『日本古文化研究所報告』9 .
小野山節, 1990,『日本馬具大鑑1 -古代 上』, 吉川弘文館.
服部伊久男, 1984,『額田部狐塚古墳周濠部スペース発掘調査概要報告』, 大和郡山市教育委員会.
河上邦彦, 1971,「天理市東乗鞍古墳」,『奈良県の主要古墳－緑地保全と古墳保護に関する調査報告』1, 考古博物館友史会.
河上邦彦・関川尚功, 1980,『斑鳩・仏塚古墳』, 斑鳩町教育委員会.
河上邦彦, 1981,「451号墳」,『新沢千塚古墳群』奈良県史跡名勝天然記念物調査報告39.
河上邦彦, 1984,『市尾墓山古墳』高取町文化財調査報告5, 高取町教育委員会.
川端真治・金関 恕, 1955,「摂津豊川村南塚古墳調査概報」,『史林』38-5.
関西大学考古学研究室, 1981,『宇陀の小形前方後円墳－測量調査報告I－』.
櫃本誠一, 1981,「160号墳」,『新沢千塚古墳群』奈良県史跡名勝天然記念物調査報告39.
小島俊次, 1958,『古墳－桜井市古墳総覧』.
小島俊次, 1968,「野神古墳」,『奈良市史』考古編.
小林行雄, 1962,「青松古墳の調査」,『大阪府の文化財』.
阪口俊幸, 1984,「南山古墳群」,『大和を掘る－1983年度発掘調査速報展』, 奈良県立橿原考古学研究所附属博物館.

阪口俊幸, 1985,「南山古墳群5号墳」,『大和を掘る－1984年度発掘調査速報展』, 奈良県立橿原考古学研究所附属博物館.

佐々木好直, 1982,「古屋敷古墳第2次発掘調査報告」,『奈良県遺跡調査概報』 第1分册, 奈良県立橿原考古学研究所.

佐藤小吉, 1920,「島根山古墳」,『奈良県史跡名勝天然紀念物調査報告』7.

佐藤小吉·末永雅雄, 1930,「円照寺墓山1号古墳調査」,『奈良県史跡名勝天然紀念物調査報告』11, 奈良県.

島田 暁, 1954,「桜井町の文化財遺物－兜塚」,『桜井町史』.

清水真一, 1971·72,「奈良県天理市龍王山古墳群の問題1·2」,『古代学研究』62·63.

白石太一郎, 1971,「川西村島ノ山古墳」,『奈良県の主要古墳』1.

末永雅雄, 1956,「宇智郡阪合部村大字犬飼転法輪寺境内大師塚古墳」,『奈良県史跡名勝天然記念物調査抄報』11.

末永雅雄, 1969,「東大寺山古墳群の調査」奈良県観光154, 奈良県観光新聞社.

末永雅雄他, 1968,『奈良市史』考古編.

千賀 久, 1977,「奈良市南京終町野神古墳出土の馬具」,『古代学研究』82.

千賀 久·吉村幾温, 1987,「奈良県新庄町寺口忍海古墳群の諸問題」日本考古学協会第53回総会研究発表要旨.

天理市教育委員会, 1990,『星塚·小路遺跡の調査』天理市埋蔵文化財調査報告4.

當麻町教育委員会·奈良県立橿原考古学研究所(編), 1994,『平林古墳』當麻町埋蔵文化財調査報告 第3集 -平成6年3月.

奈良県, 1936,「大字豊田古墳出土品」,『奈良県史跡名勝天然記念物調査会抄報』 第一輯 -昭和十一年十月.

奈良県, 1941,「團栗山古墳」,『奈良県史跡名勝天然紀念物調査会抄報』第2輯 -昭和十六年 3月.

奈良県教育委員会, 1955,「奈良県天理市上之庄星塚古墳」,『奈良県史跡名勝天然記念物調査抄報』7.

奈良県教育委員会, 1956,「転法輪寺境内大師塚古墳」,『奈良県史跡名勝天然記念物調査抄報』第九輯 昭和31年12月.

奈良県教育委員会, 1956,「高円神社境内古墳」,『奈良県史跡名勝天然記念物調査抄報』 第九輯 昭和31年12月.

奈良県教育委員会, 1956,『大和国磯城郡大三輪町穴師珠城山古墳』昭和31年.

奈良県教育委員会, 1959,「桜井市児童公園の古墳」,『奈良県史跡名勝天然記念物調査抄報』第十一輯 -昭和34年3月.

奈良県教育委員会, 1960,「大三輪町穴師珠城山二号·三号墳」,『奈良県文化財調査報告(埋蔵文化財編)』第三集 -昭和35年3月.

奈良県教育委員会, 1960,「平林古墳」,『奈良県文化財調査報告(埋蔵文化財編)』第三集 -昭和35年3月.

奈良県教育委員会, 1961,「森脇吐田平古墳群」,『奈良県文化財調査報告(埋蔵文化財編)』第四集 -昭和36年3月.

奈良県教育委員会, 1961,「狐塚古墳」,『奈良県文化財調査報告(埋蔵文化財編)』第四集 -昭和36年3月.

奈良県教育委員会, 1962,『大和二塚古墳(奈良県史跡名勝天然記念物調査報告第21册)』-昭和37年3月.

奈良県教育委員会, 1964,「星塚古墳」,『奈良県史跡名勝天然記念物調査抄報』第7輯 -昭和三十九年9月.

奈良県教育委員会, 1966,「額田部狐塚古墳」,『奈良県史跡名勝天然記念物調査抄報』18.

奈良県教育委員会, 1972,『鳥土塚古墳』奈良県史跡名勝天然記念物調査報告27.

奈良県教育委員会, 1975,「豊田古墳」,『奈良県文化財調査報告書』第20集 - 昭和50年3月.

奈良県教育委員会, 1975,「ホリノヲ古墳」,『奈良県文化財調査報告書』第20集 -昭和50年.

奈良県教育委員会, 1985,「沼山古墳」,『奈良県文化財調査報告書』第48集 -昭和60年.

奈良県立橿原考古学研究所, 1976,「馬見丘陵の大垣内古墳」,『奈良県文化財調査報告書』第28集 -昭和51年3月.

奈良県立橿原考古学研究所, 1976,「烏見山周辺のムネサカ4号墳」,『奈良県文化財調査報告書』第28集 -昭和51年3月.

奈良県立橿原考古学研究所, 1976,『葛城·石光山古墳群』奈良県史跡名勝天然記念物調査報告31.

奈良県立橿原考古学研究所, 1977,『平群·三里古墳 付岡峯古墳·槇峯古墳』-昭和52年10月.

奈良県立橿原考古学研究所編, 1978,「浅古所在の古墳」,『奈良県文化財調査報告書』第30集 -昭和53年3月.

奈良県立橿原考古学研究所, 1978,『北葛城郡当麻町兵塚古墳群』奈良県史跡名勝天然記念物調査報告37.

奈良県立橿原考古学研究所, 1981,『新沢千塚古墳群』奈良県史跡名勝天然記念物調査報告39.

奈良県立橿原考古学研究所, 1985,『沼山古墳·益田池堤』奈良県文化財調査報告48.

奈良県立橿原考古学研究所, 1986,『宇陀地域の調査』.

奈良県立橿原考古学研究所, 1987,『与楽古墳群』.

奈良県立橿原考古学研究所, 1989,『斑鳩藤ノ木古墳概報』, 吉川弘文館.

広陵町教育委員会·奈良県立橿原考古学研究所(編), 1987,『牧野古墳(広陵町文化財調査報告第一册)』.

森下浩行, 1991,「ベンショ塚古墳の調査」,『奈良市埋蔵文化財調査概要報告書』.

森本六爾, 1924,「大和北葛城郡新庄村の一古墳」,『大和史学』2－2.

兵庫県.

梅原末治·小林行雄, 1941,「園田大塚古墳と其の遺物」,『兵庫県史蹟名勝天然記念物調査報告』15.

合田茂伸, 1988,「五ケ山古墳群第1号墳および第2号墳出土お馬具」,『西宮市立郷土資料館ニューㇲ』3.

尼崎市教育委員会, 1987,『尼崎市中ノ田遺跡II(大塚山古墳を中心に)』.

市橋重喜, 1988,「箱形古墳群」昭和60年度兵庫県埋蔵文化財調査年報.

上田哲也, 1966,『姫路丁古墳群』東洋大学附属姫路高等学校考古学教室.

梅原末治·小林行雄, 1941,「園田村大塚山古墳と其の遺物」,『兵庫県史蹟名勝天然紀念物調査報告』15.

加古川市教育委員会, 1965,『印南野』1.

加古川市教育委員会, 1969,『印南野』2.

村川行弘, 1966,「考古学からみた尼崎」,『尼崎市史』1巻.

村川行弘, 1980,「尼崎の考古資料」,『尼崎市史』11巻·別編考古.

櫃本誠一·瀬戸谷晧, 1982,『日本の古代遺跡2-兵庫北部』, 保育社.

西紀·丹南町教育委員会, 1981,『大滝二号古墳』多紀郡西紀·丹南町文化財調査報告2集.

三田市教育委員会, 1983,『北摂ニュータウン内遺跡調査報告書I』三田市文化財調査報告2集.

神戸市教育委員会·(財)神戸市スポーツ教育公社, 1992,『北神第2地点古墳·第3地点古墳現地説明会資料』.

日高町教育委員会, 1976,『楯縫古墳·岩倉古墳群調査報告書』.

姫路市文化財保護協会, 1970,『宮山古墳発掘調査概要』姫路市文化財調査報告1.

姫路市教育委員会, 1973,『宮山古墳第2次発掘調査概要』姫路市文化財調査報告4.

武藤　誠, 1956「西宮山古墳発掘調査略報」,『関西学院短期大学英文科論叢』6.

松本正信他, 1978,「考古学からみた龍野」,『龍野市史』I.

松本正信他, 1984,「龍野市とその周辺の考古資料」,『龍野市史』IV.

八賀　晋, 1982,『富雄丸山古墳·西宮山古墳出土遺物』, 京都国立博物館.

竜野市教育委員会, 1982,『長尾·タイ山古墳群』.

和歌山県

大野嶺夫·大野左千夫, 1976,「背見山古墳発掘調査概要」,『古代学研究』85号.

金谷克巳, 1956,『紀伊の古墳』2, 綜芸舎.

京都大学文学部考古学研究室, 1959,『大谷古墳』, 和歌山市教育委員会.

京都大学文学部考古学研究室, 1967,『和歌山県文化財学術調査報告』2, 和歌山市教育委員会.

小賀直樹, 1967,「井辺前山6号墳発掘調査概要」,『昭和41年度埋蔵文化財緊急発掘調査概要』, 和歌山県教育委員会.
末永雅雄他, 1967,『岩橋千塚』, 和歌山市教育委員会.
田辺市教育委員会, 1962,「田辺市新庄町に於ける葉糸古墳の調査」.
久見健, 1985,「天田古墳群」,『富安Ⅰ遺跡他発掘調査概報』, 御坊市教育委員会.
樋口隆康ほか, 1959,『大谷古墳』, 和歌山市教育委員会.
樋口隆康・西谷真治・小野山節, 1985,『増補大谷古墳』, 同朋舎出版.
藤井保夫, 1987,『井辺前山古墳群とその関連遺跡』, 和歌山県教育委員会.

中国地方

岡山県

今井堯, 1961,「津山市川崎玉淋大塚調査報告」,『津山市文化財調査略報』第1集.
梅原末治, 1957,「岡山県下の古墳調査記録(二)」,『瀬戸内海研究』第9・10合併号.
鎌木義昌・間壁忠彦・間壁葭子, 1965,『総社市随庵古墳』.
鎌木義昌・間壁忠彦・間壁葭子, 1965,『長福寺裏山古墳群』.
葛原克人, 1979,「備中こうもり塚古墳」,『岡山県埋蔵文化財発掘調査報告』35.
近藤義郎, 1952,「中宮第1号墳発掘調査報告」同編,『佐良山古墳群の研究』第1册.
近藤義郎ほか, 1954,『蒜山原』, 岡山大学.
近藤義郎, 1986,「中宮第1号墳」,『岡山県史』第18巻.
近藤義郎, 1987,「こうもり塚古墳」,『総社市史』考古資料編.
近藤義郎, 1987,「江崎古墳」,『総社市史』考古資料編.
近藤義郎, 1988,「岡山市津島の俗称『おつか』と称する前方後円墳についての調査概要報告」,『古代吉備』第10集.
山陽町教育委員会, 1976,『岩田古墳群』.
永山卯三郎, 1936,「福居ノ古墳群」,『岡山市史』第1巻.
間壁忠彦ほか, 1974,「王墓山遺跡群」,『倉敷考古館集報』10.
村井嵓雄, 1972,「岡山県天狗山古墳出土の遺物」,『MUSEUM』250号.
山磨康平, 1986,「弥上古墳」,『岡山県史』第18巻.
落合町教育委員会, 1969,『神毛1号墳調査報告書・ムスビ山高塚調査報告書』.
渡辺健治・今井尭, 1974,『万燈山古墳』, 加茂町文化財保護委員会.

島根県

『島根県史』4巻.
池田満雄, 1954,「出雲上島古墳調査報告」,『古代学研究』10.
出雲考古学研究会, 1980,『古代の出雲を考える』2.

出雲市教育委員会, 1988,『史跡今市大念寺古墳保存修理事業報告書』.
勝部昭, 1975,「御崎山古墳」,『八雲立つ風土記の丘周辺の文化財』.
木原光, 1988,「小丸山古墳発掘調査から」島根考古学会誌5.
島根県教育委員会, 1964,『妙蓮寺山古墳調査報告』.
島根県教育委員会, 1975,「十王免横穴墓」八雲立つ風土記の丘周辺の文化財.
島根県教育委員会, 1980,『刈山古墳群』.
島根県教育委員会, 1987,『出雲岡田山古墳』.
西尾良一, 1984,「今市·大念寺古墳について」,『ふぃーるど·のーと』6.
西尾良一, 1985,「今市·大念寺古墳について」,『ふぃーるど·のーと』8.
松本岩雄, 1983,『風土記の丘地内遺跡発掘調査報告』II.
三宅博士·松本岩雄, 1982,『風土記の丘地内遺跡発掘調査』I.
門脇俊彦, 1975,「岡田山古墳群」,『八雲立つ風土記の丘周辺の文化財』.
山本清·近藤正, 1962,『薄井原古墳調査報告』.
山本清, 1951,「古墳」出雲市誌.
山本清, 1971,「めんぐろ古墳遺物について」山陰古墳文化の研究, 山本清先生退官記念論集刊行会.
山本清, 1984,「横穴被葬者の地位をめぐって」島根考古学会誌1.
渡辺貞幸, 1979,「ガウランド氏と山陰の古墳(上)」,『八雲立つ風土記の丘』No.37.
渡辺貞幸, 1979,「ガウランド氏と山陰の古墳(中)」,『八雲立つ風土記の丘』No.39.

鳥取県

梅原末治, 1924,『鳥取県史蹟勝地調査報告』第2册.
亀井熙人ほか, 1972,『鳥取県史』1.
倉吉市教育委員会, 1979,『大宮古墳発掘調査概要』.
智頭町教育委員会,『中河原古墳·黒本谷古墳発掘調査報告書』.
名越勉他, 1973,『倉吉市史』.
米子市教育委員会, 1983,『諏訪遺跡群発掘調査報告書』IV.
米子市教育委員会, 1984,『陰田』.

広島県

梅原末治, 1935,「備後御年代古墳」日本古文化研究所報告1.
桑原隆博·嶋田滋·伊藤実·田邊俊, 1983,『三玉大塚』, 広島県教育委員会·吉舎町教育委員会.
本村豪章, 1977,「後期古墳の一様相－安芸·御年代古墳を中心として」考古論集－慶祝松崎寿和先生六十三歳論文集, 松崎寿和先生退官記念事業会.

藤田等・本村豪章, 1963,「竹原周辺の考古学的考察」,『竹原市史』2.
脇坂光彦, 1977,「福山市駅家町二塚古墳について」芸備5.
脇坂光彦, 1985,「石室の特徴からみた御年代古墳の性格」芸備古墳文化論考.

山口県

『下関市史』原始ー中世篇.
桑原邦彦, 1980,「塔ノ尾古墳と佐波郡後期古墳時代の展開」山口考古13.
島田貞彦, 1926,「長門国大津郡深川稼塚に就いて」,『歴史と地理』17ー3・4.
下関市教育委員会, 1972,『下関市岩谷古墳』.
富士埜勇・松田治登, 1975,『山口県の古墳　前方後円墳　資料1』.
弘津史文, 1930,『防長原史時代資料』, 山口高等学校歴史教室.

四国地方

愛媛県

1982,『愛媛県史』原始・古代1.
愛媛県埋蔵文化財調査センター, 1984,『四国縦貫自動車道関係埋蔵文化財調査報告書』.
北条市教育委員会, 1979,『北条市龍徳寺山1号古墳発掘調査報告書』.
西田栄・森光晴, 1987,「波賀部神社古墳」,『松山市史料集』第2巻.
松山市教育委員会, 1972,『三島神社古墳』.
松山市教育委員会, 1973,『天山・桜谷遺跡発掘報告書』松山市文化財報告書2.
松山市教育委員会, 1981,『東山鳶が森古墳群調査報告書』松山市文化財報告書15.
三木文雄, 1971,「妻鳥陵墓参考地東宮山古墳の遺物と遺構について」書陵部紀要23.
八木武弘, 1986,「衣黒山古墳」,『愛媛県史』資料編・考古.

香川県

浦山古墳群発掘調査団, 1974,『浦山古墳群』.
大山真充ほか, 1983,『川上・丸井古墳発掘調査概報』.
香川県教育委員会, 1983,『新編香川叢書考古篇』.
善通市教育委員会, 1983,『王墓山古墳調査概報』.

高知県

安岡源一, 1952,『高知県縄文式弥生式古墳文化遺跡地名表』.
廣田典夫, 1972,「高知県南国市小蓮古墳」,『古代学研究』65.
廣田典夫, 1979,「古墳時代の山田」,『土佐山田町史』.

廣田典夫, 1981, 「高知の巨石古墳」, 『探訪日本の古墳·西日本編』, 有斐閣.
廣田典夫, 1984, 「高知県土佐山田町大塚古墳」, 『古代学研究』 103.
山本大, 1983, 『高知の研究ー地質考古編』, 清文堂出版.

徳島県

石井町教育委員会, 1986, 『ひびき岩16号墳発掘調査報告書』.
天羽利夫, 1977, 「徳島県下における横穴式石室の一様相ーその2」, 『徳島県博物館紀要』8.

九州地方

大分県

宇佐市教育委員会, 1975, 『鶴見古墳』 宇佐市文化財調査報告1集.
大分県教育委員会, 1961, 「天満1号墳」, 『大分県資料』 20巻·考古資料.
大分県教育委員会, 1973, 『飛山』.
大分県教育委員会, 1982, 『上ノ原横穴墓』1.
大分県教育委員会, 1983, 『上ノ原横穴墓』2.
大分県教育委員会, 1984, 『上ノ原横穴墓』3.
大分県教育委員会, 1985, 『上ノ原横穴墓』4.
大分県教育委員会, 1986, 『上ノ原横穴墓』5.
甲斐忠彦ほか, 1986, 『鶴見古墳ー史跡川部·高森古墳群保存修理事業報告書』, 宇佐風土記の丘歴史民俗資料館.
賀川光夫, 1962, 「豊ー七双子古墳群」, 『古代学研究』 30.
賀川光夫ほか, 1962, 『七双子古墳群』 大分県文化財調査報告書8.
日田市文化財調査委員会, 1956, 「才田の前方後円墳」, 『日田文化』 創刊号.
日田市文化財調査委員会, 1986, 『ガランドヤ古墳群』.
日田市教育委員会, 1959, 『大分県日田市法恩寺古墳』.

熊本県

「馬渡城」, 『菊池郡誌』.
『肥後国誌』.
上野辰男·桑原憲彰, 1980, 「横山古墳」, 『清水古墳群·野寺遺跡·林源衛門墓』 熊本県文化財調査報告41.
上野辰男, 1984, 「横山古墳」, 『熊本県装飾古墳総合調査報告書』 熊本県文化財調査報告68.
梅原末治, 1917, 「大坊古墳」, 『肥後に於ける装飾ある古墳及横穴』 京都帝国大学文科大学考古学研究報告1.

梅原末治, 1922,「玉名郡江田村中小路穴観音古墳」,『熊本県史跡名勝天然紀念物調査報告』1.
乙益重隆, 1953,『肥後上代文化史』, 日本談義社.
乙益重隆, 1967,「宇土郡不知火町国越古墳」,『昭和41年度埋蔵文化財緊急調査概報』, 熊本県教育委員会.
乙益重隆, 1974,『装飾古墳と文様』, 講談社.
乙益重隆他, 1989,『江田船山古墳』.
熊本県教育委員会, 1987,『オブサン古墳』.
菊水町教育委員会, 1982,『シンポジウム江田船山古墳』.
北川保編, 1955,「亀塚1号墳」,『西村誌』.
坂本経尭, 1930,『菊池文化財調査票』, 菊池文化財保存会.
田辺哲夫, 1965,「熊本県玉名市玉名大坊古墳」,『玉高考古学部部報』11.
西田道世·佐藤伸二, 1976,『船山』菊水町文化財調査報告1.
原口長之, 1956,『弁慶ケ穴古墳調査報告』.
原口長之, 1957,「装飾古墳弁慶ケ穴調査報告」,『熊本史学』11号.
原口長之, 1984,「弁慶ケ穴古墳」,『熊本県装飾古墳総合調査報告書』熊本県文化財調査報告68.
樋口隆康, 1960,「画文帯神獣鏡と古墳文化」,『史林』43−5.
本村豪章, 1991,「古墳時代の基礎研究稿−資料篇(II)」,『東京国立博物館紀要』26.
森貞次郎, 1972,『装飾古墳』.
緒方　勉·森山栄一, 1982,『清原古墳群及び岩原古墳群の周溝確認調査』熊本県文化財調査報告55.
桑原憲彰他, 1986,『江田船山古墳』熊本県文化財調査83.
小林行雄, 1964,『装飾古墳』, 平凡社.
浜田耕作ほか, 1918,『九州の於ける装飾ある古墳』京都帝国大学文学部考古学研究報告3.
隈昭志, 1984,「塚坊主古墳」,『熊本県装飾古墳総合調査報告書』熊本県文化財調査報告68.
矢野和之他, 1979,『史跡大坊古墳保存工事報告書』.

佐賀県

木下之治, 1974,「古代国家の形成」,『鹿島市史』1.
木下之治·中島直幸他, 1974,『小島古墳』, 伊万里市教育委員会.
佐賀県教育委員会, 1958,『佐賀市関行丸古墳』佐賀県文化財調査報告書7.
佐賀県教育委員会, 1966,『東十郎古墳群』.
佐賀県立博物館, 1978,「庚申堂塚古墳」,『佐賀県立博物館調査研究書』第4集.
松尾禎作, 1950,「目達原古墳群調査報告」,『佐賀県史蹟名勝天然紀念物調査報告』第9輯.
武雄市教育委員会, 1975,『武雄市潮見古墳』.

長崎県

小田富士雄, 1959,『高下古墳調査報告』, 国見町教育委員会.

小田富士雄, 1979,『九州考古学研究ー古墳時代篇』小田富士雄著作集2, 学生社.

福岡県

朝倉町教育委員会, 1999,『須川ノケオ遺跡ー福岡県朝倉郡朝倉町大字須川所在遺跡の調査』.

稲築町教育委員会, 1975,「宮ノ上横穴群」,『稲築公園内遺跡』.

梅原末治, 1937,「日本古墳巨大石室成」京都帝国大学文学部考古学研究報告14.

梅原末治·小林行雄, 1940,『筑前国嘉穂郡王塚装飾古墳』京都帝国大学文学部考古学研究報告15.

岡崎敬ほか, 1979,『宗像沖ノ島』, 宗像大社復興期成会.

岡恒町教育委員会, 1977,『東田古墳群』.

小田富士雄, 1963,「筑前高倉古墳群調査概要」,『九州考古学』17.

小田富士雄, 1968,「横穴式石室古墳における複室構造の形成」,『史淵』100輯.

大川清ほか, 1965,『福岡県行橋市稲童古墳群第2次調査抄報』, 蔵内古文化研究所.

鏡山猛, 1959,「福岡県粕屋郡古賀町花見古墳」日本考古学年報8.

玄洋開発株式会社, 1979,『黒部古墳群』.

小林行雄, 1964,『装飾古墳』, 平凡社.

猪熊古墳群発掘調査団, 1976,『猪熊古墳群ー福岡県京都郡苅田町所在の古式古墳群の調査ー』.

嘉穂町教育委員会, 1981,『新行坊古墳』嘉穂町文化財調査報告書第2集.

児玉真一, 1987,『楠名古墳』浮羽町文化財調査報告書2.

斎藤忠, 1965,『古墳壁画』日本原始美術5, 講談社.

酒井仁夫, 1979,『黒部古墳群』, 玄洋開発株式会社.

沢田康夫ほか, 1983,「カクチガ浦古墳群」,『那珂川町文化財調査報告書』9.

清水潤三, 1964,「真野古墳群」,『福岡県史』6.

瀬高町教育委員会, 1977,『名木野古墳群ー福岡県山門郡瀬高町小田所在古墳群の発掘調査報告ー』.

竹並遺跡調査会, 1979,『竹並遺跡』, 東出版寧楽社.

橋口達也, 1979,『池の上古墳群』甘木市文化財調査報告5.

広川町教育委員会, 1981,『東山古墳群』.

広川町教育委員会, 1982,『大塚1号墳』.

広川町教育委員会, 1986,『鬼塚古墳群』.

福岡県, 1934,「飯塚市立岩字字サコの一古墳」,『史跡名勝天然紀念物調査報告書』第9輯.

福岡県, 1934,「筑後浮羽郡福富村西山田古墳群地帯の遺跡」,『史跡名勝天然紀念物調査報告書』第9輯.
福岡県, 1939,「水縄山麓の装飾古墳」,『福岡県史跡名勝天然紀念物調査報告書』第13輯.
福岡県教育委員会, 1963,『銀冠塚』福岡県文化財調査報告書 第28集.
福岡県教育委員会, 1970,「高崎古墳群」,『今宿バイパス関係埋蔵文化財調査報告』1.
福岡県教育委員会, 1973,「高崎古墳群」,『今宿バイパス関係埋蔵文化財調査報告』3.
福岡県教育委員会, 1974,『佐谷・脇田山・古墳調査報告』.
福岡県教育委員会, 1976,「春日市門田2号墳」,『山陽新幹線関係埋蔵文化財調査報告』.
福岡県教育委員会, 1976,「八隈遺跡」,『九州縦貫自動車道関係埋蔵文化財調査報告－VII－』.
福岡県教育委員会, 1977,「八尋旭古墳群」,『九州縦貫自動車道関係埋蔵文化財調査報告』13.
福岡県教育委員会, 1977,「王城山古墳群」,『九州縦貫自動車道関係埋蔵文化財調査報告』9.
福岡県教育委員会, 1977,『新原・奴山古墳群』.
福岡県教育委員会, 1978,「観音山古墳群」,『山陽新幹線関係埋蔵文化財調査報告』5.
福岡県教育委員会, 1983,『浮羽バイパス関係埋蔵文化財調査報告－塚堂遺跡I－』.
福岡県教育委員会, 1984,「柿原古墳群I」,『九州横断自動車道関係埋蔵文化財調査報告4』.
福岡県教育委員会, 1986,『九州横断自動車道関係埋蔵文化財調査報告6－甘木市所在柿原古墳群の調査II(I地区)－』.
福岡県教育委員会, 1987,『仙道古墳群』.
福岡県教育委員会, 1990,「柿原遺跡群」,『九州横断自動車道関係埋蔵文化財調査報告19』.
福岡県教育委員会, 1990,「塚元遺跡」,『福岡東バイパス関係埋蔵文化財調査報告－高田遺跡・塚元遺跡・トヲノ尾遺跡－』.
福岡県教育委員会, 1992,「山田遺跡群」,『九州横断自動車道関係埋蔵文化財調査報告23』.
福岡県教育委員会, 1995,『一般道路10号線椎田道路関係埋蔵文化財調査報告5－鋤先遺跡－』.
福岡県教育委員会, 1996,『一般国道10号豊前バイパス関係埋蔵文化財調査報告4－金居塚遺跡－』.
福岡県教育委員会, 1996,『一般道路10号椎田道路関係埋蔵文化財調査報告6－居屋敷遺跡－』.
福岡県教育委員会, 1998,『一般国道3号筑柴野バイパス関係埋蔵文化財調査報告5－諸田仮塚遺跡－』.
福岡市教育委員会, 1973,『片江古墳群発掘調査報告書－片江区画整理事業地域内第一次調査』.
福岡市教育委員会, 1977,『広石古墳群』.
福岡市教育委員会, 1977,「王城山A古墳群」,『九州縦貫自動車道関係埋蔵文化財調査報告IX』.
福岡市教育委員会, 1977,「向山古墳群」,『九州縦貫自動車道関係埋蔵文化財調査報告12』.
福岡市教育委員会, 1977,「乙植木古墳群」,『九州縦貫自動車道関係埋蔵文化財調査報告X』.
福岡市教育委員会, 1978,「神松寺御陵古墳」,『神松寺遺跡－弥生時代住居址と前方後円墳の調査ー』.
福岡市教育委員会, 1978,「古野古墳群」,『九州縦貫自動車道関係埋蔵文化財調査報告21』.
福岡市教育委員会, 1980,『県道大野·二丈線関係埋蔵文化財調査報告Ⅰ－西区所在金武古墳群の調査』.
福岡市教育委員会, 1980,『古武塚原古墳群』.
福岡市教育委員会, 1980,『福岡市西区四箇周辺遺跡調査報告書(3)夫婦塚古墳』.
福岡市教育委員会, 1985,『席田遺跡群(V)－丸尾古墳』.
福岡市教育委員会, 1986,『柏原遺跡群II－柏原古墳群の調査ー』.
福岡市教育委員会, 1988,『羽根戸遺跡－羽根戸古墳群N群·羽根戸原C遺跡群第3次調査ー』.
福岡市教育委員会, 1989,『羽根戸古墳群』.
福岡市教育委員会, 1989,『老司古墳』.
福岡市教育委員会, 1990,『席田遺跡群(VI)－新立表古墳2·3号墳』.
福岡市教育委員会, 1991,『梅林古墳－市営団地建設に伴う飯倉H遺跡の調査ー』.
福岡市教育委員会, 1991,『三苫京塚古墳』.
福岡市教育委員会, 1992,『堅粕1』.
福岡市教育委員会, 1992,『草場古墳群－第3次調査報告書ー』.
福岡市教育委員会, 1993,『タカバン塚古墳』.
福岡市教育委員会, 1994,『山崎古墳群－第2次調査ー』.
福岡市教育委員会, 1995,『飯氏二塚古墳』.
福岡市教育委員会, 1996,『大原D遺跡群1－新西部埋立て場建設に伴う埋蔵文化財調査ー』.
福岡市教育委員会, 1997,『谷上古墳－福岡市西区今宿上ノ原所在の谷上B1号墳の重要遺跡確認調査報告ー』.
福岡市教育委員会, 1997,『桧原遺跡－桧原古墳群第1次·桧原遺跡第3次調査報告書ー』.
福岡市教育委員会, 1998,『金武古墳群－金武古墳群吉武G群の調査ー』.
福間町教育委員会, 1994,『古内殿古墳群』.
福間町教育委員会, 1997,『手光於緑遺跡』.
福間町教育委員会, 1997,『津丸横尾遺跡』.
直方市教育委員会, 1997,『水町遺跡群』.
浮羽町教育委員会, 1987,『楠名古墳』.
前原市立伊都歴史資料館, 1992,『伊都－古代の糸島』.
宗像市教育委員会, 1979,『久戸古墳群』.
宗像市教育委員会, 1982,『浦谷古墳群Ⅰ』.
森貞次郎, 1957,「福岡県鞍手郡若宮町竹原古墳の壁画」美術研究194.
森貞次郎, 1968,『竹原古墳』, 中央公論美術出版.

柳田康雄·石山勲ほか, 『小田茶臼塚古墳』 甘木市文化財調査報告 4.
渡辺一雄·菅原文也·馬目順一ほか, 1971, 「中田装飾横穴」, 『いわき市史』 別巻.

宮崎県

木崎原操, 1971『, 小木原古墳群調査報告第二報』 えびの第 2 号.
北郷泰道, 1981, 「南平横穴墓群発掘調査(55−1号~2号)」 宮崎県文化財調査報告書23.
田中　茂, 1974, 「えびの市小木原地下式横穴 3 号出土品について」 研究紀要第 2 輯, 宮崎県総合博物館.
永友良典, 1988, 『小木原遺跡群蕨地区発掘調査報告』 えびの市文化財調査報告書 3.
宮崎県, 1987, 『角川日本地名大辞典』, 角川書店.
宮崎県, 1941, 「新田原古墳調査報告」, 『宮崎縣史蹟名勝天然紀念物調査報告』 第十一輯.
宮崎県, 1944, 「六野原古墳調査報告」, 『史蹟名勝天然紀念物調査報告』 第十三輯.
宮崎県えびの市教育委員会, 1996, 「久見迫B地区」, 『えびの市埋蔵文化財調査報告書』 第16集.
宮崎県えびの市教育委員会, 2001, 『島内地下式横穴墓群』.
宮崎県教育委員会, 1969, 『持田古墳群』.
宮崎県教育委員会, 1972, 「小木原古墳」『九州縦貫自動車道埋蔵文化財調査報告(1)』.
宮崎県教育委員会, 1972, 「久見迫遺跡」『九州縦貫自動車道埋蔵文化財調査報告(1)』.
宮崎県教育委員会, 1972, 「馬頭遺跡」『九州縦貫自動車道埋蔵文化財調査報告(1)』.
宮崎県教育委員会, 1974, 『瀬戸ノ口地区特殊農地保全整備事業に伴なう埋蔵文化財発掘調査報告−大萩遺跡(1)−』.
宮崎県教育委員会, 1977, 『下北方地下式横穴第5号発掘調査報告』.
宮崎県教育委員会, 1984, 「大萩地下式横穴墓群−遺構編−」『宮崎県文化財調査報告書』第27集.
宮崎県教育委員会, 1996, 『祇園原地区遺跡−県営農村基盤整備パイロット事業に伴う埋蔵文化財発掘調査報告書』.
宮崎県総合博物館, 1982, 『宮崎県総合博物館収蔵資料目録−考古·歴史資料編−』.
宮崎市教育委員会, 1977, 『下北方地下式横穴第 5 号発掘調査報告』.

〈중국〉

吉林省文物工作隊, 1983, 「吉林集安長川二号封土墓発掘紀要」, 『考古與文物』 1983-1.
吉林省博物館文物工作隊, 1972, 「吉林集安的両座高句麗」, 『考古』 1977-2.
吉林省博物館輯安考古隊, 1964, 「吉林輯安麻綫句一号壁画墓」, 『考古』 1964-10.
方起東, 1962, 「吉林輯安高句麗 王朝山城」, 『考古』 1962-11.
黑燕暾, 1973, 「遼寧北票縣西関営子北燕馬素佛墓」, 『文物』 1973-3.

遼寧省博物館, 1984, 「遼寧本渓晋墓」, 『考古』 1984-8.
遼寧省博物館文物隊外, 1984, 「朝陽袁台子東晋壁画墓」, 『文物』 1984-6.
干俊玉, 1997, 「朝陽三合成出土的前燕文物」, 『文物』 1997-11.
張雪岩, 1991, 「吉林集安東大坡高句麗墓葬発掘簡報」, 『考古』 1991-7.
中国社会科学院考古研究所安陽工作隊, 1983, 「安陽孝民屯晋墓発掘報告」, 『考古』 1983-6.
陳大為, 1960, 「檀仁具考古調査発掘簡報」, 『考古』 1960-1.
集安縣文物保管所, 1979, 「集安縣両座高句麗積石墓的清理」, 『考古』 1979-1.

한국 출토 마구 일람표

地域	出土遺蹟	馬具
釜山	福泉洞1號墳(東亞大)	鏡板付轡, 杏葉(心葉形, 変形)
	福泉洞10號墳	鞍金具, 鏡板付轡, 鑣轡, 木心輪鐙, 杏葉(心葉形)
	福泉洞15號墳	杏葉(扁圓魚尾形)
	福泉洞21號墳	鑣轡, 木心輪鐙
	福泉洞22號墳	鞍金具, 轡, 木心輪鐙, 雲珠
	福泉洞23號墳	鏡板付轡(f字形)
	福泉洞31號墳	鏡板付轡
	福泉洞36號墳	杏葉(心葉形)
	福泉洞38號墳	鑣轡
	福泉洞39號墳	鏡板付轡
	福泉洞54號墳副槨	鏡板付轡
	福泉洞69號墳	鑣轡
	杜邱洞 林石5號墳	鏡板付轡, 杏葉(刺葉形), 雲珠
金海	大成洞1號木槨墓	木心輪鐙, 杏葉(心葉形)
	大成洞2號木槨墓	鏡板付轡, 鑣轡
	大成洞3號木槨墓	杏葉(心葉形)
	大成洞8號木槨墓	鞍金具, 杏葉
	大成洞11號木槨墓	鑣轡
	大成洞14號木槨墓	轡
	大成洞20號木槨墓	轡, 鐙
	大成洞39號木槨墓	轡
	大成洞41號木槨墓	轡
	大成洞42號墳(竪穴)	鏡板付轡
	大成洞47號木槨墓	鏡板付轡, 木心輪鐙
	大成洞57號木槨墓	鏡板付轡, 木心輪鐙
金海	良洞里 78號墓	轡
	良洞里162號墓	鑣轡
	良洞里196號墓	鏡板付轡
	良洞里229號墓	鏡板付轡
	良洞里321號墓	鏡板付轡
	良洞里429號墓	木心輪鐙
金海	陵洞10號木槨墓	轡
	陵洞11號木槨墓	鏡板付轡
	陵洞25號木槨墓	鏡板付轡
	禮安里39號墳	鏡板付轡, 木心鐙

地域	出土遺蹟	馬具
金海	禮安里57號墳	鏡板付轡
梁山	夫婦塚	鞍金具, 鏡板付轡, 鐵製輪鐙, 杏葉(扁圓魚尾形)
	北亭里2號墳	鞍金具, 轡, 鐵製輪鐙(2쌍)
	北亭里8號墳	鞍金具, 轡, 鐵製輪鐙(2쌍)
昌原	道溪洞1號石槨墓	木心鐙
	道溪洞19號土壙墓	轡
馬山	縣洞43號土壙墓	鏡板付轡
固城	內山里8號墳	鞍金具, 鏡板付轡
	內山里21號墳1槨	鏡板付轡, 鐵製輪鐙, 木心壺鐙
	內山里21號墳2槨	轡
	內山里21號墳8槨	鏡板付轡
	內山里34號墳	鞍金具, 轡, 鐵製輪鐙, 雲珠
	栗垈里2號墳	轡, 鐵製輪鐙
固城	松鶴洞1號墳A－1號	鞍金具, 鏡板付轡(f字形, 楕圓形), 鐵製輪鐙, 杏葉(劍菱形, 変形劍菱形), 雲珠, 馬鈴
	松鶴洞1號墳A－6號	鞍金具, 鏡板付轡, 杏葉(劍菱形)
	松鶴洞1號墳A－8號	鏡板付轡
	松鶴洞1號墳A－11號	鏡板付轡
	松鶴洞1號墳B－1號	雲珠(貝製)
	松鶴洞1號墳C－1號	鞍金具, 木心輪鐙, 杏葉(刺葉形), 雲珠
晋州	武村3丘145號石槨墓	轡, 木心鐙
咸安	道項里3號墳	鏡板付轡
	道項里10號墳	鏡板付轡
	道項里4號墳	杏葉(心葉形), 雲珠
	道項里36號墳	鏡板付轡
	道項里38號墳	鞍金具, 轡, 木心鐙
	道項里39號墳	鞍金具, 木心鐙
	道項里43號墳	鑣轡
	道項里47號墳	雲珠
	道項里48號墳	鏡板付轡
	道項里(現)15號墳	杏葉(扁圓魚尾形), 雲珠
	道項里(文)54號墳	鏡板付轡, 木心輪鐙, 杏葉(劍菱形)
	道項里(現)22號墳	鏡板付轡, 木心輪鐙, 杏葉(扁圓魚尾形), 雲珠
	道項里5號墳	鏡板付轡, 鐵製輪鐙, 雲珠
	道項里8號墳	鞍金具, 木心輪鐙, 杏葉(心葉形˙扁圓魚尾形), 雲珠, 鈴
	道項里3號墓	鏡板付轡
	道項里13號墓	鏡板付轡, 木心輪鐙
	末山里451－1番地遺蹟 石槨墓採集	鞍金具, 鏡板付轡, 杏葉(剣菱形), 雲珠, 鈴

地域	出土遺蹟	馬具
咸安	岩刻画古墳	鏡板付轡, 鐵製輪鐙, 杏葉, 雲珠
	馬甲塚	轡
宜寧	景山里2號墳	轡, 鐵製輪鐙, 雲珠
	景山里37號墳	鑣轡, 木心鐙
山清	坪村里224號墳	鑣轡, 木心壺鐙
咸陽	白川里1號墳	鞍金具, 鏡板付轡, 木心輪鐙
陜川	玉田5號墳	木心輪鐙, 雲珠
	玉田7號墳	轡
	玉田8號墳	鑣轡, 木心輪鐙
	玉田12號墳	鞍金具, 鏡板付轡, 杏葉(扁圓魚尾形), 雲珠
	玉田20號墳	鞍金具, 鏡板付轡, 木心輪鐙
	玉田23號墳	鞍金具, 鏡板付轡, 木心輪鐙, 杏葉(心葉形), 雲珠
	玉田24號墳	轡, 木心輪鐙
	玉田28號墳	鞍金具, 鏡板付轡, 木心輪鐙, 雲珠
	玉田35號墳	鞍金具, 鏡板付轡, 木心輪鐙, 杏葉(扁圓魚尾形), 雲珠
	玉田42號墳	鞍金具, 轡
	玉田67－A號墳	鞍金具, 鏡板付轡, 木心輪鐙
	玉田67－B號墳	鏡板付轡, 木心輪鐙, 雲珠
	玉田68號墳	鞍金具, 鏡板付轡, 木心輪鐙, 雲珠
	玉田70號墳	鞍金具, 鏡板付轡, 木心輪鐙, 雲珠
	玉田72號墳	鏡板付轡
	玉田74號墳	鞍金具, 木心鐙, 雲珠
	玉田75號墳	鞍金具, 木心壺鐙, 雲珠
	玉田76號墳	鏡板付轡, 木心輪鐙
	玉田82號墳	鏡板付轡, 木心輪鐙
	玉田85號墳	鏡板付轡
	玉田91號墳	轡, 木心輪鐙, 杏葉(心葉形), 雲珠
	玉田95號墳	轡, 木心輪鐙, 雲珠
	玉田M1號墳	鞍金具, 鏡板付轡3, 木心輪鐙3, 杏葉(扁圓魚尾形), 雲珠
	玉田M2號墳	鏡板付轡, 木心輪鐙, 杏葉(扁圓魚尾形?)
	玉田M3號墳	鞍金具, 鏡板付轡(楕圓形2, f字形), 木心輪鐙, 鐵製輪鐙2, 杏葉(劍菱形), 雲珠, 馬鈴
	玉田M4號墳	杏葉(心葉形), 雲珠
	玉田M6號墳	鞍金具, 鏡板付轡, 杏葉(心葉形), 雲珠
	玉田M7號墳	鞍金具, 木心輪鐙
	玉田M11號墳	鞍金具, 雲珠
陜川	鳳溪里172號墳	轡
	磻溪堤가A號墳	鞍金具, 鏡板付轡, 木心輪鐙, 杏葉(扁圓魚尾形?), 雲珠, 馬鈴

地域	出土遺蹟	馬具
陜川	磻溪堤다A號墳	鏡板付轡, 木心壺鐙, 雲珠
密陽	新安9號墳	鑣轡, 雲珠
	新安53號墳	鞍金具, 鑣轡, 杏葉(心葉形)
昌寧	桂城Ⅲ地區1號墳	鞍金具, 鏡板付轡, 木心壺鐙, 杏葉(刺葉形), 雲珠
	校洞1號墳	轡, 木心輪鐙, 杏葉(扁圓魚尾形), 雲珠
	校洞2號墳	鑣轡, 木心輪鐙
	校洞3號墳	鞍金具, 鑣轡, 木心輪鐙, 杏葉(心葉形, 扁圓魚尾形), 雲珠
	校洞4號墳	轡
	校洞5號墳	鞍金具, 杏葉(心葉形)
高靈	池山洞30號墳	木心輪鐙, 杏葉(心葉形), 雲珠
	池山洞32號墳	鏡板付轡, 木心輪鐙, 雲珠, 馬鈴
	池山洞33號墳	木心輪鐙
	池山洞35號墳	鞍金具, 鏡板付轡, 木心輪鐙
	池山洞44號墳	鞍金具, 鏡板付轡(楕圓形, f字形), 木心輪鐙, 杏葉(鈴付劍菱形), 雲珠
	池山洞44-25號墳	鏡板付轡, 木心輪鐙, 雲珠, 馬鈴
	池山洞45號墳	鞍金具, 鏡板付轡, 木心輪鐙, 鐵製鐙, 杏葉(心葉形), 雲珠
	本館洞36號墳	鏡板付轡
慶山	林堂洞G-6號墳副槨	鏡板付轡
	林堂洞G-3號墓副槨	鏡板付轡, 木心鐙
	林堂A-I-96號墳	鑣轡
	林堂A-I-139號墳	鑣轡
	林堂A-I-140號墳	轡
	林堂E-16號墳	鑣轡
	林堂5B1號墳	鞍金具, 鏡板付轡, 杏葉(心葉形), 雲珠(步搖付)
	北四里1號墳	雲珠(步搖付)
	北四里2號墳	轡
	北四里3號墳	轡, 杏葉(心葉形), 雲珠
大邱	不老洞91號墳2-1槨副槨	轡
	不老洞91號墳4槨副槨	鞍金具
	佳川洞24號石槨墓	木心鐙
	花園城山里1號墳副槨	鞍金具, 鐵製輪鐙, 轡, 杏葉(心葉形), 雲珠
	花園城山里1號墳4槨	轡
	花園城山里1號墳5槨	鏡板付轡, 杏葉(?), 雲珠
	時至ⅠB-61號	轡
	時至ⅠC-15號	轡, 木心鐙
	時至ⅠC-19號	轡

地域	出土遺蹟	馬具
大邱	時至ⅠC－21號	轡
	時至ⅠC－27號	轡
	時至ⅠD－268號	鏡板付轡
	時至ⅠD－166號	轡
	時至ⅠD－179號	鞍金具, 轡, 木心鐙
慶北 月城	安溪里3號墳	轡
	安溪里3號号墳	轡, 鐙, 杏葉(心葉形, 扁圓魚尾形), 馬鐸
	安溪里43號墳	轡
	九於里40號積石木槨墓	木心鐙
蔚山	新峴洞土壙墓	轡
慶州	皇南洞82號墳　東塚	鞍金具, 鏡板付轡, 鐵製輪鐙, 雲珠
	皇南洞109號墳3，4槨	鞍金具, 木心輪鐙, 鏡板付轡
	皇南洞109號墳1，2槨	鐵製轡, 鐵製輪鐙, 杏葉(心葉形), 雲珠
	皇南洞110號墳	鞍金具, 木心輪鐙, 鏡板付轡, 杏葉(扁圓魚尾形), 雲珠
	皇南洞106－3番地6號墓	鞍金具, 鏡板付轡, 鐵製輪鐙, 杏葉(心葉形), 雲珠
	皇吾里1號墳	鞍金具, 轡, 鐵製輪鐙, 杏葉(心葉形), 馬鐸
	皇吾里14號墳1槨	鞍金具, 木心輪鐙, 鏡板付轡, 雲珠
	皇吾里33號墳	鞍金具, 鏡板付轡, 鐵製輪鐙, 杏葉(心葉形), 雲珠
	皇吾里151號墳	鏡板付轡, 杏葉(心葉形, 刺葉形), 雲珠
	皇南大塚(南墳)	鞍金具(透造金銅(銀)板玉蟲裝), 鏡板付轡(透造金銅板玉蟲裝, 透造金銅板, 金銅, 鐵製), 木心輪鐙(透造金銅板玉蟲裝, 金銅(鐵)板, 靑銅), 杏葉(心葉形, 扁圓魚尾形), 雲珠(步揺付도있음), 馬鐸
	皇南大塚(北墳)	鞍金具(透造金銅板玉蟲装), 鏡板付轡(透造金銅板玉蟲裝, 金銅, 鐵製), 木心輪鐙, 杏葉(扁圓魚尾形), 雲珠(步揺付), 馬鐸
	仁旺洞19號墳 F槨	鐵製轡, 杏葉(刺葉形), 雲珠
	天馬塚	鞍金具(透造金銅板, 金銅板), 鏡板付轡, 木心輪鐙(金銅板), 鐵製輪鐙, 杏葉(心葉形, 扁圓魚尾形), 雲珠(步揺付도있음), 馬鐸
	金冠塚	鞍金具, 鏡板付轡, 木心輪鐙, 杏葉, 雲珠(貝製도있음), 馬鐸, 鈴
	金鈴塚	鞍金具, 雲珠(步揺付도있음), 馬鐸
	飾履塚	鞍金具, 杏葉(扁圓魚尾形, 劍菱形)
	壺杅塚	鞍金具, 鐵製輪鐙, 杏葉(刺葉形, 変形鐘形), 雲珠, 鈴
	銀鈴塚	鞍金具, 鏡板付轡, 鐵製輪鐙, 杏葉(扁圓魚尾形, 変形鐘形), 雲珠(步揺付도있음)
	味鄒王陵第7地區3號墳	鏡板付轡, 木心鐙, 杏葉(楕圓形?), 雲珠

地域	出土遺蹟	馬具
慶州	味鄒王陵第7地區4號墳	鏡板付轡, 杏葉(盾形?), 雲珠(貝製도있음)
	味鄒王陵第7地區5號墳	鞍金具, 鏡板付轡, 鐵製輪鐙, 杏葉(心葉形), 雲珠(步搖付)
	味鄒王陵第7地區7號墳	鏡板付轡
	味鄒王陵第9地域A號1槨	鐵製轡, 杏葉(心葉形), 雲珠
	味鄒王陵第9地域A號2槨	鏡板付轡, 鐵製輪鐙, 杏葉(心葉形), 雲珠
	味鄒王陵第9地域A號3槨	鞍金具, 鐵製轡, 木心輪鐙, 杏葉(心葉形)
	味鄒王陵A地區3－1墓槨	鞍金具, 鏡板付轡(楕圓形, 環状形), 鐵製輪鐙, 杏葉(心葉形, 鐘形), 雲珠
	味鄒王陵A地區3－2墓槨	轡, 鐵製輪鐙, 杏葉(鐘形), 雲珠
	月山里A－45號石槨墓	轡
	月山里A－59號石槨墓	轡
	月山里A－64號石槨墓	轡
	月山里A－73號石槨墓	轡, 木心鐙
	月城路가－1號墳	鞍金具, 鑣轡, 鐵製輪鐙
	月城路가－13號墳	鏡板付轡
	月城路다－6號墳	鞍金具, 鏡板付轡, 杏葉(心葉形), 辻金具
	天官寺址	鐵製壺鐙
	吾琴里1－1號石槨	鑣轡, 木心輪鐙
	栗洞1108番地10號墳	鑣轡, 鉄製輪鐙
	隍城洞3號副葬槨	鞍金具, 鏡板付轡, 木心輪鐙, 杏葉(心葉形), 辻金具
	隍城洞2號木槨墓	鑣轡
	隍城洞46號木槨墓	鑣轡
	朝陽洞60號墓	鑣轡
	朝陽洞63號墓	鑣轡
	路東里4號墳	鞍金具, 鏡板付轡, 木心輪鐙, 杏葉(扁圓魚尾形), 馬鐸, 三環鈴
	舍羅里10號積石木槨墓	轡
	舍羅里14號積石木槨墓	轡, 杏葉(心葉形), 雲珠
	舍羅里31號積石木槨墓	轡, 木心鐙
	舍羅里33號積石木槨墓	轡
	舍羅里35號積石木槨墓	轡, 杏葉(心葉形)
	舍羅里38號積石木槨墓	轡
	舍羅里126號積石木槨墓	轡
	舍羅里128號積石木槨墓	木心鐙
	舍羅里130號墓	鑣轡
	九於里17號積石木槨墓 副槨	鑣轡, 木心鐙
	九於里40號積石木槨墓	木心鐙

地域	出土遺蹟	馬具
浦項	玉城里29號墳	杏葉(扁圓魚尾形)
	玉城里113號墳	鑣轡
	玉城里115號墳	鑣轡
	玉城里71號竪穴遺構	杏葉(心葉形), 雲珠
	玉城里 2 號積石木槨墓	轡, 木心鐙
	玉城里35號木槨墓	鏡板付轡, 木心鐙
	鶴川里 5 號	轡
	鶴川里146號	鑣轡, 轡片, 杏葉(心葉形), 雲珠
	鶴川里152號	杏葉(扁圓魚尾形?), 雲珠
	鶴川里153號副槨	轡, 杏葉(扁圓魚尾形), 雲珠
	鶴川里194-1號	鑣轡, 杏葉(心葉形)
永川	清亭里26號木槨	鑣轡
	清亭里1號石槨	雲珠
軍威	高谷里 3 號墳	轡
	高谷里 5-1 號墳	轡
龜尾	桃開 新林里A-1石槨墓	轡, 木心鐙
	桃開 新林里A-6石槨墓	鑣轡
	桃開 新林里A-8石槨墓	轡
	桃開 新林里A-1積石石槨墓 副槨	轡, 木心輪鐙, 杏葉(心葉形), 雲珠
	海平 月谷里 2 號石室	杏葉(心葉形), 雲珠
星州	栢田禮山里Ⅲ地區木棺墓1號	鑣轡
義城	大里洞古墳採集	鐙
金泉	帽岩洞1-1號	障尼附屬具
尙州	新上里11號石槨墓	木心鐙
	新上里20號石槨墓	轡
	軒新洞14號石槨墓	轡
	軒新洞15號石槨墓	轡
	軒新洞34號石槨墓	轡
	城洞里 6 號石槨墓	轡, 鐙, 杏葉(心葉形)
	屛城洞·軒新洞15號石槨墓	鑣轡
	屛城洞·軒新洞17號石槨墓	鑣轡, 鐵製輪鐙
	新興里가10號土壙墓	鑣轡
	新興里가57號土壙墓	鏡板付轡, 木心輪鐙, 雲珠
	新興里가1號石槨墓	鑣轡
	新興里가17號石槨墓	鑣轡
	新興里가28號石槨墓	鑣轡
	新興里가29號石槨墓	鑣轡
	新興里가30號石槨墓	鑣轡

地域	出土遺蹟	馬具
尙州	新興里나17號土壙墓	鏡板付轡
	新興里나18號土壙墓	鑣轡
	新興里나37號土壙墓	鑣轡, 木心輪鐙
	新興里나39號土壙墓	鏡板付轡, 木心輪鐙
	新興里나61號土壙墓	鑣轡
	新興里나66號土壙墓	轡
	新興里나9號石槨墓	鑣轡
	新興里다7號石槨墓	鑣轡
	新興里라1號石室墳	轡
	新興里라20號墳	鑣轡
	新興里라22號石室墳	鑣轡, 杏葉?(心葉形)
	新興里라28號石室墳	鞍金具, 鑣轡, 杏葉(心葉形), 雲珠
	新興里라36號墳	
	新興里라89號石槨墓	鑣轡
	新興里라108號墳	鑣轡
	新興里라111號墳	鑣轡
	新興里라124號石槨墓	杏葉(心葉形)
	靑里10號石槨墓	轡
	靑里12號石槨墓	轡
	城洞里17號墓	鑣轡
	城洞里24號墓	鑣轡
	城洞里107號墓	鏡板付轡
	城洞里144號墓	鑣轡
安東	꽃산 夫婦塚(夫塚)	轡, 雲珠
聞慶	新峴里2-1號石室	鞍金具, 杏葉(心葉形), 雲珠
全南 海南	月松里造山古墳	鏡板付轡, 鐵製輪鐙, 杏葉(劍菱形), 馬鈴
麗水	鼓樂山城	鏡板付轡
光陽	馬老山城Ⅰ－2建物址	鐵製壺鐙
	馬老山城Ⅱ－1建物址	轡, 鐵製壺鐙
羅州	伏岩里3号墳 '96石室墓	鏡板付轡, 木心壺鐙, 杏葉(心葉形), 雲珠
靈光	大川3號石室墳	轡
潭陽	나地區4號住居址	鐙
南原	斗洛里1號墳	鞍金具, 鏡板付轡, 鐵製輪鐙
益山	笠店里古墳	鞍金具, 鏡板付轡, 鐵製輪鐙, 杏葉(扁圓魚尾形)
論山	茅村里4號墳	鏡板付轡
	茅村里5號墳	鞍金具, 鏡板付轡
扶余	扶蘇山城	鑣轡
	竹幕洞祭祀遺蹟	鞍金具, 杏葉(心葉形, 劍菱形), 銅鐸, 鈴

地域	出土遺蹟	馬具
公州	熊津洞17號墳	轡
	就利山S10W17遺構	轡
清原	梧倉7－1號土壙墓	鑣轡
	梧倉13號土壙墓	鏡板付轡
	梧倉30號土壙墓	轡
	梧倉50號土壙墓	轡
	主成里2號土壙墓	鑣轡
	主成里4號土壙墓	鑣轡
	主成里14號土壙墓	鑣轡
	主成里積石墓	鑣轡
	主成里2號石槨墓	鏡板付轡
	主成里1號石室墳	木心輪鐙
	米川里가地區1號墳	轡
	米川里가地區3號墳	鑣轡
清州	鳳鳴洞A－31號墓	轡
	鳳鳴洞A－35號墓	鑣轡
	鳳鳴洞A－72號墓	鑣轡
	鳳鳴洞A－76號墓	轡
	鳳鳴洞B－36號墓	轡
	鳳鳴洞B－79－2號墓	鑣轡
	鳳鳴洞B－92－2號墓	轡
	鳳鳴洞C－4號墓	轡
	鳳鳴洞C－9號墓	轡, 木心輪鐙
	鳳鳴洞C－12號墓	轡
	鳳鳴洞C－20號墓	轡
	鳳鳴洞C－31號墓	轡
	鳳鳴洞C－43號墓	轡
	新鳳洞(83)3號土壙墓	鑣轡, 木心輪鐙
	新鳳洞(83)5號土壙墓	鑣轡
	新鳳洞(83)6號土壙墓	鑣轡, 木心輪鐙
	新鳳洞(83)7號土壙墓	鑣轡, 木心輪鐙
	新鳳洞(83)8號土壙墓	鑣轡, 木心輪鐙
	新鳳洞(83)10號土壙墓	木心輪鐙
	新鳳洞(83)14號土壙墓	鑣轡, 木心輪鐙
	新鳳洞(90)4號土壙墓	鑣轡, 木心輪鐙
	新鳳洞(90)11號土壙墓	木心輪鐙
	新鳳洞(90)B地區1號墳	鑣轡, 木心輪鐙
	新鳳洞54號墳	鑣轡, 木心輪鐙

地域	出土遺蹟	馬具
清州	新鳳洞60號墳	鑣轡, 木心輪鐙
	新鳳洞66號墳	轡
	新鳳洞71號墳	鑣轡
	新鳳洞72號墳	鑣轡, 木心輪鐙
	新鳳洞80號墳	鑣轡, 木心輪鐙
	新鳳洞83號墳	鐵製輪鐙
	新鳳洞84號墳	鑣轡, 木心輪鐙
	新鳳洞91號墳	鑣轡
	新鳳洞93號墳	木心輪鐙
	新鳳洞94號墳	轡, 木心輪鐙
	新鳳洞98號墳	鑣轡, 木心輪鐙
	新鳳洞104號墳	轡
	佳景4地區1區域8號墓	轡
天安	龍院里(서울大)石室墳	轡, 木心鐙
	龍院里(서울大)1號石槨	鞍金具, 木心輪鐙
	龍院里1號石槨墓	鞍金具, 轡, 木心輪鐙, 杏葉(劍菱形), 雲珠
	龍院里9號石槨墓	轡, 木心輪鐙
	龍院里12號石槨墓	鑣轡, 木心輪鐙, 雲珠
	龍院里72號土壙墓	轡, 木心鐙
	龍院里108號土壙墓	鏡板付轡(楕圓形, 環状形)
	斗井洞I地區5號土壙墓	鑣轡, 鏡板付轡, 木心輪鐙
忠州	忠州山城	鏡板付轡
	金陵洞56號土壙墓	轡
	金陵洞78－1號土壙墓	鑣轡
	金陵洞111－1號土壙墓	轡
原州	法泉里1號墳	鑣轡, 木心輪鐙
江陵	柄山洞5號墳	鏡板付轡
	柄山洞4號石槨墓	木心鐙, 轡
	柄山洞6號石槨墓	木心鐙
	柄山洞26號石槨墓	木心鐙, 轡
	草堂洞A-1號墓	鞍金具, 木心輪鐙, 轡, 杏葉(心葉形), 雲珠
서울	阿且山第4堡壘	轡, 鏡板, 鐵製輪鐙
京畿 華城	花山SM1號墳	轡, 木心輪鐙, 雲珠
	馬霞里16號石槨墓	木心輪鐙
楊州	大母山城	鏡板付轡, 鐙, 馬鐸, 青銅製鈴
	大母山城(東門址)	鏡板付轡
抱川	半月山城I拡－2Tr	鐵製輪鐙

찾아보기

가

나

다

라

마

바

사

아

자

차

타

파

하